7 wortstark

BASIS

Sprach-Lesebuch Deutsch
Differenzierende Ausgabe

Nordrhein-Westfalen

Schroedel
westermann

7 wortstark
BASIS

Sprach-Lesebuch Deutsch
Differenzierende Ausgabe

Nordrhein-Westfalen

Herausgegeben von
August Busse und Peter Kühn

Erarbeitet von
August Busse, Lyane Berndt-Kroese, Beatrice Driesch-Roth,
Angelika Föhl, Irmgard Honnef-Becker, Peter Kühn
und Fritz Wiesmann

Mit Anregungen und Beiträgen von Simone Depner, Ingrid Hintz, Heiderose Lange,
Gerd Ludwig und Eleonore Preuß

Diagnostizieren. Fördern. Evaluieren.
Die OnlineDiagnose zu diesem Lehrwerk testet die wichtigsten Kompetenzen und erstellt individuelle Fördermaterialien
und Arbeitshefte zum Downloaden oder Bestellen. Nähere
Informationen unter **www.onlinediagnose.de**

© 2013 Bildungshaus Schulbuchverlage
Westermann Schroedel Diesterweg Schöningh Winklers GmbH,
Georg-Westermann-Allee 66, 38104 Braunschweig
www.westermann.de

Druck A⁴ / Jahr 2023
Alle Drucke der Serie A sind im Unterricht parallel verwendbar.

Redaktion: Nicola Birkner
Herstellung: Andreas Losse
Illustrationen: Heike Heimrich, Niels Schröder und Yaroslav Schwarzstein
Umschlaggestaltung und Layout: Janssen Kahlert Design & Kommunikation, Hannover
Druck und Bindung: Westermann Druck GmbH, Georg-Westermann-Allee 66, 38104 Braunschweig

ISBN 978-3-507-**48390**-3

Inhaltsverzeichnis

⟶ Aufgabentyp 5, Aufgabentyp 3

⟶ Aufgabentyp 4a

⟶ Aufgabentyp 4a

So könnt ihr mit „wortstark" arbeiten

Wie das Buch aufgebaut ist

▶▶ In den **Themenkapiteln** (Seite 10–199) geht es – wie der Name schon sagt – um interessante Themen wie „Leben und arbeiten in der Schule", „Gewalt- es geht auch anders", „Stars und Werbung" oder „Balladen". Hier findet ihr Texte, Bilder, Aufgaben und Anregungen zum Lesen, Sprechen, Schreiben und Spielen.

1 Blaue Aufgaben bearbeitet ihr, wenn ihr bei einem Thema seid. Hier wird alles Wichtige erarbeitet.

lll Graue Hilfestellungen unterstützen euch bei der Bearbeitung der Aufgaben. Entscheidet, wann ihr sie nutzen möchtet.

2 Rote Aufgaben könnt ihr zusätzlich machen, um am Thema weiterzuarbeiten. Oft sind sie ein bisschen kniffliger als die blauen ...

3 An vielen Stellen des Buches könnt ihr auswählen, wie ihr weiterarbeiten möchtet (Wahlaufgaben a b).

In der Mitte der Themenkapitel findet ihr *Werkstattseiten*. Hier lernt ihr Schritt für Schritt, was beim Sprechen, Schreiben und Lesen wichtig ist. Am Ende der Kapitel könnt ihr überprüfen, was ihr gelernt habt – und woran ihr noch arbeiten solltet *(Überprüfe dein Wissen und Können)*. Daran schließt sich ein *Extrateil* an – hier könnt ihr am Thema weiterarbeiten und anwenden, was ihr auf den Werkstattseiten gelernt habt.

▶▶ In den drei ausführlichen **Werkstätten** im zweiten Teil des Buchs (S. 200–284) wird sprachliches „Handwerkszeug" vermittelt, das ihr immer wieder verwenden könnt: Ihr denkt darüber nach, wie unsere Sprache aufgebaut ist, und wendet dieses Wissen an *(Werkstatt Sprache* und *Werkstatt Rechtschreibung)*. Außerdem lernt ihr wichtige *Methoden und Arbeitstechniken* wie das Führen eines Lerntagebuchs, das Überarbeiten von Texten oder das Nachschlagen im Wörterbuch.

▶▶ Im Deutschunterricht werdet ihr eine Menge lernen und nach und nach immer mehr wissen und können. Im Nachschlageteil **Wissen und Können** (S. 285–300) könnt ihr noch einmal das Wichtigste nachlesen, wiederholen und kleine Übungen dazu durchführen.

Gemeinsam lernen

▸▸ Gemeinsam lernen macht Spaß und ist oft besonders erfolgreich. Deshalb findet ihr überall im Buch Ideen, wie ihr miteinander lernen könnt, z. B.:
- – Ideen auf Karten sammeln und nutzen (S. 12)
- – Ein Interview führen (S. 17)
- – Laut denken – mit dem Text ins Gespräch kommen (S. 48)
- – Vortragen – Zuhören – Ergänzen (S. 146)
- – Sich gegenseitig informieren – ein Partnerpuzzle durchführen (S. 266)
- – Sich gegenseitig informieren – einen Galeriegang durchführen (S.272)

Unterstreichungen im Buch? – Mit Folientechnik kein Problem!

Mit einem Buch, das dir nicht gehört oder das du ausgeliehen hast, solltest du sorgfältig umgehen. Dazu gehört auch, darin keine Markierungen und Notizen zu machen. Oft ist es aber ganz wichtig, beim Lesen Textstellen zu unterstreichen. Mithilfe der Folientechnik kannst du mit Farbstiften an Texten arbeiten, ohne dass das Buch Schaden nimmt:

▸▸ Besorge dir eine möglichst feste, klare Prospekthülle in Größe DIN-A4.
▸▸ Schneide die Prospekthülle an der Längsseite und der offenen Querseite so weit ab, dass sie die Größe einer „wortstark"-Buchseite hat. Jetzt kannst du deine Prospekthülle über eine Buchseite schieben. Probiere aus, ob du mit einer Büroklammer Buchseite und Prospekthülle an der einen offenen Kante zusätzlich zusammenheften möchtest.

▸▸ Um auf der Prospekthülle zu schreiben, brauchst du Folienstifte. Die sind nicht ganz billig. Kauft euch vielleicht zu zweit zwei oder drei wasserlösliche Stifte in verschiedenen Farben. Die Markierungen lassen sich mit einem feuchten Papiertuch entfernen und du kannst deine Prospekthülle immer wieder verwenden.

In der Schule
leben und arbeiten

In deiner Schule arbeiten unterschiedliche Menschen und Berufsgruppen miteinander, Jugendliche und Erwachsene. Das kann manchmal anstrengend sein, aber auch sehr schöne gemeinsame Erfahrungen mit sich bringen. In diesem Kapitel regen die Texte und Aufgaben dich dazu an, über die Schule als Arbeits- und Lebensraum und unterschiedliche Möglichkeiten der Teilhabe nachzudenken.

In diesem Kapitel lernst du,
- über das Miteinander in der Schule nachzudenken,
- ein Interview mit Personen an der Schule vorzubereiten und durchzuführen,
- eine Stellungnahme zur Mitwirkung in der Schule zu überarbeiten,
- zu Texten und Abbildungen über Situationen in der Schule Stellung zu beziehen.

1 Welche Personen und Situationen aus dem Schulalltag werden auf den Bildern dargestellt? Tauscht euch aus.

2 Geht mit einer Kamera los und macht Fotos oder kurze Filmclips, in denen ihr zeigt, wer bei euch an der Schule was tut.
Bevor ihr losgeht, überlegt euch:
- Was ist an eurer Schule genauso wie auf den Abbildungen, was ist anders?
- Haltet fest, was für eure Schule besonders typisch ist.

3 Überlegt euch auch, wie ihr eure Ergebnisse präsentieren wollt:
- Stellt eure Ergebnisse in der Klasse vor, gestaltet eine Pinnwand oder
- gestaltet eine Präsentation am Computer als Power-Point, in die ihr die Filmaufnahmen einbaut.

Über Schule als Lebens- und Lernort nachdenken

Wie ihr Schule wahrnehmt und was euch am Lernort Schule wichtig ist, könnt ihr in der Klasse durch eine Ideensammlung klären. Ihr könnt damit auch herausfinden, ob andere Personengruppen eure Wahrnehmung teilen oder ob sie Dinge anders sehen als ihr.

1 Überlege für dich:
- Was ist dir bei der Gestaltung deines Schulalltags wichtig?
- Gibt es auch Dinge, die dich am Schulalltag stören? Z. B. Konflikte, keine Lust auf Schule, Gewalt zwischen Schülern, …

 Methoden und Arbeitstechniken

Ideen auf Karten sammeln und nutzen

1. Ideen auf Karten schreiben:
   Jeder erhält 3-4 leere Karten. Schreibt eure Ideen auf die Karten. Verwendet für jede Idee eine eigene Karte. Benutzt dicke Stifte und schreibt so deutlich, dass die Karten auch aus einer gewissen Entfernung gut gelesen werden können, z.B. in Druckbuchstaben.
2. Die Karten clustern:
   Sammelt alle fertigen Karten ein und mischt sie. Verteilt sie dann gleichmäßig. Lest nacheinander eure Karten vor und entscheidet, was zusammen gehört: Gleiches hängt ihr in eine Reihe untereinander, für einen neuen Gesichtspunkt bildet ihr eine neue Reihe.
3. Themeninseln bilden:
   Findet geeignete Überschriften für die einzelnen Reihen. Schreibt auch diese auf, z. B. auf andersfarbige Karten und hängt sie dazu.
4. Schaut euch das Ergebnis an. Was ist für euch überraschend? Fehlen noch Gesichtspunkte? Ergänzt ggf. weitere Karten.

Nette Lehrer und Lehrerinnen!

Dass es nicht immer so laut ist!

Spaß haben

2 Sammelt eure Ideen auf Karten. Nutzt dazu den Methoden-Kasten.

3 So könnt ihr mit eurer Kartensammlung weiterarbeiten:

▸▸ Ordnet eure Karten nach ihrer Wichtigkeit. Ihr könnt dazu Klebepunkte aufkleben oder aufmalen. Je mehr Punkte eine Karte erhält, desto wichtiger ist das Thema für euch.

▸▸ Beschäftigt euch intensiver mit den wichtigen Themen.

▸▸ Befragt andere Personen zu diesen Themen. Wie denken z. B. Lehrer, Hausmeister, Schulleiter, Eltern … darüber?

▸▸ Lasst sie ihre Gedanken auf Karten schreiben und wertet sie aus: Denken sie ähnlich wie ihr? Was stört sie? Welche Lösungsvorschläge haben sie für Probleme, die ihr vielleicht angesprochen habt?

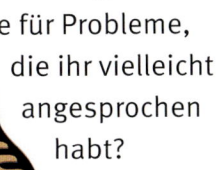

4 Hängt eure fertige Kartensammlung für alle sichtbar an der Wand auf oder fotografiert sie und druckt das Foto für alle aus. Schaut im Verlauf der Einheit immer wieder darauf und ergänzt eure Kartenwand weiter.

5 Lasst euch von den Ergebnissen dazu anregen, kurze Texte zu verfassen. Schreibt z. B. darüber,
 – was ihr besonders interessant findet,
 – wie man das Klima an eurer Schule stärken und vielleicht verändern könnte.

Manfred Mai

Große Pause

Türen öffnen sich
wie Schleusen
Mädchen und Jungen
quellen heraus
strömen durch Gänge
dem Ausgang zu
kämpfen um gute Plätze
beim Bäcker
übertrumpfen sich
mit Secondhand-Geschichten
kicken mit zerbeulten Dosen
ständig die Aufsicht im Auge
suchen und finden
wehrlose Opfer
lehnen sich an Mauern
und warten
drehen lange Runden
und reden
ziehen sich in stille Winkel
zurück
und träumen
vom Leben

*Hier ist ein Bild:
Die Schüle quellen aus
den Klassenzimmern,
wie ein Fluss oder
ein Bach, der zuviel
Wasser hat.*

1 Lest das Gedicht so vor, dass man sich gut vorstellen kann, was in der großen Pause passiert. Probiert verschiedene Leseweisen aus: leise, halblaut, langsam, schnell.

2 Wenn man Gedichte besser verstehen will, muss man versuchen, die Bilder, die darin verwendet werden, zu entschlüsseln.
– Welche Bilder kommen in dem Gedicht vor?
– Was für eine Stimmung vermitteln sie? Begründe deine Antwort mit Beispielen aus dem Gedicht.

3 Betrachtet die Fotos unten und beschreibt, welche Pausensituationen dargestellt werden.

4 Benennt die Gemeinsamkeiten und Unterschiede zwischen den Situationen auf den Fotos und in dem Gedichttext.

5 Wie erlebt ihr die Pausen?
– Beobachtet euer Pausenverhalten. Schreibt kurze Texte dazu, wie ihr die Pausen erlebt.
– Welche Situationen fehlen auf den Bildern? Was würdet ihr fotografieren? Macht in der Pause eigene Fotos oder malt eigene Bilder, die zeigen, wie ihr euch in eurer Pause fühlt.

6 Schreibt kurze Texte zu euren Bildern und erstellt eine Collage. Legt vorher fest, wozu ihr eure Ergebnisse nutzen wollt und worauf ihr achten müsst.

Ein Interview führen und etwas über das Schulleben erfahren

Wenn ihr mehr über das Leben an der eigenen Schule erfahren möchtet, könnt ihr Interviews führen. Jonas und Omar haben Johanna interviewt, die sich als Schulsanitäterin engagiert. Das Interview haben sie aufgeschrieben. Untersucht, wie das Interview aufgebaut ist, um dann selbst Interviews mit Personen an eurer Schule führen zu können.

1 Lest ihren Text.

Omar: „Hallo Johanna, schön, dass du kommst. Wir haben ein paar Fragen über deine Arbeit als Schulsanitäterin. Kannst du uns dabei helfen?"

Johanna: „Ja klar."

Omar: „Super, dann fangen wir mal an. Was machst du denn so?"

5 **Johanna:** „Also, meine Aufgabe ist die Erstversorgung bei Unfällen in der Schule."

Jonas: „Was passiert denn da?"

Johanna: „Naja, gestern hat sich jemand im Technikraum in den Finger geschnitten, da lege ich einen Verband an, oder wenn jemand die Treppe runter

10 gefallen ist und ihm der Arm weh tut, überlege ich, ob er ins Krankenhaus gebracht werden muss oder ob es reicht, ihn in den Sani-Raum zu bringen und den Arm zu kühlen."

Jonas: „Woher weißt du, was zu tun ist?"

Johanna: „In einer Projektwoche bei uns an der Schule habe ich einen Erste-

15 Hilfe-Kurs belegt. Das hat mir viel Spaß gemacht und so bin ich dann zum Jugendrotkreuz gekommen. Ich habe dort eine Ausbildung zur Sanitätshelferin gemacht. Dabei habe ich eine Menge gelernt."

Jonas: „Macht der Dienst Spaß?"

Johanna: „Ja!"

20 **Omar:** „Was macht dir daran besonders Spaß?"

Johanna: „Es ist ein schönes Gefühl, anderen helfen zu dürfen. Ich finde es auch gut, dass die Sanis eine wichtige Rolle in der Schule haben und aus dem Unterricht raus dürfen, z. B. für Fortbildungen oder Einsätze. Und ich bin auch stolz drauf, dass ich die Ausbildung geschafft habe."

25 **Jonas:** „Ok – und danke. Viel Spaß noch bei der Arbeit!"

Johanna: „Kein Problem, schaut ruhig mal wieder vorbei."

 Methoden und Arbeitstechniken

Ein Interview führen

1. Das Interview vorbereiten:
   - Formuliert eure Interviewfragen. Überlegt, wie die Fragen beschaffen sein müssen, damit ihr möglichst viel erfahrt.
   - Legt fest, wer die Fragen stellt und wie ihr die Antworten festhalten wollt.
2. Das Interview durchführen:
   - Begrüßt euren Interviewpartner höflich und erklärt den Zweck des Interviews.
   - Führt das Interview in einer ruhigen Atmosphäre und plant genügend Zeit ein.
   - Fragt nach, wenn euch etwas unklar ist.
   - Bedankt euch am Ende des Interviews.
   - Wenn ihr das Interview veröffentlichen wollt, müsst ihr das Einverständnis des Interviewten einholen.
3. Das Interview auswerten:
   - Besprecht, wie ihr eure Ergebnisse festhalten wollt: Wollt ihr sie nur für euch nutzen oder der Klasse präsentieren, z. B. mit einer Wandzeitung?

Tipp

Wenn ihr ein Diktiergerät oder einen MP3-Player nutzen wollt, testet die Technik auf jeden Fall vorab.

2 Wertet das Interview aus. Nutzt dazu die Informationen aus dem Methoden-Kasten.
  – Wie haben Omar und Jonas das Interview begonnen?
  – Markiere alle Interviewfragen (Folie).
  – Wie haben sie ihre Fragen gestellt, damit Johanna ihnen möglichst viel erzählt?
  – Was haben sie alles erfahren?
  – Welche Frage war weniger geeignet? Warum?
  – Wie haben Omar und Jonas das Interview beendet?

3 Haben die Beteiligten sich bei dem Interview wohlgefühlt? Woran wird das deutlich?

Tipp
Ihr könnt euer Interview in einem Rollenspiel erproben, damit ihr sicherer werdet.

4 Stellt euch Situationen an eurer Schule vor, in denen ihr die Interviewtechnik anwenden wollt. Tauscht euch darüber aus und legt fest, wer wen interviewen soll.

5 Führt eure Interviews in Gruppen mit unterschiedlichen Personen und stellt euch gegenseitig eure Ergebnisse in der Klasse vor.

6 Sprecht darüber, wie ihr vorgegangen seid, wo es Probleme oder Schwierigkeiten gab und was ihr beim nächsten Mal anders machen würdet.
  – Mit welchen Fragen habt ihr aufschlussreiche Antworten erhalten?
  – Haben die Beteiligten sich bei dem Interview wohlgefühlt? Woran habt ihr das gemerkt?

Eine Stellungnahme überarbeiten

An Johannas Schule ist eine Diskussion darüber entstanden, ob man sich freiwillig an der Schule engagieren soll. Einige finden, dass es ausreicht, sich im Unterricht zu beteiligen, und möchten ihre Freizeit lieber woanders verbringen. Johanna ist anderer Meinung und hat eine kurze Stellungnahme zum Schulsanitätsdienst entworfen. In dieser Werkstatt lernst du, solche Stellungnahmen zu überprüfen und zu überarbeiten.

Hallo ihr Schlaffis,

ich finde, freiwilliges Engagement in der Schule ist wirklich wichtig.

Im Schulsanitätsdienst helfen wir euch bei Unfällen. Man lernt eine Menge, z. B. Pflaster aufkleben. Es bleibt daneben genug Zeit für Hobbys.

Johanna, Klasse 7b

Schritt 1: Gelungenes und weniger Gelungenes aufspüren

1 Äußere dich spontan: Würdest du dich auf Johannas Aufruf hin melden, um beim Sanitätsdienst mitzuarbeiten? Warum? Warum nicht?

2 Erkläre, wodurch dich ihr Text angesprochen hat.

3 Markiere Stellen, an denen deutlich wird, was Johanna erreichen möchte (Folie).

4 Welche Informationen fehlen dir noch? Notiere Fragen.

Schritt 2: Gelungenes und weniger Gelungenes mit einer Textlupe festhalten und die Argumentation weiter ausbauen

5 Untersuche nun genauer, wie Johanna versucht hat, dich zu überzeugen. Mache dir Notizen.
– Welche Gesichtspunkte hat sie gewählt, die für ihre Mitschüler wichtig sind?
– Hat sie ihre Meinung durch eine Expertenmeinung gestützt?
– Hat sie Beispiele gegeben, die dich überzeugen?

6 Johanna hat in einer Schreibkonferenz bereits Hinweise erhalten, wie sie ihren Text verbessern könnte. Ergänze die Textlupe mit deinen Ergebnissen aus Schritt 1 und Schritt 2.

Tipps von:	Das gefällt mir:	Da stört mich etwas:	Meine Tipps:
Jenny	Du hast gute Argumente.	Dein Beispiel überzeugt mich nicht.	Baue eine Expertenaussage ein, z. B. eines Sanitäters.
Luis	…	Deine Angaben sind zu ungenau.	Schreibe, wie viel Zeit man braucht.
Deine Hinweise	…	…	…

7 Baue Johannas Argumentation weiter aus. Wähle dazu aus dem Ideenspeicher aus.

– Jeder sollte sich in Erster Hilfe auskennen.
– Nach Angaben der beteiligten Schüler hat jeder nur einmal in der Woche Dienst in der Pause.
– Die Ausbildung durch das DRK ist kostenlos.
– ...

8 Es gibt Mitschüler, die gegen eine Mitarbeit im Schulsanitätsdienst sind.

Ich habe so schon genug zu tun mit meinem Sport am Nachmittag.

Dann habe ich ja gar keine richtige Pause.

➡ *Hinweise, wie du deine Meinung begründen kannst, findest du in der Werkstatt Sprache auf Seite 224.*

▶▶ Hast du Verständnis für Gregor und Annika? Wie würdest du an Johannas Stelle auf ihre Einwände eingehen?

▶▶ Schreibe eine Antwort aus Johannas Sicht.

So kannst du formulieren:
– Einige meinen, dass sie dann gar keine richtige Pause mehr haben. Aber ...
– Sicher machen manche von euch schon Sport oder haben andere Hobbys am Nachmittag. Trotzdem ...

Eine Stellungnahme überarbeiten

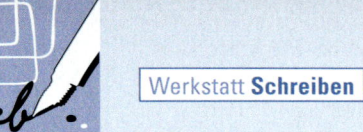
→ *Hinweise, wie du Sätze miteinander verküpfen kannst, findest du in der Werkstatt Sprache auf Seite 230.*

Schritt 3: Wichtige Textstellen besonders bearbeiten – auf Verknüpfungen achten

denn sogar
weil deswegen
auch außerdem

9 Lies noch einmal Johannas Text auf Seite 19. Sie hat ihre Gedanken zu wenig miteinander verknüpft. Verwende Wörter aus dem Wortspeicher und verbinde ihre Sätze miteinander.

Schritt 4: Den Text verbessert aufschreiben und den fertigen Text mit der Checkliste prüfen

10 Schreibe Johannas Stellungnahme verbessert auf. Nutze deine Notizen.

> **Tipp**
> *Arbeite mit der Klangprobe, Umstellprobe oder Ersatzprobe, um Wiederholungen zu vermeiden. Hinweise dazu findest du in der Werkstatt Sprache auf Seite 201.*

11 Überprüfe die Stellungnahme mit der Checkliste.

Checkliste

Eine Stellungnahme überarbeiten:
– Adressaten richtig angesprochen?
– Anliegen deutlich gemacht?
– Passende Argumente gefunden?
– Sinnvolle Reihenfolge gewählt?
– Überzeugende Beispiele verwendet, um die Argumente zu verdeutlichen?
– Gedanken miteinander verknüpft?
– Mögliche Einwände aufgegriffen und entkräftet?

Eine Stellungnahme überarbeiten

David hat sich ebenfalls in der Diskussion zu Wort gemeldet:

Ich fahre morgens und mittags als Buspate im Schulbus mit. Manchen Schülern sage ich, dass sie sich hinsetzen sollen oder den Ranzen runternehmen. Ich passe an den Bushaltestellen auf. Ich habe in der Busfahrschule gelernt, wie man sich im Bus verhalten soll und wie man sich als Aufsicht verhalten soll. Manchmal ist es schwer, sich durchzusetzen. Die älteren Schüler lassen sich oft nichts sagen. Die Sicherheit ist wichtig.

David, Klasse 7a

1 Erstelle eine Textlupe für David (vgl. Seite 20).
- Was ist an Davids Text gut gelungen?
- Welche Gesichtspunkte sollte er noch ausbauen?
- Wo sollte er Verknüpfungen einbauen?

2 Überarbeite seinen Text.

„Meine Auswahl, Meine Begründung, Eure Rückmeldung"

Wähle eine Arbeit aus dem Kapitel aus, von der du denkst, dass sie dir besonders gut gelungen ist. Deine Lehrerin/dein Lehrer soll daran sehen, was du dabei gelernt hast.

→ *Hinweise zum Anlegen eines Portfolios findest du in der „Werkstatt Methoden und Arbeitstechniken" auf Seite 276.*

✔ Eine Stellungnahme überarbeiten
✔ Geeignete Gesichtspunkte auswählen
✔ Gesichtspunkte mit Beispielen zu Argumenten ausbauen

Das kann ich schon!

→ Wenn du noch Schwierigkeiten hast, eine Stellungnahme zu verbessern, sieh dir noch einmal die Tipps in der **Werkstatt** (Seite 19–22) an.
→ Wenn du noch eine Stellungnahme überarbeiten möchtest, bearbeite **EXTRA** auf Seite 24.
→ Wenn du das Argumentieren zu einem anderen Thema üben möchtest, arbeite weiter in **EXTRA** auf Seite 25–27.

Argumente veranschaulichen

Mittagspause drinnen oder draußen?

In Tims Schule wird darüber diskutiert, ob die Klassen in der Mittagspause für die Schülerinnen und Schüler geöffnet werden. Die Lehrer sind mehrheitlich dagegen, dass die Schülerinnen und Schüler allein in den Klassenräumen sind. Tim hat dazu einen Beitrag für die Schülerzeitung entworfen.

> *Ich finde, in der Pause sollen die Klassenräume und Gebäude geöffnet sein. Die Schüler wollen sich in den Räumen gemütlich unterhalten und abchillen. Besonders im Winter.*   *Tim (Schüler, Klasse 7a)*

1 Welcher Meinung ist Tim? Markiere die Meinungsäußerung und die Begründung (Folie).

2 Wenn man argumentiert, muss man Beispiele nennen, damit der Text überzeugend wirkt. Wähle aus dem Ideenspeicher passende Beispiele aus, um Tims Argumente zu erweitern.

> *Im Klassenraum können wir zum Beispiel prima Fußball spielen.*
>
> *Wenn wir drinnen bleiben, können wir in Ruhe ein Buch lesen.*
>
> *Die frische Luft draußen tut uns auch mal ganz gut.*
>
> *Viele Ärzte sagen, dass nasskaltes Wetter zu mehr Erkältungen führt.*

3 Entscheide, an welcher Stelle du ein Beispiel einfügen willst.

4 Schreibe den verbesserten Text auf.

5 Besprich deinen Text mit einem Partner. Nutzt die Checkliste von Seite 22.

Texte und Bilder zu einem Thema auswerten

Ein bisschen aggressiv ist der Spruch auf dem T-Shirt ja schon, aber ... der Junge meint es ernst, wörtlich eben. Er möchte wirklich wissen, ob du ein Problem hast, weil er dir dann helfen will. Er kümmert sich um seine Freunde und nimmt Rücksicht auf
5 andere. Ist das uncool?
Manche finden das vielleicht uncool, zu soft, nicht richtig männlich. Aber gerade solche Typen wie der mit dem T-Shirt kommen an, bei den Freunden, bei den Mädchen und auch dann, wenn es um einen Ausbildungsplatz geht.

10 *Jeder hat soziale Kompetenzen – du auch!*
Damit ist gemeint, dass jeder ganz viele Sachen drauf hat, die ihn zu einem guten Mitschüler, Arbeitskollegen oder Freund machen:
  a. Auf dich kann man sich verlassen. Du lässt niemanden hängen. [...]
  b. Du ziehst nicht nur dein Ding durch, sondern hilfst auch mal ande-
15   ren. Du bist ein guter Team-Player. [...]
  c. Und wenn dir einer sagt, dass du einen Fehler gemacht hast, flippst du nicht gleich aus.
  d. Du hörst anderen zu und respektierst, dass sie auch mal eine andere Meinung haben als du.

1 Schaut euch das Plakat an und lest den Begleittext.
  – Wie wirkt der Junge auf dem Foto auf euch?
  – Wie wirkt der Text auf dem T-Shirt?
  – Wofür wird hier Werbung gemacht?

2 Das Foto stammt aus einer Poster-Aktion der Initiative „Neue Wege für Jungs" und ist folgenden Werten verpflichtet:

Toleranz, Konfliktfähigkeit, Teamfähigkeit, Zuverlässigkeit.

> **Tipp**
> *Nutzt ein Synonymwörterbuch, um die Begriffe zu erklären!*

  – Ordnet diese Begriffe jeweils einem Buchstaben aus dem Text zu.
  – Gebt Beispiele für Situationen, in denen sie zum Ausdruck kommen.

3 Findest du das Bild oder den Begleittext aussagekräftiger? Begründe.

4 Warum wenden sich die Macher des Plakats an Jungen? Können auch Mädchen dieses T-Shirt tragen? Begründet eure Meinung.

→ *Hinweise zum Auswerten von Diagrammen findest du auch in Wissen und Können auf Seite 290.*

5 Viele Erwachsene sind der Meinung, dass Jugendliche nur herumhängen und sich nirgends engagieren.
Betrachte die Grafik:
– Was wird dargestellt?
– Welche Werte sind auffällig (überraschend, besonders hoch, besonders niedrig)?
– Welche Unterschiede zwischen den Angaben für Jungen und Mädchen erkennst du?

6 Welche Angaben findest du in der Grafik, mit denen du die Aussage der Erwachsenen unterstützen oder ihr widersprechen kannst?

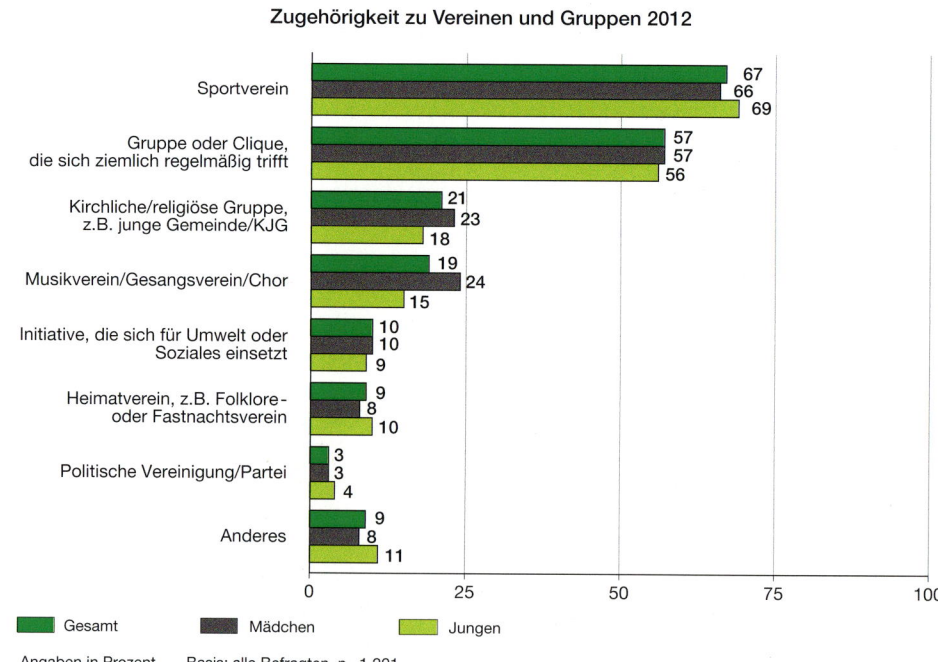

Zugehörigkeit zu Vereinen und Gruppen 2012

Angaben in Prozent   Basis: alle Befragten, n = 1.201

Quelle: JIM 2012

Ideen und Anregungen

→ Für Leseratten: Das **Buch** von Anna Gavalda, **35 Kilo Hoffnung**, handelt von dem 13-jährigen David, der die Schule hasst, in der er schon zweimal sitzen geblieben ist. Wie er mit seinem Frust umgeht und wer ihm dabei hilft, könnt ihr hier nachlesen.

→ Stellt **Personen** vor, die sich (in oder außerhalb der Schule) **sozial engagieren**. Bereitet Interviews mit diesen Personen vor und führt diese durch.

→ Kennt ihr **Menschen,** die einen **interessanten Beruf** ausüben? Befragt sie zu ihrem Arbeitsplatz. Sammelt dazu geeignete Fragen in einer Liste und führt Interviews durch. Stellt eure Ergebnisse in der Klasse vor.

→ Bereitet mit euren Lehrern einen **„Zukunftstag"** vor. Ihr könnt an diesem Tag zum Beispiel eure Eltern oder andere Verwandte an ihrem Arbeitsplatz besuchen, Betriebe oder soziale Einrichtungen erkunden oder ein Tagespraktikum machen und darüber berichten.

→ Vielleicht könnt ihr an eurer Schule **ältere Schülerinnen und Schüler interviewen**, die an einem solchen „Zukunftstag" teilgenommen haben. Berichtet in der Klasse darüber.

→ Informiert euch im Internet unter *www.girls-day.de* und *www.boys-day.de* über die „Zukunftstage" für Mädchen und Jungen.

Leben im ewigen Eis

Arktis und Antarktis haben Menschen schon immer fasziniert. In diesem Kapitel bearbeitet ihr Texte über die Arktis und Antarktis. Ihr beschäftigt euch mit wagemutigen Entdeckern, Wissenschaftlern, die die Eiswüsten erforschen, und mit Tieren und Menschen, die im ewigen Eis leben und zurechtkommen.

In diesem Kapitel lernt ihr,
– Informationen zu sammeln, zu ordnen und weiterzuverarbeiten,
– in Texten Sachinformationen von Meinungen zu unterscheiden,
– über Texte nachzudenken und eine eigene Meinung abzugeben,
– Sachtexte und literarische Texte miteinander zu vergleichen.

 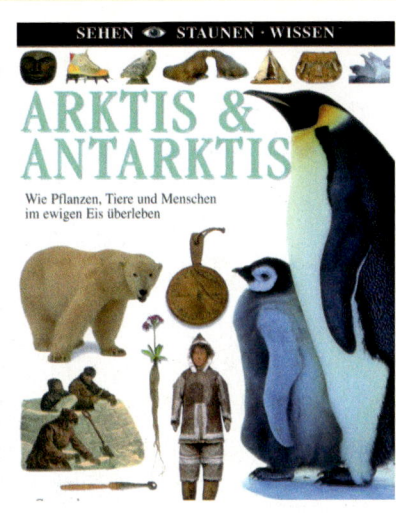

Fergus Fleming/Annabel Merullo

Legendäre Expeditionen

SEHEN · STAUNEN · WISSEN

ARKTIS & ANTARKTIS

Wie Pflanzen, Tiere und Menschen im ewigen Eis überleben

1 Sprecht über die Fotos und Abbildungen:
- Könnt ihr erkennen, worum es auf den Fotos geht?
- Sucht die Arktis und die Antarktis im Atlas.
- Welche Fragen habt ihr zu den Fotos und Abbildungen?
- Was wisst ihr schon? Was würdet ihr gerne wissen?

2 Legt für die Beschäftigung mit der Arktis und der Antarktis eine Themenmappe an.

Arktis und Antarktis: Informationen sammeln und auswerten

Wenn du Informationen zu einem Thema suchst, kannst du verschiedene Quellen nutzen. Kurze Informationen findest du im Lexikon. In Zeitschriften, Jugendmagazinen oder Sachbüchern für Jugendliche findest du oft Artikel, die nicht nur Informationen enthalten, sondern auch persönliche Meinungen und Wertungen der Autoren. Auf den folgenden Seiten kannst du am Thema Arktis und Antarktis erarbeiten, wie du die verschiedenen Informationsquellen nutzen kannst.

Die **Arktis**, das Gebiet um den Nordpol. Dazu gehören die größte Insel der Erde, Grönland, und die nördlichen Gebiete der USA (Alaska), Kanadas, Norwegens und Russlands. Auf dem Nordpol selbst ist das Meer über 4000 m tief. Es ist vom Packeis bedeckt, das 2 bis 3 m dick ist und mit der Meeresströmung treibt. Der Nordpol ist also von schwimmendem Eis bedeckt und unter dem Eis ist Wasser. Ein halbes Jahr, vom Frühling bis zum Herbst, geht die Sonne auf dem Nordpol nicht unter. Dann verschwindet sie für ein halbes Jahr: Die Polarnacht beginnt. In der Arktis leben heute viele Wissenschaftler verschiedener Nationen. Das eigentliche Volk der Arktis aber sind die Inuit. In der Arktis leben verschiedene Wale und Robben, Eisbär, Ren und Karibu (das amerikanische Ren), Silberfuchs, Schneehase, Lemming (eine Art der Wühlmäuse), verschiedene Wasservögel.

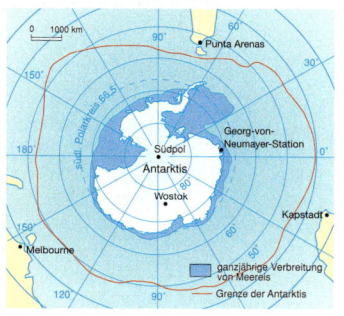

Die **Antarktis**, das Gebiet um den Südpol der Erde. Am Südpol ist unter dem Eis festes Land. Die Eisdecke ist am Südpol 2800 m dick. Nirgends auf der Erde ist es so kalt wie in der Antarktis. Es wurden schon -91,5 °C gemessen. Jahraus, jahrein wehen in der Antarktis starke Stürme, die zu den wildesten Orkanen der Welt werden können. Es sind Windgeschwindigkeiten von 370 km/h gemessen worden. Wenn bei uns der Frühling kommt, beginnt in der Antarktis die Polarnacht. Sie dauert ein halbes Jahr. Nachher – wenn bei uns Herbst und Winter ist – geht die Sonne ein halbes Jahr nicht unter. Die Küstengebiete und das Meer der Antarktis sind Heimat vieler Tiere: der Pinguine, Sturmvögel, Möwen, verschiedener Wale, Delfine und Robben. An Pflanzen gibt es nur Moose und Flechten. In der Antarktis leben nur wenige Menschen. Es sind Forscher aus verschiedenen Ländern.

1 Lest die beiden Lexikonartikel.

– Sammelt die Informationen und vergleicht sie in einer Tabelle.

➜ *Hinweise, was Wissenschaftler heute in der Antarktis forschen, findest du in der Werkstatt Sprache auf Seite 212.*

Aspekt/Gesichtspunkt	Arktis	Antarktis
Wo?		
Klima		
Menschen		
Tiere und Pflanzen		

– Stellt die Ergebnisse in einer Wandzeitung dar.

Ideen und Anregungen

➜ Sammelt **Fotos** und **Bilder** zur Arktis und Antarktis und beschriftet sie.

➜ Sammelt **weitere Informationen** zur Arktis und Antarktis. Recherchiert dazu auch im Internet.
Erklärt, wie ihr das Material gefunden und warum ihr es ausgewählt habt. Wählt euch zwei Themen aus:
– Menschen in der Arktis und Antarktis
– Tiere in der Arktis und Antarktis
– Umweltprobleme in der Arktis und Antarktis

➜ Stellt eine **Liste lesenswerter Bücher und Filme** über die Arktis und die Antarktis zusammen. Unterscheidet zwischen Sachbüchern, Abenteuerbüchern, Reiseberichten.

➜ Wählt euch ein **Buch** aus und fasst den Inhalt für eine Lesekiste zusammen. Nutze dazu auch die Hinweise auf Seite 123-130.

Robert Scott

Roald Amundsen

Polarforscher

1901 leitete der Marineoffizier Robert Scott (1868–1912) zum ersten Mal eine Expedition in die bis dahin unerforschte Antarktis. Er wollte, dass ein Engländer als erster Mensch den Südpol erreichte. Im Jahr 1909 erklärte er dann öffentlich, eine wissenschaftliche Expedition zum Südpol führen zu wollen.
Der norwegische Arzt Roald Amundsen (1872–1928) gab seinen Beruf auf, um Seefahrer und Forscher zu werden. Er hoffte, als Erster den Nordpol zu erreichen. Als ihm ein anderer zuvorkam, suchte er eine neue Herausforderung: den Südpol.

Richard Platt

Wettlauf zum Südpol

Es war im Januar 1911. Fast gleichzeitig erreichten die beiden Expeditionen die Antarktis. Sie hatten zwar dasselbe Ziel, benutzten aber unterschiedliche Methoden, um dorthin zu gelangen: Amundsen wollte mit seiner Mannschaft auf Skiern zum Pol fahren und das gesamte Gepäck auf Hundeschlitten transportieren. Scott dagegen hielt nicht viel von Hunden. Außerdem waren die meisten seiner Männer schlechte Skiläufer. Daher wollte er einen Großteil seiner Ausrüstung auf Ponys und Motorschlitten befördern.

Zunächst mussten beide Teams entlang ihrer Route zum Pol Versorgungslager einrichten, ehe im April der polare Winter beginnen würde. Scott brachte nur eine Tonne an Lebensmitteln und Treibstoff nach Süden, kaum genug für eine 16-köpfige Mannschaft. Amundsen war sehr viel besser ausgerüstet; ihm standen drei Tonnen Vorräte für nur fünf Personen zur Verfügung.

Im Oktober begann der Wettlauf. Weil es keinen Funkverkehr gab, wusste niemand, welche Gruppe zuerst gestartet war. Scott schickte einen Vortrupp mit Motorschlitten auf den Weg. Doch er sollte nicht weit kommen – die Schlitten gingen bald kaputt. Weil wichtige Ersatzteile fehlten, ließen die Männer sie zurück und gingen zu Fuß weiter.

Inzwischen hatte Amundsens Team das Transantarktische Gebirge bereits überquert. Auf der Südseite angelangt, erschossen seine Leute einige Hunde. Einen Teil des Fleisches bekamen die verbleibenden 18 Tiere. Den Rest ließen sich die Männer schmecken.

560 Kilometer entfernt von den Norwegern drückten die Engländer aufs Tempo. Doch die hungernden Ponys wurden krank. Um schneller weiterzukommen, wählte Scott vier Männer aus seiner Gruppe aus, mit denen er zum Pol vorstoßen wollte. Die übrigen kehrten zurück.

Scott und seine Begleiter mussten nun die schweren Schlitten selbst ziehen. Wo

Amundsens Expedition am Südpol.

mochte Amundsen jetzt wohl sein? Würden sie den Pol vor ihm erreichen?

Auch Amundsen plagten Zweifel, doch am 15. Dezember ließen die norwegischen Hundeführer mit neuem Mut ihre Peitschen knallen. Direkt hinter dem Horizont lag der Pol. Ihre einzige Frage war: Würde dort etwa schon die englische Fahne im eisigen Wind flattern? Doch weit und breit war keine Fahne in Sicht – nur pulvriger Schnee. Sie hatten es geschafft! Bevor sie den Rückweg antraten, nahmen sie ein Foto auf und stießen ihre Landesfahnen in den Schnee. Außerdem ließen sie einen Brief an den König von Norwegen zurück und fügten eine Bitte an Scott bei, diesen weiterzuleiten, falls sie es nicht bis zurück nach Hause schaffen würden.

Einen Monat später kam das englische Team müde und hungrig ans Ziel und sah die Fahnen der Konkurrenz im Wind wehen. Bitter enttäuscht schrieb Scott in sein Tagebuch: „Großer Gott! Was für ein schrecklicher Ort …"

Aber noch viel schrecklicher wurde der Weg zurück. Erschöpft und ausgehungert, wie die fünf Männer waren, ließen ihre Kräfte immer mehr nach. Einer der fünf, Titus Oates, konnte seine erfrorenen Glieder kaum noch bewegen. Weil er sah, dass er die anderen nur aufhielt, legte er sich zum Sterben in den Schnee. Doch sein Opfer konnte die Gefährten nicht mehr retten. Lebensmittel, Treibstoff und Körperkraft waren aufgezehrt. Die glücklosen Entdecker mussten sterben.

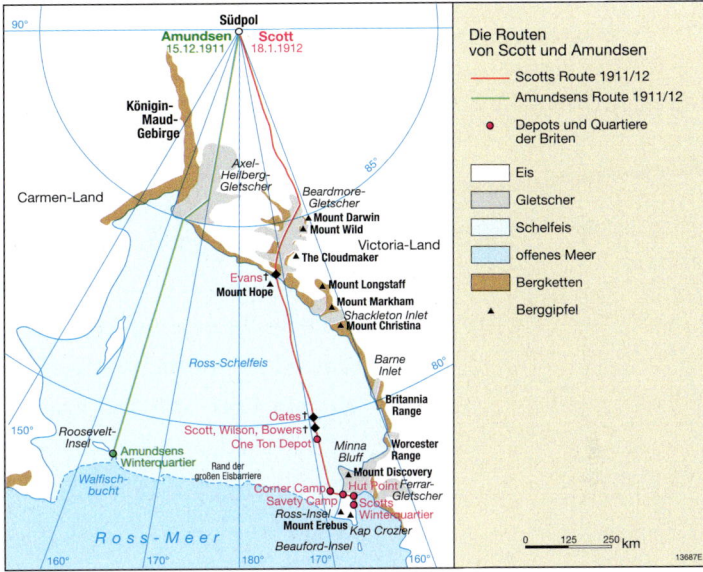

Scotts Expedition am Südpol.

Die Routen von Scott und Amundsen

— Scotts Route 1911/12
— Amundsens Route 1911/12
● Depots und Quartiere der Briten
☐ Eis
☐ Gletscher
☐ Schelfeis
☐ offenes Meer
☐ Bergketten
▲ Berggipfel

Zwei Routen zum Pol

Sowohl Amundsen als auch Scott errichteten ihre Basislager auf dem Eismeer, etwa 1350 Kilometer vom Südpol entfernt. Nachdem sie das Eis und die Gebirgskette überquert hatten, zogen sie über das Hochplateau dem Pol entgegen. Beide wollten auf ihren eigenen Spuren zu ihren Stützpunkten zurückkehren.

„Der Sieg wartet auf die Umsichtigen – die Leute nennen das Glück."
Roald Amundsen

Wie es weiterging …
Amundsen kehrte nach Norwegen zurück, wo man ihn ohne größeres Aufsehen willkommen hieß. Die Engländer dagegen machten Scott zu einem tragischen Helden, nachdem die Nachricht vom Scheitern seiner Expedition bekannt geworden war.

1 Die Doppelseite über die Arktis und Antarktis setzt sich aus verschiedenen Materialien zusammen. Was findest du auf diesen Seiten?
   – Welche Texte, Abbildungen und Fotos enthalten die Seiten?
   – Was möchtest du zuerst lesen? Warum?

2 Sammle gemeinsam mit einem Partner wichtige Informationen und macht euch Notizen. In welchen Texten findet ihr diese Informationen? Lest die Texte und beantwortet die Fragen.
   – Was ist mit dem „Wettlauf zum Südpol" gemeint?
   – Wie sind die beiden Expeditionen verlaufen? Legt dazu eine Tabelle an.
   – Was ist vor dem Wettlauf zum Südpol passiert? Wie ging es danach weiter?

3 Denkt über den Text nach. Vergleicht eure Antworten und sprecht darüber.
   a Warum war Amundsen erfolgreich? Warum scheiterte Scott?
   b Warum hat Amundsen einen Brief an seinen König am Südpol zurückgelassen?
   c Was bedeutet das Zitat von Amundsen: „Der Sieg wartet auf die Umsichtigen. Die Leute nennen das Glück."

4 Wähle eine Schreibaufgabe aus:
   a Schreibe einen kurzen Bericht über den Wettlauf zum Südpol.
   b Schreibe den Brief, den Amundsen für den norwegischen König am Südpol zurückgelassen hat.
   c Schreibe den Tagebucheintrag Scotts, als er am Südpol ankommt.

Großer Gott! Was für ein schrecklicher Ort!
...

5 Nimm schriftlich Stellung zu den Schülermeinungen. Benutze dazu auch deine Notizen.

Für mich sind beide Helden: Amundsen und Scott, weil ...

Beide sind für mich keine Helden. Sie waren nur übertrieben ehrgeizig: Dafür gibt es mehrere Gründe: ...

6 Formuliere eine eigene Meinung über die Doppelseite.

Es hat Spaß gemacht, die Doppelseite zu lesen, weil ...

Schwierig fand ich, dass ...

Sachtexte verstehen – Informationen und Meinungen unterscheiden

Wie ist die Arktis und wie erlebt man sie? Eine Antwort auf diese Fragen findest du in der Reportage „Meine Reise in die Arktis". Eine Reportage enthält nicht nur Informationen, sondern auch Meinungen. Wie man Fakten und Meinungen unterscheidet, lernst du in dieser Werkstatt.

MEINE REISE IN DIE ARKTIS

Die zehnjährige Olympia aus Los Angeles in den USA ist „junge Botschafterin" für den Klimaschutz.

Sie reiste gemeinsam mit acht anderen Kindern aus aller Welt in die kanadische Arktis.

Der Gletscher war riesig – und wunderschön. Neun Stunden sind wir gewandert, um an ihn heranzukommen. Wir sind
über Geröll geklettert. Zwischendurch war ich oft
müde und hatte keine Lust mehr weiterzugehen,
aber es hat sich gelohnt. Vorsichtig streckte ich
meine Zunge aus und probierte das Wasser, das
am Gletscher herunterfloss. Es war ganz sauber,
eiskalt und lecker.

Zu diesem Zeitpunkt waren wir schon fast zwei
Wochen im kanadischen Teil der Arktis unterwegs.
Wir, das heißt: neun Kinder, sechs Erwachsene
und ein Husky-Hund. Wir haben an einer Expedition namens „Pax Arctica" teilgenommen. Als „junge Botschafter" sollten wir Kinder die Schönheiten der Natur kennenlernen und erfahren, wie
sich der Klimawandel bemerkbar macht, und später anderen Kindern davon berichten. Ich bin als
Botschafterin für Deutschland gereist, denn ich
habe auch einen deutschen Pass, meine Mutter
ist Deutsche. Natürlich wusste ich schon vorher,
dass die Erderwärmung ein Problem ist, aber
während der Reise konnte ich es selbst erfahren.

Ich dachte eigentlich, dass in der Arktis das ganze
Jahr nur Eis und Schnee zu sehen ist, aber da
blühten sogar Blumen. Bis in die hohen Norden
sind wir gereist, zum Otto Fjord auf die Insel Ellesmere, die vor der Küste Grönlands liegt. Unterwegs haben wir Wölfe gesehen, zum Glück nur
von Weitem, und einen toten Eisbären. Wir haben
in Zelten geschlafen und das Essen für die ganze
Reise mitgenommen, weil es dort keine Häuser
und Geschäfte gibt. Und wenn wir auf Toilette
mussten, haben wir einfach ein Loch gegraben.

Wir waren im Juli dort, also im Sommer. Ich fand
es ganz schön kalt. Auf dem Wasser trieben Eisschollen und auch manche Eisberge. Ich war ganz
erstaunt, dass einige Einheimische, die Inuit, in
Shorts und T-Shirt herumliefen. Für sie war dieser
Sommer viel wärmer, als sie es von früher gewöhnt sind. Von den Inuitkindern haben wir ein
lustiges Spiel gelernt, das „Putatuqing" heißt. Dabei hüpft man von Eisscholle zu Eisscholle. Das
hat viel Spaß gemacht.

Leider, so sagte uns der Expeditionsführer, wird
das Eis der Arktis durch die Klimaerwärmung immer weniger. Dadurch verlieren Tiere, etwa die
Eisbären, ihren natürlichen Lebensraum. Wenn
das Packeis schmilzt, müssen die Bären ihr Jagdgebiet verlassen. Sie finden nicht mehr genug zu
fressen. Außerdem sind sie oft völlig erschöpft,
weil sie weiter als früher schwimmen müssen, bis
sie auf eine Eisscholle treffen, auf der sie sich
ausruhen können.

1. Schritt: Den Text einordnen und sich einen Überblick verschaffen

1 Lies die Überschrift und das fett Gedruckte. Schau dir auch die Bilder
an. Beantworte folgende Fragen:
a) Wer berichtet worüber?
b) Was ist das für ein Text (ein Lexikonartikel, ein Kapitel aus einem
Abenteuerbuch, ein Text aus einem Jugendmagazin)?
c) Schau dir auf einem Globus an, um welche Landschaft es geht.

2. Schritt: Informationen entnehmen und zusammenstellen

2 Lies den Text. Stelle die Informationen in einer Mindmap zusammen:

*Informationen zur
Person, die berichtet*

*Ort und
Jahreszeit*

Begegnungen

*Wetter und
Landschaft*

Essen und schlafen

3 An welchen Stellen erklärt Olympia Ziel und Zweck ihrer Reise?
a) Unterstreiche die Zeilen
im Text (Folie).
b) In der Zeitung soll eine
Meldung über Ziel und
Zweck der Expedition er-
scheinen. Schreibe die
Meldung auf.

Junge Botschafter
für den Klimaschutz

Neun Kinder, sechs Erwachsene und ein
Husky nahmen an der Expedition
teil. Sie reisten in die kanadische Arktis
um
Im Anschluss an die Expedition

4 Welche Umweltprobleme werden im Artikel erwähnt?
– Unterstreiche die Stellen im Text (Folie).

5 Informiert eure Mitschüler über die Umweltprobleme in der Arktis.
– Sucht weitere Informationen zu den angesprochenen Umweltproble-men. Nutzt Lexika, Sachbücher, und das Internet (z.B. *blinde-kuh.de* oder *geolino.de*).
– Haltet einen kurzen Vortrag.
– Sammelt eure Ergebnisse in der Themenmappe.

➡ *Hinweise zum Kurzvortrag findet ihr in Wissen und Können auf Seite 285.*

> *Liebe Mitschüler,*
> *in meinem kurzen Vortrag*
> *möchte ich euch über das größte*
> *Umweltproblem in der Arktis*
> *informieren: …*

3. Schritt: Meinungen und Bewertungen erkennen

6 Manchmal ist es gar nicht so leicht, in Reportagen zwischen Sachinfor-mationen und Meinungen zu unterscheiden. Lies den Artikel und mar-kiere alle Stellen, in denen die Autorin ihre persönliche Meinung und Wertung ausdrückt. Vergleicht eure Ergebnisse.
Achte auf folgende Tipps:

Tipp 1	**Tipp 2**	**Tipp 3**
Oft kommen Informati-onen und Meinungen zusammen vor:	*Oft drückt der Autor seine eigene Meinung direkt aus. Er bewertet:*	*Der Autor schildert oft Einzelbeobachtungen und Stimmungen:*
Unterwegs haben wir Wölfe gesehen. Zum Glück nur von Wei-tem. (Zeile 33-35)	Der Gletscher war rie-sig – und wunder-schön. (Zeile 1-3)	Zwischendurch war ich oft müde und hat-te keine Lust mehr, weiterzugehen. (Zeile 9/10)

Betreff: *Grüße aus der Ferne!*

Liebe Mia,
hier in der Arktis is es echt toll! ...

7 Olympia schickt ihrer Freundin Mia eine E-Mail. Wähle ein Bild aus und schreibe die E-Mail.
  – Von welchen Erlebnissen schreibt sie?
  – Was findet sie beeindruckend? Was gefällt ihr weniger?

4. Schritt: Über einen Text nachdenken und eigene Bewertungen abgeben

8 Wähle eine der folgenden Aufgaben aus:
  a Du bewirbst dich als „junge(r) Botschafter(in)" für den Klimaschutz"
    und möchtest an einer Expedition teilnehmen. Begründe, warum
    du mitfahren möchtest.
  b Entwirf ein Plakat
    „S.O.S. im Eismeer".

Eine begründete Stellungnahme abgeben

Sachtexte verstehen – Informationen und Meinungen unterscheiden

1 Lies den Text von Maria del Carmen Limberger. Finde wichtige Informationen heraus. Mache dir dazu Notizen.
a) Wer berichtet? b) Worüber wird berichtet? c) Wie war die Autorin unterwegs? d) Was wollte sie?

Maria del Carmen Limberger
Reise in die Arktis

Tagsüber waren wir mit dem Tundra Buggy unterwegs, um Eisbären zu beobachten. Es ging um 8.00 Uhr morgens los und wir waren bis 16.00 Uhr unterwegs. Am zweiten Tag ging es dann nach Cape Churchill. Acht Stunden waren wir auf dem Eis unterwegs. Einzigartige Landschaftsbilder taten sich auf, ich
5 staunte nur noch. Es war bezaubernd, die Eisbären zu sehen, schlafend im Schnee oder neugierig am Buggy. Faszinierend waren auch die im Spiel kämpfenden Eisbären, so kraftvoll und stark! Auf unseren Touren begleitete uns Goeff York, ein Eisbärenforscher, der seit 13 Jahren die Eisbären in Churchill erforscht. Er konnte sehr viel darüber erzählen, wie der Klimawandel das Leben

10 der Eisbären verändert hat. Die Eisbären werden immer kleiner. Grund dafür ist die stetige Erderwärmung. So schmilzt das Eis im Sommer früher in der Hudson Bay bei Churchill und die Eisbildung im Winter setzt später ein. Die Eisbären haben viel weniger Zeit, sich Fettreserven für ihren Landaufenthalt anzufressen. Auch bringen die Eisbärenweibchen kaum noch Drillinge zur Welt, mei-
15 stens haben sie jetzt nur noch ein Eisbärenbaby oder zwei. Wenn der Klimawandel so weiter geht, kann es sein, dass es in 100 Jahren keine Eisbären mehr in Churchill gibt! Am neunten Tag sind wir dann mit einem Helikopter wieder nach Churchill geflogen. Es war atemberaubend, die unglaubliche Weite der Arktis von oben sehen. Nach einer Schlittenhundefahrt und einem gemütlichen

20 Abendessen ging dann auch dieser aufregende Tag zu Ende und somit auch das Abenteuer Arktis. Ich kann nur von dieser Reise schwärmen. Sie war einzigartig, wunderschön, aufregend, interessant und sehr lehrreich. Ich habe dabei viel über Eisbären, den Klimawandel und unsere Umwelt gelernt.

2 Warum sind die Eisbären in Gefahr? Sammele die Sachinformationen und schreibe einen kurzen Bericht, wie er in der Zeitung stehen könnte.

Eisbären in Gefahr

Heute wird der Eisbär als gefährdet eingestuft. Der Grund dafür ist …

3 Die Autorin informiert nicht nur, sondern ist von der Arktis begeistert.
- Markiere drei Stellen im Text, mit denen du das zeigen kannst.
- Wie bewertet sie die Eisbären, die Landschaft und die Reise? Unterstreiche die Formulierungen. Achte besonders auf die Adjektive.

Liebe Maria,
du schreibst ganz
begeistert von deiner
Reise in der Arktis.
Ich würde auch ein-
mal gern an einer
solchen Expedition
teilnehmen.
Aber gab es über-
haupt keine …

4 Die Autorin beschreibt keine Probleme, die bei ihrer Reise aufgetreten sind. Schreibe ihr eine E-Mail und erkundige dich:
- nach dem Alltag: Essen, schlafen, waschen, Toilette usw.,
- nach Jahreszeit, dem Wetter und den Temperaturen,
- weiteren Begegnungen,
- nach den Fortbewegungsmöglichkeiten.

5 Wie bewertest du die Reise von Maria? War es eine Forschungsreise oder ein Touristentrip? Begründe deine Meinung aus dem Text.

 „Meine Auswahl, Meine Begründung, Eure Rückmeldung"

➡ *Hinweise zum Portfolio findest du auf Seite 276.*

Wähle eine Arbeit aus dem Kapitel aus, von der du denkst, dass sie dir besonders gut gelungen ist. Deine Lehrerin/dein Lehrer soll daran sehen, was du dabei gelernt hast.

Das kann ich schon!

✔ Aus Sachtexten Informationen entnehmen
✔ Sachinformationen und Meinungen unterscheiden
✔ Über den Text nachdenken und eine begründete Stellungnahme abgeben

→ In **EXTRA** auf Seite 41 kannst du noch einmal üben, wie man Sachinformationen von Meinungen unterscheidet, indem du aus einer Reportage eine Meldung formulierst. In →**EXTRA**, Seite 42–45 vergleichst du dazu einen literarischen Text mit einem Sachtext.
→ Die Unterscheidung von Sachinformationen und Meinungen kannst du auch noch einmal in der **Werkstatt** (Seite 35–38) üben.

Informationen herausarbeiten und Meinungen erkennen

1 Lies die Reportage über Eisbären. Worum geht es?

Knast für freche Räuber

Manche Bewohner des nordkanadischen Ortes Churchill schlafen nur noch mit einem Revolver unterm Kopfkissen. In der Stadt
5 gibt es zum Glück einen eigenen Eisbären-Notruf, der rund um die Uhr besetzt ist. Warum? Eisbären sind ziemlich gefährlich.

Bei der Jagd auf ihre Lieblingsspeise Robben
10 sind die Eisbären normalerweise auf dem Packeis unterwegs. Auf Grund der Klimaerwärmung friert das Meer aber leider viel später zu. Deshalb wandern Hunderte von hungrigen Räubern die Hudson Bay entlang. Um ihren Bä-
15 renhunger zu stillen, kommen die gefährlichen Banditen dann oft bis in die Dörfer hinein. Gott sei Dank landen die frechen Räuber nicht selten im Knast! Ja, es gibt tatsächlich ein Gefängnis für Eisbären in Churchill im Westen der

Hudson Bay. Wenn die Eisbären 20 hungrig zur Meeresbucht ziehen, passieren sie das kleine Örtchen und plündern Mülltonnen, schnüffeln in Gärten herum oder brechen in Vorrats- 25 kammern ein. Sie sind ganz schön unverschämt! Darum rückt dort regelmäßig die Eisbärenpolizei an und lockt die besonders frechen Räuber in die Falle: eine Metallröhre, in der ein in Seehundöl getränktes Stück Stoff liegt. Die wei- 30 ßen Riesen werden dann betäubt und in Netzen, die an einem Helikopter befestigt sind, ins Kittchen geflogen. Vier Wochen lang müssen die Räuber dort ausharren. Leid tun sie mir aber nicht. Sie werden nämlich ganz schön ver- 35 wöhnt. Sobald die Bucht zugefroren ist, werden sie noch einmal betäubt und aufs Eis geflogen – zur Robbenjagd.

2 Fasse die wichtigsten Informationen zusammen: Schreibe einen kurzen Text, wie er in der Zeitung stehen könnte. Schreibe ganz sachlich.

3 Der Autor informiert seine Leser nicht nur, sondern drückt auch seine Meinung aus.
 – Wie nennt er die Eisbären? Unterstreiche alle Bezeichnungen. An welchen wird die Meinung des Autors besonders deutlich?
 – Markiere weitere Formulierungen, mit denen der Autor seine Meinung ausdrückt.

Gefängnis für Eisbären Churchill. In der kanadischen Stadt Churchill hat man ein Problem mit Eisbären.
Die Eisbären...
Die Stadt hat allerdings eine Lösung gefunden: ...

Einen literarischen Text mit einem Sachtext vergleichen

Die 13-jährige Miyax gehört zum Volk der Inuit und lebt in Alaska. Sie wird mit Daniel verheiratet, den sie nicht einmal kennt. Nach kurzer Zeit flieht Miyas (oder auch Julie – so lautet ihr englischer Name) Hals über Kopf in die Tundra. Sie kennt aber die arktische Wildnis zu wenig: Geschwächt und dem Hungertod nahe, stößt sie auf ein Rudel Wölfe.

Jean Craighead George
Amaroq, der Wolf

Miyax schob die Kapuze ihres Anoraks zurück, um nach der Sonne zu sehen. Die war jetzt eine gelbe Scheibe auf einem grünen Himmel und Miyax schloss aus den Farben des Himmels und der Sonne, dass es gegen sechs Uhr abends sein musste; das war die Stunde, da die Wölfe erwachten. Geräuschlos stellte sie ihren Kochtopf nieder und kroch auf die Höhe eines rund gewölbten klei- 5 nen Hügels, einen der vielen Erdbuckel, die in der krachenden Kälte des arktischen Winters aufbrechen und wieder einsinken. Auf dem Bauch liegend blickte das Mädchen über das unabsehbare, moosgefleckte Grasland und wandte dann ihre ganze Aufmerksamkeit auf einen Punkt: die Wölfe. Zwei Schlafzeiten war es her, dass Miyax zufällig auf sie gestoßen war. Sobald die 10 Wölfe erwachten, begrüßten sie einander mit Schwanzwedeln. Miyax zitterten die Hände und ihr Herz begann rascher zu schlagen. Sie hatte Angst. Nicht so sehr vor den Wölfen – die zeigten sich zurückhaltend und waren viele Harpunenschüsse weit entfernt aber die verzweifelte Lage, in die sie geraten war, machte ihr Angst. Miyax hatte sich verirrt. Seit Tagen wanderte 15 sie ohne Nahrung durch die Wildnis des nördlichen Alaska. Die baumlose Ebene senkt sich, über dreihundert Meilen breit, von den Gipfeln der Brooks Range zum Nördlichen Eismeer und erstreckt sich über achthundert Meilen zwischen Chukchi und der Beaufort Sea. Es gibt keine Straßen; Tümpel und Seen sprenkeln ihre Unermesslichkeit. Der Wind heult und pfeift darüber 20 hin, und in welche Richtung man auch blickt, immer ist es das gleiche Bild. Irgendwo in diesem grasraschelnden Universum war sie, Miyax; und ihr Überleben, das Weiterglimmen des letzten Funkens Lebenswärme in ihrem Körper hing von diesen Wölfen ab. Und sie war nicht einmal sicher, ob sie ihr helfen würden. Miyax starrte angestrengt auf einen stattlichen schwarzen 25

Wolf, weil sie hoffe, damit seinen Blick auf sich zu ziehen. Sie musste ihm irgendwie mitteilen, dass sie am Verhungern war, und ihn um Nahrung bitten. Man konnte mit Wölfen reden, wusste sie, ihr Vater hatte es getan. [...] Der Magen tat ihr weh vor Hunger und der königliche schwarze Wolf war nur darauf bedacht, sie zu übersehen. „*Amaroq, ilaya,* Wolf, mein Freund", rief sie endlich. „Schau mich an! Schau mich doch bitte an!" [...] Amaroq betrachtete seine Klaue und wandte dann langsam, ohne die Augen zu heben, den Kopf nach Miyax. Er beleckte seine Schulter. Ein paar verfilzte Haare stellten sich einzeln hoch und glitzerten feucht. Dann wanderten die Wolfsaugen zu dem Rudel hinüber, glitten über jeden einzelnen der drei erwachsenen Wölfe und schließlich zu den fünf Welpen, die, zu einem einzelnen pflaumigen Klumpen geballt, nahe dem Höhleneingang schliefen. Die Augen des mächtigen Wolfes wurden weich beim Anblick der kleinen Wölfe, härteten sich aber zu sprödem Glas, als er mit seinem Blick die einförmige Tundra abtastete. [...] „Nie hätte ich mir träumen lassen, dass ich mich verlaufen könnte, Amaroq", redete sie weiter. Sie sprach jetzt lauter, um die Angst zu übertönen. „In Nunivak Island, dort bin ich nämlich geboren, zeigen die Pflanzen und Tiere den Wanderern den Weg. Ich hab geglaubt, sie tun das überall ... hier tun sie's jedenfalls nicht. Und da sitz ich jetzt und weiß nicht, in welche Richtung ich laufen soll. Hilf mir, großer schwarzer Wolf!"

1 Lies den Text und verschaffe dir zunächst einen Überblick:
　　a) Wer ist Miyax und in welcher Situation befindet sie sich?
　　b) Wie fühlt sie sich? Woran kannst du ihre Gefühle erkennen?

2 Denke über den Text nach:
　　a) Warum sucht Miyax die Nähe zu den Wölfen?
　　b) Was sagt Miyax zu Amaroq? Suche die Zitate im Text. Was zeigen sie?

3 Bilde dir deine eigene Meinung:
　　a) Welchen Eindruck hast du von Miyax? Wähle passende Adjektive aus
　　　 und belege deine Meinung am Text:
　　　 *unsicher leichtsinnig traurig bescheiden mutig selbstständig
　　　 selbstbewusst gewissenhaft fröhlich ängstlich hilflos*
　　b) Kannst du dir vorstellen, in der Arktis zu leben? Warum (nicht)?

4 Wie könnte die Geschichte weitergehen? Wird Miyax von den Wölfen
　　aufgenommen? Wie kann sie überleben? Erzähle.

5 Lies nun den Sachtext über Wölfe Schritt für Schritt. Nutze die Methode in „Wissen und Können" auf Seite 290.

Wer streift da durch die Eiswüste?

Wollsocken, lange Unterhosen, extrawarme Stiefel: David Mech und sein Team haben ihre dicksten Wintersachen eingepackt. Denn Eureka auf der Ellesmere-Insel, wo die US-amerikanischen Biologen Polarwölfe beobachten wollen, liegt nur 960 Kilometer vom Nordpol entfernt. Hier oben, an der Nordspitze Kanadas, schmilzt der Schnee, wenn überhaupt, erst im Juli. Kalte Winde fegen über den baumlosen Hügel. Bis auf ein paar Forscher verirrt sich kein Mensch in diese Wüste aus Eis und Gestein. Die hier lebenden Wölfe fürchten sich nicht vor den Zweibeinern. Im Gegenteil. Neugierig nähern sich die Tiere den Fremden. Das Rudel, das David Mech beobachtet, ist ein Familienverband: ein Leitrüde, seine Wölfin und fünf Jungtiere aus dem vergangenen Sommer. Ihr Revier ist riesig, dreimal so groß wie Berlin. Ihre Lieblingsbeute grast an diesem Tag in Sichtweite. Dutzende Moschusochsen und über 20 Schneehasen zählt Dave Mech. Ausreichend Futter für alle! [...]

Als das Rudel zur Jagd aufbricht, bleibt die Wölfin zurück. Hat sie Wichtigeres zu tun? Aber ja! Fünf Welpen tapsen aus einer versteckten Felshöhle. Der Nachwuchs aus diesem Jahr. Zwei Täler weiter sprinten derweil der Leitwolf und seine fünf Begleiter auf eine Herde Moschusochsen zu. Sie wollen ein Kalb reißen. Doch die mächtigen Rinder haben aufgepasst. In Sekundenschnelle bilden sie einen Schutzring um ihren Nachwuchs. Keine Chance – mit knurrenden Mägen ziehen die Wölfe erst einmal weiter. 30 Kilometer und mehr legen die 40 Wölfe so auf ihren Streifzügen zurück. Später am Tag haben sie Erfolg: Mit blutrotem Latz und vollem Magen kehren die Jäger zur Höhle heim. Der Leitrüde trägt einen Kalbskopf im Maul und überlässt ihn nach einigem Betteln der hungrigen Wölfin. Die Welpen dagegen springen ihren großen Geschwistern entgegen und lecken ihnen die Mäuler. Wie auf Befehl erbrechen die Jährlinge daraufhin einen Teil des Kalbfleisches – Abendessen für die Kleinsten. Die Jungen werden im Alter von sechs Monaten das erste Mal mit auf die Jagd gehen. Bis dahin balgen sie sich um Kalbsschwänze oder üben an toten Schneehasen das Zubeißen. Wer stänkert oder es zu wild treibt, dem fassen die Älteren einmal mit dem Maul über die Schnauze! Das heißt dann in der Wolfssprache, erklärt David Mech, so viel wie „Schluss jetzt, es reicht!".

Sina Löschke

6 Vergleiche die beiden Texte „Wer streift da durch die Eiswüste?" (S. 44)
und „Amaroq, der Wolf" (S. 42) mithilfe der folgenden Fragen:
a) Um was für Texte handelt es sich?
b) Was erfährst du in den Texten über die Arktis?
c) Was erfährst du in den Texten über die Wölfe?
d) Welche Personen kommen vor? In welcher Situation sind sie?
e) Welche Beziehung haben Mensch und Tier in den beiden Texten?
f) Wie werden die Wölfe in den beiden Texten dargestellt: *gefährlich,*
wie Raubtiere, gutmütig, wie Menschen ...? Suche Belege im Text.

7 Was trifft auf welchen Text zu?
a) Es handelt sich um eine erfundene Geschichte.
b) Man kann sich in die Personen hineinfühlen.
c) Der Text ist sachlich und informativ.
d) Die Autorin berichtet über etwas, was tatsächlich passiert ist.
e) Die Autorin erzählt, was eine Person denkt und fühlt.

8 Schreibe einen Textvergleich.
– Gib an, um welche Arten von Texten es sich handelt.
Bei den beiden Texten handelt es sich um einen literarischen Text und ei-
nen Sachtext. Der literarische Text ist ein Auszug aus dem Buch ... von ...
Der Sachtext stammt aus einem Jugendmagazin. ...

– Fasse zusammen, worum es in den Texten geht.
Im Text „Amaroq, der Wolf" wird erzählt ... Der Sachtext „Wer streift da
durch die Eiswüste?" informiert über ...

– Gib an, was beiden Texten gemeinsam ist und worin sie sich unter-
 scheiden.
In beiden Texten geht es um das Thema ... Die Wölfe sind aber in beiden
Texten ganz unterschiedlich. In „Amaroq, der Wolf" sind die Wölfe ... Im
Sachtext jedoch ...

– Formuliere abschließend deine eigene Meinung über die Texte.
Ich finde, dass ... Der Text ... gefällt mir besser, weil ...

Alltägliches, Merkwürdiges,

Das kann doch wohl nicht wahr sein!

Endlich mal eine gründliche Reinigung!

Geschichten handeln oft von ganz alltäglichen Beobachtungen. Der erste Eindruck ist, dass eine ganz normale Geschichte aus unserem Alltag erzählt wird. Aber dann nimmt das Alltägliche eine unerwartete Wendung und etwas Merkwürdiges oder sogar Unglaubliches geschieht. Wir fangen an, nachzudenken und fragen uns, was das Merkwürdige bedeuten könnte. Wahrscheinlich kommen wir zu ganz unterschiedlichen Antworten, denn jeder von uns entwickelt beim Lesen seine eigene Deutung.

In diesem Kapitel lernt ihr,
- literarische Texte zu untersuchen,
- auf verschiedenen Wegen zu einer eigenen Deutung (Interpretation) zu kommen und diese am Text zu belegen,
- eure Ideen und Gedanken über literarische Texte auszutauschen.

Unglaubliches

Den habe ich aber reingelegt!

Franz Hohler **Die Reinigung**

In eine Wäscherei kam einmal ein Mann und brachte eine Hose, die einer gründlichen Reinigung bedurfte, denn sie war durch und durch schwarz vor Schmutz.
Als er sie wiederhaben wollte, reichte ihm die Verkäuferin eine Plastiktasche und sagte, mehr sei von der Hose nicht übrig geblieben.
„Die ist ja leer!", sagte der Mann.
„Ja", sagte die Verkäuferin, „dafür ist dieser entsetzliche Dreck weg." [...]

1 Lies die Geschichte „Die Reinigung" und schreibe mit wenigen Sätzen einen Schluss. Vergleicht eure Fassungen.

2 Vergleiche deinen Schluss mit dem Originalschluss der Geschichte auf Seite 51. Welcher Schluss gefällt dir besser? Warum?

3 Sieh dir die drei Illustrationen an. Welche passt am besten zu der Geschichte von Franz Hohler? Warum?

4 Legt eine Geschichten-Mappe an. Sammelt darin:
a) merkwürdige Geschichten, die ihr gefunden habt. Notiert auf einem Blatt, wo und wie ihr die Geschichten gefunden habt und warum ihr sie ausgesucht habt.
b) merkwürde Geschichten, die ihr selbst schreibt. Notiert, was an euren Geschichten merkwürdig ist.
c) Texte und Interpretationen, die ihr in diesem Kapitel verfasst.

So was gibt`s doch gar nicht! – Einen literarischen Text untersuchen

1 Lest die Geschichte von Paul Maar „Eine gemütliche Wohnung". Ihr könnt dazu die Methode „Laut Denken" verwenden. Arbeitet immer bis zu den orange markierten Leseabschnitten.

 Methoden und Arbeitstechniken

Laut Denken – mit dem Text ins Gespräch kommen

1. Arbeitet zu zweit: Einer liest einen Leseabschnitt vor und macht dann eine Pause. Nun äußert der andere seine Gedanken zu diesem Abschnitt. Laut Denken geht so:
   – Was ich verstanden habe: „Im Text steht, dass …"
   – Was mir durch den Kopf geht: „Beim Lesen habe ich gedacht …"
   – Was mir im Moment nicht klar ist: „Ich finde merkwürdig/ungewöhnlich/seltsam …"
   – Was ich im nächsten Abschnitt erwarte: „Ich glaube, im nächsten Abschnitt …"
2. Bearbeitet nun den nächsten Leseabschnitt. Wechselt die Rollen.

Paul Maar
Eine gemütliche Wohnung

Wenn man heutzutage einen Handwerker bestellt, weil irgendetwas in der Wohnung repariert werden soll, muss man meistens lange herumtelefonieren, bis man einen findet, der Zeit hat zu kommen.
Das habe ich bemerkt, als neulich unser Kühlschrank nicht mehr ging. Ich rief bei drei Elektrikern an. Der erste sagte, er habe überhaupt keine Zeit. 5
Der zweite wollte mich überreden, doch lieber gleich einen neuen Kühlschrank zu kaufen. Der dritte versprach, bei uns vorbeizuschauen, wenn er mal in unsere Gegend käme …
Nach drei Wochen lief der Kühlschrank immer noch nicht. Nur die Butter fing an zu laufen, denn es war gerade ziemlich heiß. Deswegen versuchte ich noch 10
einmal mein Glück und rief bei einem vierten an. Er hieß Ludger Knorps und

versprach zu meinem Erstaunen, gleich am nächsten Morgen zu kommen. Am nächsten Tag, als ich gerade mit meinen Kindern beim Mittagessen saß, klingelte es. Herr Knorps stand draußen. Er war ein ungemein freundlicher

15 Mann. Er stellte seine drei Werkzeugkästen, den Werkzeugkoffer und die vier Werkzeugtaschen in die Küche, setzte sich zu uns an den Mittagstisch und ließ sich den Spinat schmecken. Dann machte er sich an die Arbeit. Ich hatte vorher nicht gewusst, dass so viele Drähte, Kabel, Sicherungen und Widerstände in einem einzigen Kühlschrank steckten. Mir wurde fast schwin-

20 delig von den vielen Drähtchen, die er da rauszog, deswegen sagte ich: „Rufen Sie mich halt, wenn Sie fertig sind!“, und ging in mein Zimmer. Gegen Abend, als meine Frau von der Arbeit heimkam, war Herr Knorps endlich fertig. Er führte uns stolz den Kühlschrank vor und steckte den Stecker in die Steckdose. Der Kühlschrank fing wieder an zu surren. Meine Frau öffnete

25 gleich die Tür und fasste ins Tiefkühlfach. „Au!“, schrie sie und zog ihre Hand schnell zurück. „Schon so kalt?“, fragte ich erstaunt.

„Nein, so heiß!“, rief sie. Ich fasste vorsichtig in den Kühlschrank. Er strahlte eine gewaltige Hitze aus. „Moment, Moment“, sagte Herr Knorps eifrig, schob mich ein wenig zur Seite, kniete sich vor unseren Elektroherd, der ne-

30 ben dem Kühlschrank steht, und öffnete die Tür zur Bratröhre. „Habe ich mir sofort gedacht“, sagte er triumphierend und zeigte auf die Eisschicht, die sich am Herd gebildet hatte. Vorsichtig streckte ich meine Hand aus: Die Bratröhre war so kalt, dass ich sie kaum anfassen konnte. „Eine kleine Verwechslung. Ich scheine zwei Drähte vertauscht zu haben“, entschuldigte sich

35 Herr Knorps. „Für heute muss ich leider Schluss machen. Feierabend! Aber morgen werde ich die Sache ganz schnell in Ordnung bringen.“

40

45

Wir zogen den Kühlschrankstecker aus der Steckdose, damit der Kühlschrank nicht zu heiß wurde, und räumten die Butter und die Wurst in den Herd. Am nächsten Morgen kam Herr Knorps schon gleich nach dem Frühstück und ging sofort an die Arbeit. Als er am Abend fertig war, kühlte unser Kühlschrank wieder und der Elektroherd heizte. Leider war ich immer noch nicht ganz zufrieden. Es zeigte sich nämlich, dass jetzt aus dem Elektroherd laute Musik ertönte, sobald man ihn anstellte. Unser Küchenradio hingegen gab keinen Ton mehr von sich. Im Grunde genommen ist es mir ja gleich, ob die Musik aus einem Radio, einem Kühlschrank oder einem Herd kommt. Hauptsache, sie ist laut. Aber ich konnte bei unserem Elektroherd keinen anderen Sender einstellen, so sehr ich auch an allen Knöpfen drehte. Und das störte mich. So ließ ich Herrn Knorps am nächsten Tag noch einmal kommen.

Ich muss ihm wirklich bescheinigen, dass er sich alle Mühe gab. Er kam im Morgengrauen und arbeitete fast ohne Pause. Am Abend führte er uns dann das Küchenradio vor: Es spielte wieder, und wir bekamen sogar drei Sender herein, die früher noch nie jemand gehört hatte.

Aber ein kleiner Fehler war ihm wieder unterlaufen. Er musst wieder irgendein Drähtchen verwechselt haben. Jedenfalls ging jetzt das Licht aus, wenn ich den Telefonhörer abnahm. Und wenn jemand draußen auf unseren Klingelknopf drückte, fing drinnen unsere Waschmaschine an zu laufen. Herr Knorps entschuldigte sich und versprach, gleich am nächsten Tag die Sache zu richten. Die Folge war, dass am nächsten Abend nun der Küchenmixer Musik machte, die Waschmaschine kühlte und Wasser aus der Uhr kam, wenn jemand den Fahrstuhlknopf drückte. Herr Knorps musste am nächsten Tag wiederkommen.

Inzwischen haben wir uns richtig an Herrn Knorps gewöhnt. Er kommt ja auch jeden Tag und repariert etwas. Wir sind schon richtig befreundet und verbringen immer häufiger Abende zusammen und spielen Karten und „Mensch ärgere dich nicht". Ein typischer Abend bei uns zu Hause sieht zurzeit so aus: Nach dem Abendessen, wenn wir das schmutzige Geschirr zum Saubermachen in den Herd geschoben haben, läutet es dreimal in der Spülmaschine. Das ist Herr Knorps. Er pflegt dreimal zu klingeln. Wir holen ein kühles Bier aus dem Fahrstuhl, und dann spielen wir Karten, bis der Mixer zwölf Uhr schlägt. Punkt zwölf Uhr machen wir Schluss. Schließlich muss Herr Knorps am nächsten Tag früh aus dem Bett.

Herr Knorps verabschiedet sich, steigt in den Kühlschrank und fährt nach unten. Wir stellen dann noch den großen Zeiger der Uhr auf sieben, damit im Treppenhaus das Licht ausgeht, und sitzen noch ein wenig beieinander, um der Musik aus dem Staubsauger zuzuhören.

Unsere Wohnung ist vielleicht ein bisschen ungewöhnlich jetzt. Aber wir finden sie sehr, sehr gemütlich.

*Nachdem ihr den Text einmal ganz gelesen habt, sollt ihr in einem
Interpretationsgespräch darüber sprechen, wie ihr ihn versteht.*

2 Macht euch zunächst Notizen zu folgenden Fragen.
- Ab welcher Stelle wird die Geschichte merkwürdig?
- Notiert euch alles, was euch merkwürdig vorkommt.
- Warum wird die Geschichte immer merkwürdiger?
- Warum hat Paul Maar sich wohl so eine merkwürdige Geschichte
  ausgedacht?

3 Sprecht darüber, wie ihr die Geschichte versteht. Nutzt dazu auch eure
Notizen.
- Welcher Meinung stimmst du eher zu? Warum?
- Suche weitere Belege für deine Meinung.

4 Wähle eine Aufgabe aus:
- **a** Schreibe nach Zeile 66 noch einen Abschnitt dazu.
  Was hat Herr Knorps noch repariert?
- **b** Schreibe eine ähnliche Geschichte, z. B. *Eine gemütliche Reise,
  Unsere gemütliche Klasse, ...*

Der Schluss der Geschichte „Die Reinigung" von Franz Hohler (S. 47):
„Da haben Sie recht", sagte der Mann, nahm die Tasche, bezahlte die
Rechnung und ging.

Begegnungen – Aus unterschiedlichen Perspektiven erzählen

Susanne Kilian
Der hat's gut

Der Junge ist auf dem Weg in die Schule. Er rast, denn er ist spät dran, rennt einen Mann mit Aktentasche fast um. Der Mann ist auf dem Weg ins Büro. „Verzeihung", murmelt der Junge. „Pass doch auf!", sagt der Mann. Dabei sehen sie sich an, einen Augenblick lang. Und …

Der Junge denkt:

Der hat's gut! Spaziert da gemütlich in sein Büro, jeden Tag. Keiner schnauzt ihn an, wenn er mal fünf Minuten zu spät kommt. Dann setzt der sich an seinen Schreibtisch, ruft seine Sekretärin und diktiert. Mir diktiert die Köhler gleich, und ich kann's selbst schreiben. O Mann, der hat nicht den Kummer mit Schreiben, Hausaufgaben machen und so `ner zickigen Schwester, die immer nur rummeckert und einen damit auf die Palme bringt. Mensch, keine Schule mehr haben. Wenigstens schon mal sechzehn sein. Schön wäre das.

Der Mann denkt:

Der hat's gut! Rast in die Schule, als ging's um sein Leben. Ja … Schule. Mit dem würde ich gern tauschen. Wenn ich so an meinen Schreibtisch denke, voll gepackt mit lauter unangenehmen Sachen wartet der auf mich. Sind doch kleine Sorgen, die man so hat, wenn man noch in die Schule gehen kann. Zu der Zeit ist doch alles nur halb so schlimm. Wenn man erst erwachsen ist … Verantwortung, Verpflichtungen.
Ach, Schwamm drüber. Die Zeit kann man nicht anhalten, auch nicht zurückdrehn. Es geht halt so weiter, im alten Trott, man ist eben kein Kind mehr.

1 Lies die Geschichte „Der hat's gut" von Susanne Kilian.
Was erfährst du über den Jungen und über den Mann?

– Warum wäre der Junge lieber der Mann?
– Warum wäre der Mann lieber der Junge?

2 Nimm die Perspektive des Jungen und des Mannes ein. Was könntest
du zu dem Jungen und zu dem Mann sagen? Ergänze die Gedankenblasen und schreibe die Gedanken auf.

– Erklärt dem Jungen, wie es dem Mann wirklich geht.

Das denkt der Junge: Das sagst du zu dem Jungen:

Von wegen! So gut hat der es nicht.
Von wegen spazieren …
Zu spät kommen darf er auch nicht, …
Auf seinem Schreibtisch …
Der Mann würde viel lieber noch einmal
in die Schule gehen, denn …

– Erklärt dem Mann, wie der Junge sich in der Schule fühlt.

Das denkt der Mann: Das sagst du zu dem Mann:

Bist du sicher? So gut hat der Junge es
nicht! Der hat nicht nur Stress in der
Schule, auch zu Hause …
In der Schule …

3 Denke dir alltägliche Begegnungen aus – in der Schule
(z. B. Lehrerin – Schülerin; Schüler – Hausmeister), auf dem Schulweg
(z. B. Schülerin – Busfahrer; Schüler – Spaziergänger mit Hund) auf
der Straße …
Schreibe Gedankenblasen („Der hat's gut!") aus der Perspektiven der
unterschiedlichen Personen.

Einen literarischen Text erschließen

Wenn du im Unterricht literarische Texte liest, hast du bestimmt viele Fragen. Literarische Texte enthalten nämlich oft Stellen, die auf den ersten Blick schwer zu verstehen sind. Dann musst du ganz genau lesen und dir Gedanken machen. Deine Fragen sind der erste Schritt, die Texte zu verstehen. Weil jeder aber den Text anders liest und versteht, ist es interessant, seine Vorstellungen und Gedanken mit anderen auszutauschen. In solchen Interpretationsgesprächen ergeben sich oft ganz unterschiedliche Textdeutungen.

Franz Hohler

Die Kleider des Herrn Zogg

Eines Morgens, als der Wecker läutete, stand Herr Zogg einfach nicht auf. Dabei hatte er ihn selbst gerichtet, auf 7 Uhr, wie immer, denn um 8 Uhr musste er im Büro sein. Es wurde Viertel nach 7, Herr Zogg schlief weiter, es wurde halb 8, Herr Zogg schlief immer noch, es wurde Viertel vor 8, und Herr Zogg schnarchte sogar.

„Kameraden", sagte da die Hose zu den anderen Kleidern, die über dem Stuhl hingen, „wir müssen wohl." Da kroch die Unterhose in die Hose, Leibchen und Hemd stopften ihre Enden in die beiden hinein, die Krawatte schlang sich um den Hemdkragen, die Jacke schob sich über das Hemd, die Socken stellten sich in die Schuhe, und dann gingen sie alle die Treppe hinunter vors Haus, fuhren im Bus zum Büro, in dem Herr Zogg arbeitete, und nahmen dort den Platz hinter seinem Pult ein. Immer, wenn jemand hineinschaute, wühlten sie in irgendeinem Stoß Papier, und als Herr Zogg gegen Mittag im Geschäft vorsprach und nur ein Badetuch um die Hüften gewickelt hatte, wollte man ihn nicht kennen und schickte ihn sofort wieder weg. An diesem Tag war Zahltag, und sobald die Kleider das Geld bekommen hatten, beschlossen sie, einmal richtig Ferien zu machen, und verreisten noch am selben Tag nach Italien.

Herr Zogg aber musste sich eine andere Arbeit suchen. So wie er angezogen war, fand er nur eine Stelle als Bademeister und riss fortan Billette ab, leerte Abfallkübel, rettete Ertrinkende und fühlte sich soweit ganz gut, nur in der Garderobe arbeitete er nicht so gern, denn beim Anblick der vielen aufgehängten Kleider war es ihm immer ein bisschen unheimlich.

5

10

15

20

25

Schritt 1: Mit der Geschichte ins Gespräch kommen

▸▸ Erste Fragen und Gedanken zur Geschichte sammeln.
▸▸ Notieren, was dir besonders auffällt.

Gehen die Kleider nun alleine zur Arbeit oder was?

1 Lest den Text und geht gemeinsam auf Spurensuche.
  – Was findet ihr merkwürdig an dieser Geschichte?
  – Was versteht ihr nicht? Notiert Fragen.

Schritt 2: Das Textverständnis sichern

▸▸ Überprüfe, ob du den Text verstanden hast:
Du kannst z. B. zusammenfassen, was in der Geschichte passiert.

2 Was ist eigentlich mit Herrn Zogg passiert?
Schreibe eine lustige Zeitungsmeldung.
  – Was tat Herr Zogg, als der Wecker läutete?
  – Was taten seine Kleider daraufhin?
  – Wie erschien Herr Zogg gegen Mittag im Geschäft?
  – Was musste er daraufhin tun?
  – Welche Arbeit fand Herr Zogg?

Kleider machen sich selbstständig!

Zürich. Gestern ist in Zürich etwas Merkwürdiges passiert. ...

Schritt 3: Eine Deutung (Interpretation) der Geschichte entwickeln

▸▸ Mache dir zunächst selbst Gedanken und mache dir Notizen:
  – Was ist an der Geschichte ungewöhnlich/merkwürdig/seltsam?
  – Wie verhalten sich die Figuren? Warum wohl?
  – Wie verstehst du die Geschichte?
  – Welche Wörter und Textstellen sind besonders wichtig? Warum?

3 Zum Schluss heißt es in der Geschichte:
Herr Zogg „fühlte sich soweit ganz gut, nur in der Garderobe arbeitete
er nicht so gern, denn beim Anblick der vielen aufgehängten Kleider
war es ihm immer ein bisschen unheimlich."
  – Warum ist das so?
  – Wie erklärst du dir sein Gefühl nach all dem, was vorher passiert ist?

4 Wie verstehst du die Geschichte? Wähle aus den drei Möglichkeiten eine aus und begründe. Du kannst auch eine eigene Deutung formulieren.

a) In vielen Berufen sind Kleidung und Auftreten wichtiger als die Person.

b) Wenn man nicht funktioniert, wird man entlassen.

c) In vielen Situationen werden wir nur nach unserem Äußeren beurteilt.

Schritt 4: Mit der Geschichte weiterarbeiten

▸▸ Nutze deine Gedanken und Notizen zur Weiterarbeit: Du kannst auf verschiedene Art und Weise zeigen, wie du den Text verstanden hast:

5 Wähle eine Aufgabe aus.

  a Schreibe deine Gedanken und Ideen zu der Geschichte in einem „Nachdenktext" auf.

  b Suche dir einen Partner. Denkt euch ein Interview mit Herrn Zogg aus und führt es den anderen vor.

Schüler: Herr Zogg, vielen Dank, dass Sie bereit waren, mit uns über Ihr ungewöhnliches Erlebnis zu sprechen, das Ihr Leben total verändert hat.

Herr Zogg: Das mache ich gerne, denn es tut mir gut, wenn ich darüber rede …

Schülerin: Warum sind Sie eigentlich an dem bewussten Morgen nicht wie immer aufgestanden?

Herr Zogg: …

Einen literarischen Text untersuchen und deuten

Eine Geschichte als Erzähltheater inszenieren

Franz Hohler

Eine dumme Geschichte

Eine Sau erhielt einmal Besuch, und zwar von einem Stroh.

„Hallo, Stroh!", sagte die Sau, die gerade mit der Schnauze im Trog wühlte, „was führt dich zu mir?" „Eine Beleidigung", sagte das Stroh mit piepsender Stimme, „eine unerträgliche, dauernde Beleidigung!" Erschrocken blickte

5 die Sau von ihrem Imbiss auf. „Ich soll dich beleidigt haben?", fragte sie, „das täte mir leid." „Nein", krähte das Stroh, „du und ich, wir werden täglich beleidigt! Wenn die Menschen jemandem sagen wollen, er sei besonders dumm, sagen sie entweder strohdumm oder saudumm!"

Die Sau hörte auf zu kauen. „Und was willst du dagegen tun?", fragte sie.

10 „Darüber habe ich lange nachgedacht", sagte das Stroh stolz, „und jetzt weiß ich es. Wir schlagen den Menschen einfach ein neues Wort vor."

„Aha", sagte die Sau, „und was für ein Wort?"

Das Stroh holte ganz tief Luft und sagte dann: „Steindumm."

Die Sau wackelte nachdenklich mit den Ohren. „Ich weiß nicht", sagte sie,

15 „damit würde einfach jemand anderer beleidigt."

„Einem Stein kann das egal sein", giftete das Stroh, „der ist doch steindumm."

„Nein", sagte die Sau, „ich mache nicht mit. Sollen die Menschen sagen, wie sie wollen." „Gut", sagte das Stroh trotzig, „dann mache ich den Vorschlag allein – wenn du so saudumm bist." Und es machte sich sogleich auf den Weg.

20 Aber es war keine zwei Schritte gegangen, da fiel aus dem Schweinestall ein Stein herunter und schlug es tot.

Die Sau schüttelte den Kopf. „Das kommt davon", sagte sie und senkte die Schnauze wieder in den Trog, „das kommt davon, wenn man so strohdumm ist."

1 Lest die Geschichte und sprecht darüber,
  – was merkwürdig ist,
  – worüber man lacht und ins Nachdenken kommt.

2 Spielt die Geschichte als Erzähltheater.

➡ *Wie man Geschichten durch ein Erzähltheater interpretieren kann, findet ihr im Kapitel „Theaterspielen" auf Seite 189.*

Geschichten-Forum

In diesem Geschichten-Forum findet ihr Geschichten, die zum Nachdenken und Schreiben anregen. Sucht euch eine Geschichte aus und bearbeitet sie eigenständig.

Bertolt Brecht

Herr Keuner und die Zeichnung seiner Nichte

Herr Keuner sah sich die Zeichnung seiner kleinen Nichte an. Sie stellte ein Huhn dar, das über einen Hof flog. „Warum hat dein Huhn eigentlich drei Beine?", fragte Herr Keuner. „Hühner können doch nicht fliegen", sagte die kleine Künstlerin, „und darum brauchte ich ein drittes Bein zum Abstoßen." „Ich bin froh, dass ich gefragt habe", sagte Herr Keuner.　5

▶▶ „Denkt laut" über den Text nach (vergleiche Seite 48) und deutet den Text gemeinsam in einem Interpretationsgespräch.
▶▶ Schreibe deine Gedanken und Ideen in einem Nachdenktext auf.

Jürg Schubiger

Die Einladung

Sommer im Garten. Unter dem Birnbaum blinkten die Insekten. Sie summten, ich summte mit. Ich stützte eine Malve mit einem Stecken, zupfte etwas Unkraut, tat dies und das und zwischendurch nichts.
Da sprach eine Biene mich an. „Heute hat unsere Königin Hochzeit", sagte sie. „Wir suchen einen Brautführer, mein Volk und ich. Nun ist die Wahl auf　5
dich gefallen."
Ich rieb mir die trockenen Erdkrusten von den Fingern. „Danke", sagte ich. „Und was soll ich anziehen?"
„Flügel", sagte die Biene.

▶▶ Schreibe die Geschichte weiter.
▶▶ Spielt die Geschichte als Erzähltheater.

Jürg Schubiger
Ausnahmsweise

Das Gras ist heute ausnahmsweise grün. Ausnahmsweise bewegt ein Wind die strohigen vorjährigen Blüten der Hortensien. Der Amselgesang weckt ausnahmsweise Erinnerungen. Fallschirmjäger stürzen wie immer schräg in den Garten hinein.

▶▶ Gehe auf Spurensuche und finde heraus, was merkwürdig ist.
▶▶ Hast du eine Idee für eine ähnliche Geschichte? Schreibe die Geschichte.

Marie-Luise Kaschnitz
Das letzte Buch

Das Kind kam heute spät aus der Schule heim. Wir waren im Museum, sagte es. Wir haben das letzte Buch gesehen. Unwillkürlich blickte ich auf die lange Wand unseres Wohnzimmers, die früher einmal mehrere Regale voller Bücher verdeckt haben, die aber jetzt leer ist und weiß getüncht, damit das
5 neue plastische Fernsehen darauf erscheinen kann. Ja und, sagte ich erschrocken, was war das für ein Buch? Eben ein Buch, sagte das Kind. Es hat einen Deckel und einen Rücken und Seiten, die man umblättern kann. Und was war darin gedruckt, fragte ich. Das kann ich doch nicht wissen, sagte das Kind. Wir durften es nicht anfassen. Es liegt unter Glas. Schade, sagte ich. Aber das
10 Kind war schon weggesprungen, um an den Knöpfen des Fernsehapparates zu drehen. Die große weiße Wand fing sich an zu beleben, sie zeigte eine Herde von Elefanten, die im Dschungel eine Furt durchquerten. Der trübe Fluss schmatzte, die eingeborenen Treiber schrien. Das Kind hockte auf dem Teppich und sah die riesigen Tiere mit Entzücken an. Was kann da schon
15 drinstehen, murmelte es, in so einem Buch.

▶▶ Sprecht darüber, was an dieser Geschichte merkwürdig ist. Warum regt die Geschichte zum Nachdenken an? Schreibt einen Nachdenktext.
▶▶ Schreibe einen Brief an das Kind und beantworte darin die letzte Frage.

Einen literarischen Text erschließen

Ralf Thenior
Der Fall

Er ging an den Automaten, warf drei Münzen ein, hörte es innen rumpeln, ein Pappbecher fiel auf das Rost, ein Strahl heißer Kaffeeflüssigkeit lief in den Becher, es klackte, der Strahl versiegte. Er nahm den Becher heraus, trank die Flüssigkeit in kleinen Schlucken, hörte es innen rumpeln, ein Pappbecher fiel auf das Rost, heiße Kaffeeflüssigkeit lief hinein, es klackte. Er nahm den Becher, trank, hörte es innen rumpeln, ein Becher fiel, Flüssigkeit, es klackte. Er griff den Becher, hörte es rumpeln … Später fand man ihn, bewusstlos, vor dem Kaffeeautomaten, dessen Hahn nur noch ganz leicht tropfte. 5

1 Lies die Geschichte und mache dir zu den Fragen Notizen.
– Was fällt dir an der Geschichte auf?
– Wann beginnt die Geschichte, merkwürdig zu werden?
– Notiere, was merkwürdig an dieser Geschichte ist.

2 Fasse zusammen, was passiert ist. Schreibe eine Meldung, wie sie in der Zeitung stehen könnte:
Mann am Kaffeeautomaten zusammengebrochen! …

3 Denke über die Geschichten nach und beantworte die Fragen schriftlich.
– Warum heißt die Geschichte wohl „Der Fall"?
– Was hat der Mann wohl gedacht und gefühlt, als er am Automaten stand? Schreibe seine Gedanken auf.

4 Deute die Geschichte. Wähle aus den zwei Möglichkeiten aus und begründe. Du kannst auch eine eigene Deutung formulieren.
a) Die Geschichte handelt von jemandem, der nicht aufhören kann zu trinken. Er muss lernen, „Stopp" zu sagen.
b) Die Geschichte ist ein Beispiel dafür, dass die Automaten die Menschen beherrschen.

*„Meine Auswahl,
Meine Begründung,
Eure Rückmeldung"*

Wähle eine Arbeit aus dem Kapitel aus, von der du denkst, dass sie dir besonders gut gelungen ist. Deine Lehrerin/dein Lehrer soll daran sehen, was du dabei gelernt hast.

→ *Hinweise zum Portfolio findest du auf Seite 276.*

Das kann ich schon!

✔ Zusammenfassen, was in einer Geschichte passiert
✔ Herausfinden, was in einer Geschichte auffällig und merkwürdig ist
✔ Eine eigene Deutung (Interpretation) der Geschichte entwickeln und am Text belegen
✔ Meine Ideen und Gedanken mit anderen austauschen

→ Du kannst in **EXTRA** auf Seite 62 noch einmal üben, Auffälligem und Merkwürdigem in Geschichten auf die Spur zu kommen.

→ Du kannst aber auch noch einmal die Geschichte aus der **Werkstatt** bearbeiten (Seite 54-56).

→ In **EXTRA** auf Seite 63-65 kannst du noch einmal eine längere Geschichte untersuchen und eine eigene Interpretation entwickeln.

Ideen und Anregungen

→ Eine **Vorlesestunde** mit den Geschichten dieses Kapitels durchführen.

→ Die Geschichten oder einzelnen Szenen daraus als **Standbild**, **Erzähltheater** oder **Erzählpantomime** darstellen.

→ Sucht euch eine Geschichte oder eine einzelne Szene aus und **illustriert** diese. Ihr könnt die einzelnen Szenen auch als **Comic** ausbauen. Hängt die illustrierten Geschichten an die Pinnwand.

Merkwürdiges in Geschichten entdecken

Gina Ruck-Pauquèt

Drachensteigen

Wenn der Herbst die Blätter golden färbt, treffen sich die Kinder auf den Wiesen.

„Wir lassen Drachen steigen!", rufen sie.

Sie spulen die Schnur ab, und der Wind trägt die bunten Papiergesellen hinauf.   5

„Diesmal habe ich auch einen Drachen", sagt der kleine Jörg.

„Na ja", meinen die anderen.

Der Drachen sieht ein bisschen zerknittert aus. Aber dafür hat ihm Jörg ein freundliches Gesicht aufgemalt. Und dann gibt es eine Überraschung: Jörgs Drachen steigt höher als alle anderen!   10

„Hurra!", schreit Jörg. „Mein Drachen ist der König!"

Den ganzen Nachmittag rennen die Kinder über die Wiesen.

Als es dämmrig wird, sind sie müde. „Wir wollen nach Hause gehen", sagen sie, und sie wickeln die Drachenschnur auf.

Aber Jörg steht mit leeren Händen da.   15

„Wo ist dein Drachen?", wollen die anderen wissen.

„Ich habe ihn freigelassen", sagt Jörg. „Er wollte hinauf zum Abendstern."

„Du bist dumm", lachen die Kinder, und sie laufen nach Hause. Der kleine Jörg aber steckt die Hände in die Hosentaschen und geht fröhlich heim.

1 Schreibe auf, was in der Geschichte passiert.

Die Kinder treffen sich im Herbst auf der Wiese. Sie wollen …

2 Was ist merkwürdig an der Geschichte?

– An welcher Stelle in der Geschichte verhält sich Jörg anders als die anderen Kinder?

– Warum sagen die anderen Kinder zu Jörg: „Du bist dumm"?

– Warum geht Jörg fröhlich nach Hause?

3 Was schreibt Jörg abends in sein Tagebuch?

Liebes Tagebuch,

heute haben die anderen Kinder mich ausgelacht. Das kam so: …

Merkwürdiges in Geschichten deuten

Wolf Biermann

Das Märchen vom kleinen Herrn Moritz, der eine Glatze kriegte

Es war einmal ein kleiner älterer Herr, der hieß Herr Moritz und hatte sehr große Schuhe und einen schwarzen Mantel dazu und einen langen schwarzen Regenschirmstock, und damit ging er oft spazieren.

Als nun der lange Winter kam, der längste Winter auf der Welt in Berlin, da
5　wurden die Menschen allmählich böse.

Die Autofahrer schimpften, weil die Straßen so glatt waren, dass die Autos ausrutschten. Die Verkehrspolizisten schimpften, weil sie immer auf der kalten Straße rumstehen mussten. Die Verkäuferinnen schimpften, weil ihre Verkaufsläden so kalt waren. Die Männer von der Müllabfuhr schimpften,
10　weil der Schnee gar nicht alle wurde. Der Milchmann schimpfte, weil ihm die Milch in den Milchkannen zu Eis gefror. Die Kinder schimpften, weil ihnen die Ohren ganz rot gefroren waren, und die Hunde bellten vor Wut über die Kälte schon gar nicht mehr, sondern zitterten nur noch und klapperten mit den Zähnen vor Kälte, und das sah auch sehr böse aus.

15　An einem solchen kalten Schneetag ging Herr Moritz mit seinem blauen Hut spazieren, und er dachte: „Wie böse die Menschen alle sind, es wird höchste Zeit, dass wieder Sommer wird und Blumen wachsen."

Und als er so durch die schimpfenden Leute in der Markthalle ging, wuchsen ganz schnell und ganz viele Krokusse, Tulpen und Maiglöckchen und Rosen
20　und Nelken, auch Löwenzahn und Margeriten. Er merkte es aber erst gar nicht, und dabei war schon längst sein Hut vom Kopf hochgegangen, weil die Blumen immer mehr wurden und auch immer länger.

Da blieb vor ihm eine Frau stehen und sagte: „Oh, Ihnen wachsen aber schöne Blumen auf dem Kopf!"

25　„Mir Blumen auf dem Kopf!" sagte Herr Moritz, „so was gibt es gar nicht!"

„Doch! Schauen Sie hier in das Schaufenster, Sie können sich darin spiegeln. Darf ich eine Blume abpflücken?"

Und Herr Moritz sah im Schaufensterspiegelbild, dass wirklich Blumen auf seinem Kopf wuchsen, bunte und große, vielerlei Art, und er sagte: „Aber bit-
30　te, wenn Sie eine wollen..."

„Ich möchte gern eine kleine Rose", sagte die Frau und pflückte sich eine.

„Und ich eine Nelke für meinen Bruder", sagte ein kleines Mädchen, und Herr Moritz bückte sich, damit das Mädchen ihm auf den Kopf langen konnte. Er brauchte sich aber nicht so sehr tief zu bücken, denn er war etwas kleiner als andere Männer. Und 35 viele Leute kamen und brachen sich Blumen vom Kopf des kleinen Herrn Moritz, und es tat ihm nicht weh, und die Blumen wuchsen immer gleich nach, und es kribbelte so schön am Kopf, als ob ihn jemand freundlich streichelte, und Herr Moritz war froh, dass er den Leuten mitten im kalten Winter Blu- 40 men geben konnte. Immer mehr Menschen kamen zusammen und lachten und wunderten sich und brachen sich Blumen vom Kopf des kleinen Herrn Moritz und keiner, der eine Blume erwischt hatte, sagte an diesem Tag noch ein böses Wort.

Aber da kam auf einmal auch der Polizist Max Kunkel. Max Kunkel war schon 45 seit zehn Jahren in der Markthalle als Markthallenpolizist tätig, aber so was hatte er noch nicht gesehen! Mann mit Blumen auf dem Kopf! Er drängelte sich durch die vielen lauten Menschen, und als er vor dem kleinen Herrn Moritz stand, schrie er: „Wo gibt's denn so was! Blumen auf dem Kopf, mein Herr! Zeigen Sie doch mal bitte sofort Ihren Personalausweis!" 50
Und der kleine Herr Moritz suchte und suchte und sagte verzweifelt: „Ich habe ihn doch immer bei mir gehabt, ich hab ihn doch in der Tasche gehabt!"
Und je mehr er suchte, umso mehr verschwanden die Blumen auf seinem Kopf.
„Aha", sagte der Polizist Max Kunkel, „Blumen auf dem Kopf haben Sie, aber keinen Ausweis in der Tasche!" 55

Und Herr Moritz suchte immer ängstlicher seinen Ausweis und war ganz rot vor Verlegenheit, und je mehr er suchte - auch im Jackenfutter -, um so mehr schrumpften die Blumen zusammen, und der Hut ging allmählich wieder runter auf den Kopf! In seiner Verzweiflung nahm Herr Moritz seinen Hut ab, und siehe da, unter dem Hut lag in der abgegriffenen Gummihülle der 60 Personalausweis. Aber was noch!? Die Haare waren alle weg! Kein Haar mehr auf dem Kopf hatte der kleine Herr Moritz. Er strich sich verlegen über den kahlen Kopf und setzte dann schnell den Hut drauf.
„Na, da ist ja der Ausweis", sagte der Polizist Max Kunkel freundlich, „und Blumen haben Sie ja wohl auch nicht mehr auf dem Kopf, wie?!" 65
„Nein...", sagte Herr Moritz und steckte schnell seinen Ausweis ein und lief, so schnell man auf den glatten Straßen laufen konnte, nach Hause. Dort stand er lange vor dem Spiegel und sagte zu sich: „Jetzt hast du eine Glatze, Herr Moritz!"

Einen literarischen Text untersuchen und deuten

1 Lies die Geschichte.

a) Notiere, was dir auffällt.

b) Fasse schriftlich zusammen, was in der Geschichte passiert.

- Was denkt Herr Moritz, als er durch die Stadt geht?
- Was passiert Ungewöhnliches?
- Wie verändern sich die Menschen, nachdem sie eine Blume bekommen haben?
- Was macht der Polizist Max Kunkel?
- Warum verschwinden die Blumen wieder?

2 Untersuche den Text genauer und wähle eine Aufgabe aus.

Wie verstehst du die Geschichte?

a Schreibe deine Ideen und Gedanken in einem Nachdenktext auf.

- Was ist an dieser Geschichte merkwürdig?
- Was bedeutet es wohl, dass Blumen auf dem Kopf von Herrn Moritz wachsen?
- Warum verschwinden die Blumen, als der Polizist kommt?

b Führe ein Interview mit Herrn Moritz. Schreibe seine Antworten auf. Du kannst dir auch noch weitere Fragen überlegen.

Interviewer: Was war Ihr Eindruck von den Menschen damals im Winter?

Herr Moritz: …

Interviewer: Haben Sie eine Erklärung dafür, warum plötzlich Blumen auf Ihrem Kopf wuchsen?

Herr Moritz: …

Interviewer: Warum haben Sie die Blumen verschenkt?

Herr Moritz: …

Interviewer: Welche Rolle spielte eigentlich der Polizist?

Herr Moritz: …

Interviewer: Wie haben Sie sich gefühlt, als alle Blumen weg waren?

Herr Moritz: …

3 Wie bist du bei der Bearbeitung der Aufgaben vorgegangen?

- Welche Aufgabe hast du gewählt? Warum?
- Wie bist du zu deiner Textdeutung gekommen?
- Was hast du bei der Bearbeitung der Aufgaben gelernt? Überlege dir, was du davon für die Interpretation weiterer Texte nutzen kannst.

Unsere Umwelt

> Darüber, wer die Welt erschaffen hat, lässt sich streiten. Sicher ist nur, wer sie vernichten wird.
> *George Adamson, Tierschützer*

Umwelt ist alles, was uns Menschen umgibt: alle Lebewesen und alle Dinge. In diesem Kapitel arbeitet ihr mit ganz unterschiedlichen Texten – mit Gedichten und Geschichten, mit Zeitungsartikeln, Karikaturen und Sachtexten. Alle haben gemeinsam, dass sie sich kritisch mit dem Thema Umwelt befassen. In Rollendiskussionen setzt ihr euch mit Umweltthemen auseinander und nehmt die Umwelt aus unterschiedlichen Blickwinkeln wahr. Ihr denkt darüber nach, wie ihr in eurem Umfeld – zum Beispiel in der Schule – Beiträge zum Umweltschutz leisten könnt.

In diesem Kapitel lernt ihr
- Texte kennen, die zum Nachdenken über die Umwelt anregen,
- Möglichkeiten kennen, an eurer Schule durch Plakate für den Umweltschutz zu werben,
- in Rollendiskussionen Standpunkte einzunehmen und zu vertreten,
- Rollendiskussionen zu beobachten und zu bewerten.

Merkvers
Das Schönste, was uns die Raumfahrt
zeigte, war die Erde als blauer Stern.
Er ist bewohnbar. Aber verletzlich.
Christine Busta, Schriftstellerin

1 Schaut die Bilder an.
- Sucht euch ein Bild aus und überlegt, was es mit dem Thema Umwelt zu
  tun hat. Begründet eure Meinung.
- Was haben die beiden kleinen Texte mit dem Thema zu tun? Worauf wollen
  sie aufmerksam machen? Sprecht darüber.

2 Gestaltet eine Themenwand in eurem Klassenzimmer, die ihr bei der Arbeit
mit diesem Kapitel ergänzt:
- Sammelt dort aktuelle Texte und Bilder aus eurer näheren und weiteren
  Umgebung.
- Besprecht, wie ihr euer Material ordnen wollt: nach Oberbegriffen, die sich
  auf Umweltprobleme beziehen, nach Umweltthemen, die euch besonders
  betreffen oder interessieren, nach Erscheinungsdatum usw…
- Ihr könnt die Themenwand während der Bearbeitung des Kapitels auch
  neu sortieren.

→ *Ihr könnt dazu die Methode „Partnerpuzzle" nutzen. Hinweise dazu findet ihr in der Werkstatt Methoden und Arbeitstechniken auf Seite 266.*

Texte über die Umwelt untersuchen

1 Lest die Texte und findet Antworten auf die Fragen.

Der Johannisbrotbaum

Ein Weiser ging einmal über Land und sah einen Mann, der einen Johannisbrotbaum pflanzte. Er blieb bei ihm stehen und sah ihm zu und fragte: „Wann wird das Bäumchen wohl Früchte tragen?" Der Mann erwiderte: „In siebzig Jahren." Da sprach der Weise: „Du Tor! Denkst du in siebzig Jahren noch zu leben und die Früchte deiner Arbeit zu genießen? So pflanze lieber einen Baum, der früher Früchte trägt, dass du dich an ihnen erfreust in deinem Leben." Der Mann aber hatte sein Werk vollendet und sah freudig darauf und antwortete: „Herr, als ich zur Welt kam, da fand ich Johannisbrotbäume und aß von ihnen, ohne dass ich sie gepflanzt hatte, denn das hatten meine Väter getan. Habe ich nun genossen, wo ich nicht gearbeitet habe, so will ich einen Baum pflanzen für meine Kinder oder Enkel, dass sie davon genießen. Wir Menschen mögen nur bestehen, wenn einer dem anderen die Hand reicht."

▶▶ Was passiert in der Geschichte?
▶▶ Verstehst du, warum der Mann so handelt?
▶▶ Wer ist hier der Weise und wer der Tor?

Walter Helmut Fritz
Der indianische Freund sagt

Wir machen keinen Wettstreit.
Wenn einer leidet,
leiden die andern.
Wir sind gastfreundlich
und halten Wort.
Die Geister der Toten
sind uns vertraut.
Den Nutzen achten wir nicht.
Wenn wir ein Fest feiern,
sind alle dabei,
auch Kräuter, Mais und Kürbis,

der über Kiesel
springende Bach,
Antilope, Schlange und Büffel,
das Feuer und die Schatten,
die es erzeugt,
Wolke und Berg,
der Morgenwind, der sich
hinter den Ulmen erhebt
das Grün, Gelb und Rot
des Regenbogens.
Sie alle sind unsere Geschwister.

▸▸ Wen meint Walter Helmut Fritz mit „wir"?
▸▸ Wen bezeichnet der indianische Freund als seine „Geschwister"?
Warum?

→ Was zeigt die Abbildung?
→ Warum und wozu hat der Zeichner Tiere verwendet?
→ Wozu möchte das Bild den „Leser" auffordern?

Fischsterben in der Bottwar

Großbottwar – Abwasser in der Bottwar: Bei Großbottwar (Kreis Ludwigsburg) sind am Donnerstag mehrere Fische verendet. Vor allem Forellen, aber auch Döbel und ein Gründling fielen dem Fischsterben zum Opfer. Wie die Polizei mitteilte, wurde die Ursache am Freitagmorgen gefunden: Wegen des starken Regens war aus einem Überlaufbecken häusliches Abwasser in die Bottwar geflossen. Wie viele Fische genau starben, will der Fischereiverein am Sonntag durch eine so genannte Elektrobefischung klären. Man rechnet aber vor allem bei den empfindlichen Forellen mit dem Schlimmsten. Die Ermittlungen dauern an.
Stuttgarter Zeitung, 17.8.2012

▸▸ Worüber berichtet der Zeitungsartikel?
▸▸ Was ist die Ursache des Unglücks?
▸▸ Was hat das mit Umwelt zu tun?

2 So könnt ihr mit euren Ideen weiterarbeiten:
▸▸ Malt ein Bild zu dem Gedicht.
▸▸ Schreibt einen Zeitungsartikel zur Karikatur.
▸▸ Sucht aktuelle Beispiele, die die Aussagen der Texte verdeutlichen.
▸▸ Stelle deine Arbeit an der Themenwand aus.

Ein „Umwelt"-Plakat untersuchen und für ein eigenes Anliegen werben

Ein Junge hat eine Idee

Felix mit der Nobelpreisträgerin Wangari Maathai

Felix Finkbeiner war neun Jahre alt, als er ein Referat für die Schule über die Klimakrise halten sollte. Bei seinen Recherchen für das Referat stieß er auf die Initiative „Green belt movement" der kenianischen Nobelpreisträgerin Wangari Maathai, die in Afrika 30 Millionen Bäume gepflanzt hatte.

So entwarf er am Ende seines Referats die Vision, Kinder könnten in jedem Land der Erde eine Million Bäume pflanzen, um auf diese Weise einen CO_2-Ausgleich zu schaffen. Dazu gründete er im Jahre 2007 die Schülerinitiative „Plant-for-the-Planet". In den folgenden Jahren entwickelte sich Plant-for-the-Planet zu einer weltweiten Bewegung: Derzeit verfolgen ca. 100.000 Kinder auf der ganzen Welt dieses Ziel. Auf der Internet-Seite der Bewegung ist zu lesen: 5

„Der weltweite Slogan unserer Kampagne ist „Stop talking. Start planting." Die Kampagne zeigt, dass wir Kinder davon überzeugt sind, dass Reden alleine nicht hilft und dass es Zeit ist zu handeln. Auf den Kampagnenbildern sind wir Kinder zu sehen, wie wir unsere Hand vor den Mund einer prominenten Person halten, wie beispielsweise Schauspieler Harrison Ford, Fürst Albert II von Monaco, dem Theologen Hans Küng, dem Supermodel Gisele Bündchen sowie vielen Staats- und Regierungschefs und Nobelpreisträgern." 10 15

1 Was erfahrt ihr im Text über die Entwicklung von Felix' Idee? Fasst kurz zusammen und sprecht darüber.
Felix recherchiert für das Referat … Felix stößt auf die Initiative … Felix schlägt vor …

2 Wie hat sich die Schülerinitiative weiterentwickelt? Was verrät euch das Foto oben zusätzlich zum Text?

3 Wozu fordert das Plakat auf? Spricht es dich an? Begründe.

4 Informiert euch im Internet unter *www.plant-for-the-planet.org/de* über die Bewegung und schreibt einen Informationstext für eure Themenwand.

Umweltschutz beginnt in der Schule

*Auch in der Schule gibt es viele Bereiche, in denen ihr aktiv werden und
so einen Beitrag zum Umweltschutz leisten könnt.
Die Schülerinnen und Schüler einer 7. Klasse setzen sich dafür ein, beim
Verlassen der Klassenräume das Licht auszumachen, damit Energie ge-
spart wird. Um für ihr Anliegen zu werben, haben sie Plakate gestaltet.*

1 Notiere zunächst, welche Gedanken die Plakate bei dir auslösen.

2 Lest eure Notizen in der Klasse vor. Tauscht euch darüber aus.
Gibt es Gemeinsamkeiten, gibt es Unterschiede?

3 Untersucht die beiden Plakate genauer:
  – Was fällt besonders ins Auge?
  – Welche weiteren Elemente unterstreichen das Anliegen noch?
  – Welche Farben und Schriften werden verwendet?
  – Welche Informationen geben die Plakate?

4 Welches Plakat gefällt dir besser? Begründe.

5 Wähle dir ein Thema zum Umweltschutz aus, das für deine Schule
wichtig ist. Gestalte ein Plakat dazu.
Verwende dabei die Ergebnisse aus Aufgabe 3.

6 a) Nutze dein Plakat für dein Portfolio.
   b) Stelle dein Plakat an der Themenwand aus.

➡ *Hinweise dazu
findest du in „Metho-
den und Arbeitstech-
niken" auf Seite 274.*

Tipp
*Verwende den
Computer für das
Plakat.*

Über Umweltthemen diskutieren: Standpunkte erkennen, sammeln und ordnen

Auch Tiere sind Teil unserer Umwelt. Viele Tierarten sind gefährdet, weil der Mensch ihnen in ihrem natürlichen Lebensraum die Lebensgrundlage entzieht. So werden beispielsweise Wälder und Urwälder gerodet, um Ackerboden zu gewinnen. Allerdings gibt es ganz unterschiedliche Auffassungen, wie gefährdete Tierarten geschützt werden können.

Diskussionsbeiträge aus einer Jugendzeitschrift

Natürlicher Lebensraum oder Leben im Zoo?

1 Lest euch die Schüleräußerungen durch.

Tiere verhalten sich im Zoo völlig anders als frei lebende Lebewesen. Aber wenn eine Tierart vom Aussterben bedroht ist, sind Zoos unsere letzte Hoffnung.
Tom, 12 Jahre

Kinder sollten auch andere Tiere als nur Kühe, Hühner oder Schweine erleben können. Ich war noch nie in Afrika, und wenn es keinen Zoo gäbe, hätte ich auch noch nie einen Elefanten gesehen.
Helin, 12 Jahre

Im Zoo werden seltene Tierarten geschützt. Außerdem geht es ihnen dort gut. Ich habe selbst mal „hinter die Kulissen" geschaut. Elefanten bekommen genug zu fressen und werden regelmäßig geduscht. Tiger haben ein großes Gehege und ausreichend Futter.
Tobias, 11 Jahre

Das Verhalten der Tiere verändert sich in Zoos, sie werden immer mehr vom Menschen abhängig. Wildtiere sollten nicht wie Hunde oder Katzen gehalten werden. Ich sehe die Tiere lieber im Fernsehen beim Jagen oder mit ihren Jungen als eingesperrt in den Käfigen.

Isabell, 13 Jahre

Man sollte neue Lösungen suchen. Zum Beispiel könnte in jedem Zoo nur eine Tierart oder eine Tiergemeinschaft leben. So könnte man die Gehege größer gestalten und den Tieren einen Lebensraum bieten, der ihrer Natur näher kommt! Zoos sind außerdem wichtig, um Kinder die Natur und die Tiere näherzubringen und so auf Tierschutz aufmerksam zu machen.

Julia, 13 Jahre

Ich finde es schlimm, wenn man Wildtiere in winzig kleine Käfige steckt. Sie brauchen doch ihren Auslauf. Auch ärgert mich, dass Kinder oft an die Gehege-Scheiben klopfen, rumschreien und somit die Tiere erschrecken. Außerdem gewöhnt man in Zoos die Tiere an Menschen. Das sollte nicht so sein.

Dominik, 12 Jahre

Bedrohte Tiere sollten in Zoos gehalten werden. Aber Tiere, die nicht auf der Roten Liste stehen, gehören in die Wildnis.

Tom, 10 Jahre

2 Vergleicht die Schüleräußerungen. Geht so vor:
- Macht euch Notizen, was die einzelnen Schüler zur Zoohaltung von Tieren sagen.
- Überlegt, wie ihr eure Notizen ordnen könntet.
- Nutzt den Methoden-Kasten: Legt eine Tabelle an und tragt die Gesichtspunkte ein.

 Methoden und Arbeitstechniken

Informationen sammeln und gegenüberstellen

1. Legt eine Tabelle mit Spaltenüberschriften an. Nutzt unterschiedliche Möglichkeiten.

2. Ordnet die Stichwörter in die Tabelle ein.

3. Vergleicht die Stichwörter und wertet die Tabelle aus.
   - Welche Stichwörter passen zusammen?
   - Welche könntet ihr gegenüberstellen?
   - Welche heben sich gegenseitig auf?
   - Welche findest du besonders wichtig, welche weniger wichtig?
   Verdeutlicht eure Entscheidungen mit Farben oder mit Pfeilen.

4. Überlegt, ob ihr noch Gesichtspunkte ergänzen wollt.

Natürlicher Lebensraum	Leben im Zoo
Tiere gehören in die Wildnis	*Schutzraum für seltene Arten*

3 Sprichst du dich für oder wider die Tierhaltung in Zoos aus? Schreibe deine Meinung mit einer Begründung auf.

Eine Rollendiskussion führen und auswerten

Zu vielen Themen gibt es unterschiedliche Meinungen und Einstellungen. In einer Rollendiskussion vertretet ihr unterschiedliche Standpunkte und tauscht Argumente aus. Häufig müsst ihr dabei jemanden darstellen, der eine andere Meinung vertritt als ihr selbst. So lernt ihr, euch in andere Standpunkte einzufühlen. Eine wichtige Funktion haben die Beobachter der Rollendiskussion. Sie führen einen Beobachtungsbogen, der im Anschluss an die Diskussion gemeinsam ausgewertet wird.

Ihr habt auf den vorhergehenden Seiten unterschiedliche Standpunkte zum Thema „Natürlicher Lebensraum oder Leben im Zoo" gelesen. Nun sollt ihr zu diesem Thema eine Rollendiskussion führen.

▸▸ Stimmt zunächst über das Thema ab. Wer ist für die Haltung von Wildtieren in Zoos und wer ist dagegen? Haltet euer Ergebnis fest.

▸▸ Führt nach der Rollendiskussion erneut eine solche Abstimmung durch. So könnt ihr feststellen, ob sich das Meinungsbild verändert hat.

Schritt 1: Sich mit dem Thema vertraut machen und die Rollen festlegen

1 Lest alle Rollenkarten.
- – Entscheidet euch für eine Rolle und bildet jeweils Kleingruppen.
- – Macht euch klar, was das für eine Person sein könnte, die ihr darstellen werdet: Was geht ihr durch den Kopf? Wie verhält sie sich? Was möchte sie in der Diskussion erreichen?
- – Legt fest, wer aus eurer Gruppe an der Diskussion teilnehmen soll.

> **Tipp**
> *Ihr könnt die Rollen auch doppelt besetzen.*

Celina, Schülerin:
Sie ist in der Tierschutz-AG ihrer Schule. Sie mag Tiere, aber nur in ihrem natürlichen Lebensraum. Sie hasst Zoos. Sie erinnern sie an Gefängnisse.

Sarah Meier, Lehrerin:
Sie ist leidenschaftliche Zoobesucherin. Deshalb geht sie auch gern mit ihren Klassen in den Zoo. Die Führungen durch Experten dort findet sie toll.

Malte Zuber, Zoodirektor:
Er liebt seine Tiere und die Arbeit mit ihnen. Der Zoo spielt für ihn beim Artenschutz eine wichtige Rolle. Viele Tierarten gäbe es heute ohne Zoos nicht mehr.

Ingo Müller, Tierschützer:
Zoos machen ihn wütend. Tiere in Käfigen als Sensationsobjekte lehnt er strikt ab. Das Geld für Zoos sollte lieber in den natürlichen Lebensraum der Tiere investiert werden.

Schritt 2: Die Rollen ausgestalten

→ *Wie ihr Argumente ausgestaltet, könnt ihr in der Werkstatt im Kapitel „In der Schule leben und arbeiten" auf Seite 24 nachlesen.*

2 Macht euch Notizen zu den folgenden Fragen:
– Wie stellt eure Rollenfigur ihren Standpunkt dar und begründet ihn?

Ich meine, dass …
Zum Thema … meine ich …
Ich möchte, dass …

Ich bin Biologielehrerin und finde es wichtig, dass in Zoos auch exotische Wildtiere gehalten werden. So bietet sich …

– Nutzt die Gesichtpunkte, die zu eurer Rolle passen. Ihr könnt die Tabelle von der vorigen Seite zur Hilfe nehmen. Gestaltet die Gesichtspunkte aus und verdeutlicht sie mit Beispielen.

Ich finde aber, dass …

Dazu fällt mir ein Beispiel ein ..

Ich halte für wichtig, dass …

– Überlegt auch, wann und wie ihr auf die Argumente der anderen Rollenfiguren eingehen könnt.

Das sehe ich anders, …

Jetzt will ich aber auch mal was sagen …

Schritt 3: Die Rollendiskussion durchführen und beobachten

3 Vervollständigt gemeinsam den Beobachtungsbogen für die Rollendiskussion. Schaut dazu auf der Seite 285 in „Wissen und Können"
nach, welche Diskussionsregeln wichtig sind.
  – Den anderen ausreden lassen
  – Zum Thema sprechen
  –

Tipp
Ihr könnt die Diskussion auch filmen und noch einmal ansehen.

Beobachtungsbogen für: _____

Diskussionsregeln	Bewertung
hat seinen Standpunkt gut dargelegt	
hat seine Argumente gut begründet	
ist auf einen anderen Beitrag eingegangen	

4 Notiert eure Rückmeldungen mit diesen Zeichen:

++ besonders gut   **+** gut

o fehlt, verbessern   **–** weiter üben

5 Überlegt euch eine Sitzordnung für die Diskussionsteilnehmer und verteilt die Beobachtungsaufgaben. Wer beobachtet welchen Diskussionsteilnehmer? Schön wäre es, wenn einer von euch die Moderation übernimmt.

6 Führt die Diskussion mehrmals durch.

Schritt 4: Die Diskussion auswerten

7 Wie haben sich die Diskussionsteilnehmer in ihrer Rolle gefühlt?
Berichtet.
– Ich habe mich wohl gefühlt, weil ...
– Ich habe mich an einer Stelle nicht gut gefühlt, weil ...
– Da hatte ich Probleme mit meiner Rolle ....

8 Die Beobachter, die den gleichen Diskussionsteilnehmer beobachtet
haben, setzen sich in Gruppen zusammen.
– Vergleicht eure Beobachtungsbögen.
– Einigt euch auf eine gemeinsame Rückmeldung.
– Gebt sie anschließend dem Diskussionsteilnehmer.

9 Wie ist das Ergebnis der Diskussion?
– Macht eine neue Abstimmung in der Klasse.
– Vergleicht sie mit der ersten Abstimmung.
– Haben sich die Standpunkte in der Klasse durch die Rollen-
diskussion verändert?

Eine Rollendiskussion durchführen und auswerten

Um Energie zu sparen, werden an vielen Schulen die Heizungen zentral gesteuert. Dadurch ist es vielen Schülerinnen und Schülern im Unterricht zu warm oder zu kalt. Sie möchten die Heizung im Klassenzimmer lieber selbst steuern. Die Lehrer, die Schulleitung und der Hausmeister sind da oft anderer Meinung. In einer Rollendiskussion soll ihr nun das Thema diskutieren.

1 Lies die Rollenkarten für eine Rollendiskussion durch.

Sarah, Schülerin:
Sie ist genervt durch das ewige Heizungstheater. Sie friert oft im Klassenzimmer, besonders im Frühling und im Herbst. Andere Schüler schwitzen. Sarah findet, dass jede Klasse die Temperatur in ihrem Zimmer selbst regeln soll.

Stefan Kurz, Lehrer:
Er hat von den endlosen Diskussionen in seinem Unterricht über das Fensteröffnen die Nase voll. Er weiß, dass es in jedem Zimmer – je nach Lage – verschieden warm wird. Daher will er die Heizung im Zimmer steuern. Auch das kann Energie sparen.

Miriam Krause, Schulleiterin:
Auf Konferenzen und in Elterngesprächen ist die Temperatur in den Klassenzimmern ein Dauerthema. Sie möchte nun eine gemeinsame Lösung finden, die allen gerecht wird. Natürlich möchte auch sie Energie sparen.

Jens Strobel, Hausmeister:
Er will die Heizung zentral steuern. Weder Schüler noch Lehrer achten seiner Meinung nach darauf, dass die Heizung in den Pausen oder bei geöffnetem Fenster heruntergesteuert wird. Er trägt die Verantwortung für den Energieverbrauch der Schule.

2 Entscheide dich für eine Rolle und lege dir einen Notizzettel an.
Formuliere darauf deinen Standpunkt und begründe ihn.

3 Notiere dir die Gesichtspunkte, die auf deiner Rollenkarte stehen,
in Stichworten und ergänze sie mit eigenen Ideen. Gestalte die
Gesichtspunkte aus und belege sie mit Beispielen.

4 Überlege dir auch Entgegnungen für einige Argumente der anderen Rollenfiguren.

5 Führt die Rollendiskussion durch und beobachtet sie.
Nehmt den Beobachtungsbogen, den ihr auf Seite 77 entwickelt habt, zu Hilfe.
Folgende Kriterien solltet ihr berücksichtigen:
– hat seinen Standpunkt gut dargelegt,
– hat seine Argumente gut begründet,
– ist auf einen anderen Beitrag eingegangen,
– hat andere aussprechen lassen,
– hat zugehört und nachgefragt,
– hat sich fair und sachlich verhalten.

6 Wertet die Rollendiskussion aus. Gebt euch eine Rückmeldung mithilfe des Beobachtungsbogens.

„Meine Auswahl, Meine Begründung, Eure Rückmeldung"

→ *Hinweise zum Portfolio findest du auf Seite 276.*

Wähle eine Arbeit aus dem Kapitel aus, die dir besonders gelungen ist. Deine Lehrerin/dein Lehrer soll daran sehen, was du dabei gelernt hast.

Das kann ich schon!

✔ Den Standpunkt einer Rollenfigur in einer Rollendiskussion einnehmen und begründen
✔ Argumente zusammenstellen und ordnen
✔ Standpunkte eindeutig formulieren
✔ Gegenargumente entkräften
✔ Diskussionsverläufe verfolgen und auswerten

→ Wenn du noch einmal üben willst, eine Rolle auszugestalten, arbeite weiter in → **EXTRA** auf Seite 81.
→ Du kannst auch noch einmal in der **Werkstatt** (Seite 75-78) üben.
→ Wenn du mit einem literarischen Text weiterarbeiten möchtest, arbeite weiter in **EXTRA** auf Seite 82.

Eine Rolle ausgestalten

Du sollst dich noch einmal mit dem Thema „Natürlicher Lebensraum oder Leben im Zoo?" beschäftigen. Schau dir noch einmal die Seite 72/73 an.

1 Lies die Rollenkarte von Kai und notiere seinen Standpunkt.
Ich heiße Kai und bin …
Ich gehe gerne …
Dort beobachte ich …

Kai, Schüler (7b):
Er liebt den Zoo und die Tiere. Er beobachtet gern die Affen und die Pinguine. Seinen letzten Geburtstag haben er und seine Freude mit einer Zoorallye dort verbracht.

2 Verbinde Kais Gesichtspunkte mit seinen Beispielen zu Argumenten für die Rollendiskussion (Folie).

Wichtig für alle, die sich für Tiere interessieren.

Nur im Zoo kann ich Tiere live beobachten.

Wir fahren nie nach Afrika.

Bei der Zoorallye haben wir viel gelernt.

Ein Tierpfleger hat uns dabei informiert.

Mein Freund Jonas will jetzt auch Tierpfleger werden.

3 Notiere nun Kais Gesichtspunkte und gestalte sie aus. Du kannst auch eigene Ideen ergänzen.
Ich halte …, da … Beispielsweise fährt …
Ich bin der Meinung, dass man … Dort hat … So möchte jetzt …
Dazu würde ich gerne ergänzen, dass … Denn nur so …

4 Suche dir ein Argument einer anderen Rollenfigur aus und notiere, was du ihr entgegnen könntest.
Da bin ich aber ganz anderer Meinung, …

5 Probiere deine Rolle in einem Streitgespräch mit einem Partner aus. Ein dritter Schüler soll euch eine Rückmeldung geben.

Ein Blick in die Zukunft?

In ihrem fiktiven Roman „Euer schönes Leben kotzt mich an", der im Jahr 2008 erschienen ist, entwirft die Autorin Saci Lloyd ein düsteres Bild des Lebens im Jahr 2015.

Saci Lloyd

Euer schönes Leben kotzt mich an!
Ein Umweltroman aus dem Jahr 2015

London, im Jahre 2015. Nach einer schweren Wetterkatastrophe in ganz Europa haben die Menschen mit der Klimaveränderung zu kämpfen. Die Regierung erlässt ein Gesetz, um den CO_2-Ausstoß zu reduzieren. Jeder Bürger muss von nun an mit seiner CO_2-Card für den gewohnten Luxus bezahlen. Urlaub auf Ibiza, ein gemütlich warmer Winterabend vor dem Fernseher, zum Tanzen in die Disko mit Lichteffekten, ein paar Eiswürfel im Drink – das war einmal. Stromausfälle, Wirbelstürme, Überschwemmungen gehören zur Tagesordnung. – Die 16-jährige Laura berichtet in ihrem Tagebuch, wie es plötzlich nur noch ums Überleben geht.

Samstag, 3. Januar

Dad wollte, dass wir uns heute Abend wieder alle zusammensetzen, um so ein grässliches Online-Formular der Regierung auszufüllen, mit dem festgestellt werden soll, wie viel CO_2 unsere Familie verbrauchen darf. Es ist schon krass. Im Prinzip stehen uns 200 Energiepunkte im Monat für Benzin, Heizung und Essen zur Verfügung. Bei allen anderen Sachen – wie Klamotten und technischen Geräten und Büchern – sind die Energiepunkte bereits enthalten. Wenn man z. B. einen PC aus China kaufen will, der mit schmutzigem fossilem Treibstoff gebaut wurde, dann kostet der eine ganze Menge mehr Euros – weil man die Energiekosten, die für seine Herstellung verbraucht wurden, mitbezahlen muss. Am Anfang gab es ein freies Handelssystem: Wenn man reich war, konnte man sich so viel Energie kaufen und so leben, wie man wollte – aber nach den Massenprotesten im letzten September hat die Regierung eingelenkt und die Vorschriften geändert, jetzt darf niemand mehr als 50 Extrapunkte im Monat kaufen.

Als wenn das nicht schon schlimm genug wäre, müssen Kim und ich jede Menge Punkte für die Familien-Energieration abgeben, sodass uns nur noch ein lächerlicher Betrag für Reisen, Schule und Ausgehen übrig bleibt ...

Autofahrten sind stark eingeschränkt, PC, Fernseher, DVD- und CD-Player
dürfen eigentlich nicht länger als zwei Stunden am Tag laufen, im Wohnzim-
20 mer wird die Heizung nicht höher als 16° C eingestellt, die übrigen Zimmer
werden nur eine Stunde am Tag beheizt, man darf maximal fünf Minuten du-
schen und nur am Wochenende baden. Man muss entscheiden – Föhn, Toa-
ster, Mikrowelle, Smartphone, Wasserfilter (für Mum) und Wasserkocher,
Lampen, Personal Digital Assistant (PDA), e-pod, Kühlschrank, Tiefkühl-
25 schrank und und und … Fliegen geht gar nicht und Shoppen und Verreisen
sind auch nicht viel besser. Alles ist eine Frage der Priorität.

1 Laura muss ihr Leben ändern. Welche Beispiele nennt sie?
Notiere die Textstellen.

2 Woran erkennst du, dass Laura sich nicht wohl fühlt? Notiere.

3 Welchen Rat würdet ihr Laura geben? Tauscht euch aus.

4 Kannst du dir vorstellen, was noch alles passieren könnte, um die Umwelt zu retten? Halte deine Gedanken dazu in einem Tagebucheintrag
fest.

Ideen und Anregungen

→ Oft weiß der **Hausmeister** am besten, wo es Mängel gibt. Befragt ihn:
Wo gibt es an eurer Schule Handlungsbedarf in Sachen Umwelt?

→ Beteiligt euch an einem **Aktionstag** der Schule (z. B. Müllvermeidung,
Energiesparen), um möglichst viele Leute mit euren Ideen zu erreichen.

→ Gibt es bei euch oder an einer Nachbarschule eine **Energie-AG**? Ladet
Vertreter der AG als Experten zu euch ein.

→ Sucht im Internet nach Möglichkeiten, wie ihr euch in eurer Freizeit für
die Umwelt engagieren könnt, und stellt diese vor
(s. z.B. *www.greenpeace.de, www.umweltschulen.de, www.nabu.de*).

→ Lest das Buch „Schatten des Dschungel" von Katja Brandis. Berichtet
anschließend in der Klasse darüber.

Gewalt? – Es geht auch anders

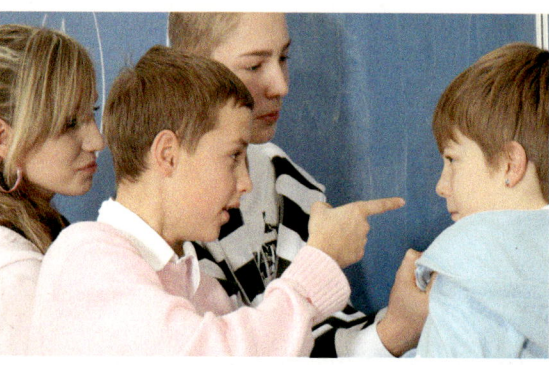

In diesem Kapitel geht es um Kinder und Jugendliche und ihre Erfahrungen miteinander: Es wird verletzt, gestritten, gepetzt, ausgegrenzt, es wird bereut, eingelenkt, sich entschuldigt und versöhnt. Ihr selbst werdet das auch schon erlebt oder beobachtet haben. Manchmal werden solche Beobachtungen und Erlebnisse aufgeschrieben, um zu erklären, was geschehen ist. Wie ihr solche Berichte zu unterschiedlichen Anlässen schreiben könnt, erfahrt ihr in diesem Kapitel.

In diesem Kapitel lernt ihr,
– herauszufinden, was alles Gewalt sein kann,
– zu entdecken, wie man zu einem besseren Miteinander kommt,
– Berichte zu planen, aufzuschreiben und zu überarbeiten,
– verschiedene Berichte zu schreiben.

1 Sprecht über die Bilder. Überlegt auch, wie sie zum Thema passen.

2 Stell dir vor, du könntest in ein Bild hineingehen:
   – Welches Foto wählst du aus? Begründe!
   – Versetze dich in eine der Personen auf dem Foto. Notiere, was ihr durch
     den Kopf geht, wie sie sich fühlt, was sie sich wünscht.
     Warum sind alle gegen mich? Wann hört das endlich auf?
     Gleich platzt mir der Kragen …

3 Stelle die Gedanken und Gefühle deiner Person jemandem vor.
   Der kann raten, wer gemeint ist.

4 Berichte von einer Situation, in der es darum ging, etwas miteinander zu tun
   oder in der gegeneinander gearbeitet wurde. Du kannst selber dabei gewesen sein oder davon gehört haben.

Über Miteinander und Gegeneinander nachdenken

Hans Manz
Lustprinzip

Ein glücklicher Mensch sagte:

Hatte immer Lust –
Lust auf Neugier,
Lust auf Zärtlichkeit,
5 Lust auf Gelächter.

Vor lauter
Fantasielust,
Tanzlust,
Arbeitslust
10 verlor ich
die Lust am Zerstören.

Hatte immer viele Freuden:
Freude am Wind,
Freude am Träumen,
15 Freude an allen
Farben und Formen der Welt.

Vor lauter
Lesefreuden,
Essfreuden,
20 Freundschaftsfreuden
blieb nichts mehr übrig
für die Freude an der Gewalt.

1 Wobei verspürte ein glücklicher Mensch Lust und Freude?
Schreibe auf, wie du die Aussagen aus dem Gedicht verstehst.
Vergleiche mit anderen.
Lust auf Neugier: Er freut sich, etwas Neues zu erfahren
Freude am Wind: Er findet es schön, durch den Wind zu
laufen oder einen Drachen steigen zu lassen.
…

– *Das sehe ich auch so …*
– *Das finde ich nicht …*
– *Dafür habe ich ein Bei-*
  spiel …
– *Mir ist es auch einmal so*
  ergangen …

2 Wie verhindert man am besten die Lust am Zerstören
und überwindet die Freude an Gewalt? Welche Antwort
findet Hans Manz? Was haltet ihr davon?

3 Schreibe ein ähnliches Gedicht über das, worauf du Lust hast. Fülle
dazu die Lücken auf dem Zettel. Finde auch eine passende Überschrift.

…

Ein glücklicher Mensch sagte:
Hatte immer Lust –
…

Vor lauter
…
verlor ich
die Lust am Zerstören.
Hatte immer Freuden:
…

Blieb nichts übrig
für die Freude an der Gewalt.

4 Übertragt eure Texte auf Plakatkarton und hängt sie in der Klasse aus.

5 Vergleiche das Gedicht von Hans Manz und das Bild von Keith Haring:
Was sagt das Bild aus? Welche Formulierung in dem Gedicht passt
besonders gut dazu? Schreibe die Antworten in wenigen Sätzen auf.

Unterschiedliche Gesichter von Gewalt kennenlernen

1 Sucht euch jeweils einen Zettel aus, zu dem ihr eure Meinung sagen wollt.

> Ich finde es schlimm, wenn etwas einfach nur so zerstört wird.
> Einmal hat jemand ein Feuerzeug an meine Jacke gehalten, die im Flur an der Garderobe hing. Es gab ein großes Brandloch und ich weiß bis heute nicht, wer das gemacht hat und warum.
> Sabrina

> Nicht nur wenn jemand körperlich verletzt wird, ist das Gewalt.
> In einer Klasse hat mal jemand, der nicht so beliebt war, die Klasse zum Geburtstag eingeladen und ganz viele sind nicht hingegangen. Das fand ich total gemein und verletzend.
> Eduard

> Dass jemand mal beleidigt oder beschimpft wird, ist doch ganz normal, das macht doch jeder, da darf man nicht so empfindlich sein, wenn einem das passiert, einfach zurückschimpfen.
> Claudia

> Ich finde es total doof, wenn ich über Leute aus meiner Klasse Beleidigungen lesen muss – in Facebook-Gruppen oder auf Tische und Mauern geschmiert.
> Bülent

> In der Zeitung konnte man vor einiger Zeit lesen, dass mehrere Schüler einen einzelnen jüngeren Schüler im Schulbus so verprügelt haben, dass er ins Krankenhaus gebracht werden musste. Sogar als er schon am Boden lag, hörten sie nicht auf.
> Vadim

2 Vervollständige den Satz: *Gewalt ist für mich, (wenn)* …
Schreibe deine Meinung auf einen Zettel. Wenn alle ihre Zettel an die
Pinnwand oder Tafel befestigen, erhaltet ihr einen Überblick über die
Meinungen in eurer Klasse.

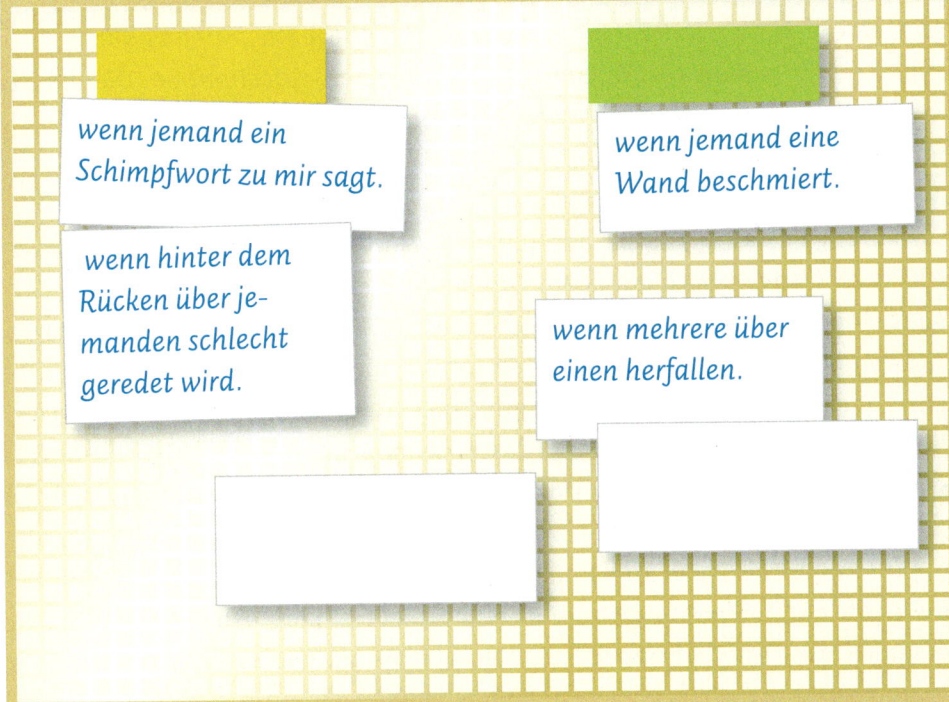

*wenn jemand ein
Schimpfwort zu mir sagt.*

*wenn jemand eine
Wand beschmiert.*

*wenn hinter dem
Rücken über je-
manden schlecht
geredet wird.*

*wenn mehrere über
einen herfallen.*

➡ *Hinweise zum
Sammeln und Ordnen
von Informationen
oder Meinungen fin-
det ihr auf Seite 268.*

➡ *Wörter können
wehtun! Hinweise
dazu findet ihr in
der Werkstatt Spra-
che auf Seite 209.*

3 Lest die ausgehängten Zettel durch und heftet zusammen, was eurer
Meinung nach zusammen passt. Vielleicht könnt ihr für einzelne
Gruppen Oberbegriffe finden.

4 Setze die Reihen a) und b) mit passenden Ausdrücken fort.
a) *Gewalt anwenden, brutal, bedrohen* …
b) *Gewaltlosigkeit, friedlich, fair* …

Recherchiert dazu in Wörterbüchern und im Thesaurus. Ihr könnt die
Wörter auf Plakaten sammeln und in der Klasse aushängen. So könnt
ihr sie beim Sprechen und Schreiben leicht nutzen.

➡ *Wie man mit dem
Thesaurus-Werkzeug
verwandte Ausdrücke
finden kann, erfährst
du auch auf Seite
278.*

5 Untersucht die Ausdrücke zu Gewalt und ihre Gegenwörter (Antonyme)
genauer: Zu welchem Oberbegriff, den ihr für die Pinnwand gefunden
habt, passen sie jeweils? Ordnet sie zu.

Möglichkeiten des Miteinanders kennenlernen und beurteilen

Auf das Klima kommt es an

Nach einem Aktionstag mit einem Experten zum Thema „Auf das Klima kommt es an" sollen die Klassen ihre Erfahrungen aufschreiben. Die Klasse 7b berichtet auf der Homepage der Schule.

Wie alles anfing

Am Anfang des Schuljahres kam Abed von einer anderen Schule neu in unsere Klasse. Wenn er nach der Schule mit anderen aus der Klasse mit dem Fahrrad nach Hause fahren wollte, waren häufig alle weg und er stand alleine da. Und wenn Gruppen gebildet wurden, wollte niemand ihn dabei haben. Wie schlecht es Abed in unserer Klasse ging, merkten wir aber erst, als wir am Aktionstag mit den Experten den „Klassenstimmungsspiegel" ausfüllten. Das 5
ist ein großes Plakat mit einer Skala von 0–10, auf die jeder anonym einen Punkt klebt, je nachdem, wie wohl er sich in der Klasse fühlt. Wenn alle Punkte in die Nähe von 10 kämen, wäre die Klassengemeinschaft super. Bei uns klebten fast alle Punkte bei 7–8. Nur ein Punkt klebte unter 3. Der Exper- 10
te sprach mit uns und dabei erzählte auch Abed, was er erlebt hatte. Wir setzten zusammen ein Ziel fest und schrieben es unter den Klassenstimmungsspiegel. Es hieß: „In den nächsten sechs Wochen schließen wir niemanden aus". Sechs Wochen später wurden die Punkte neu geklebt. Sie waren alle weiter oben, auch Abeds. Jetzt machen wir die Abfrage immer alle 15
sechs Wochen und setzen die Ziele so, dass wir sie erreichen können und sich jeder wohlfühlen kann.

1 Besprecht, was Abed passiert ist. Überlegt, was das mit Gewalt zu tun hat.

2 Informiere andere in der Klasse in einem kurzen Vortrag darüber, was ein Klassenstimmungsspiegel ist und wie Abed dadurch geholfen wurde.
  – Mache dir dazu einen Stichwortzettel.

3 Recherchiere auf Homepages anderer Schulen nach einem gelungenen Beispiel zur Verhinderung von Gewalt:
  – Nenne Gründe für deine Auswahl.
  – Besprich mit jemandem, ob das Beispiel auch für deine Schule passt.

Über Ereignisse berichten

In der Schule sollst du manchmal Berichte schreiben: über gemeinsame Klassen- und Schulaktionen, aber vielleicht auch über Streitfälle. Was du beim Berichten besonders beachten musst, lernst du in dieser Werkstatt.

Schritt 1: Sich über das, was passiert ist, informieren: W-Fragen stellen

Wann und wo passierte es? Wer war beteiligt? Was ist passiert? Was hat sich ereignet? Wie kam es dazu? Warum kam es dazu? Welche Folgen traten ein?

1 Jost telefoniert. Lies den folgenden Text über einen Vorfall.

2 Jost soll zu dem Vorfall einen Bericht für die Schulleitung schreiben. Notiere für Jost W-Fragen und beantworte sie in Stichpunkten.

3 Vergleicht zu zweit eure Fragen und Antworten.

Hi Judy, stell dir mal vor, in der Schule erzählen sie, ich würde kleinere Schüler ver-
hauen. Wie? Hast du auch schon gehört? Ich hätte dem Olaf aus der 6a ein Brötchen vor die Brille gehauen? Das glaubst du doch wohl nicht. Ja, die Brille ist
kaputt, aber das war doch alles ganz anders, ohne Absicht, kann ich dir ganz
5 genau erzählen.
Ich hatte mir am Kiosk ein Wurstbrötchen gekauft und Olaf wollte eine Hälfte
abhaben. Nein, ich bin nicht sauer geworden. Ich wollte ihn sogar von einer Hälfte
abbeißen lassen. Wie – das glaubt mir keiner? Du kennst mich doch, bin ich etwa
ein Schläger? Was kann ich denn dafür, wenn mich genau in dem Moment einer
10 von den Zehnern von hinten anrempelt und das Brötchen vor Olafs Brille knallt?
Peng, Brille und Brötchen fliegen runter, Olaf heult los. Der glaubt natürlich, das
hätte ich mit Absicht gemacht. Zeugen? Da standen so viele um uns rum, keiner
hat es richtig gesehen. Und jetzt krieg ich richtig Ärger und soll vielleicht auch
noch die Brille bezahlen. Auf jeden Fall muss ich jetzt für die Schulleitung über den
15 Vorfall berichten. Sie möchte sich ein Bild machen, bevor sie etwas entscheidet.

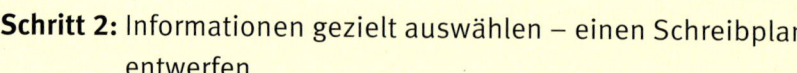

Schritt 2: Informationen gezielt auswählen – einen Schreibplan entwerfen

An wen und wozu schreibe ich den Bericht? Was muss unbedingt vorkommen, damit der Leser sich ein Bild über das Ereignis oder den Vorfall machen kann? Was kann ich weglassen?

4 Lies die Stichpunkte, die Jost sich für seinen Bericht notiert hat.

– *Pause, Kiosk, Brötchen gekauft*	– *Brille auf die Erde*
– *Olaf wollte was abhaben*	– *Olaf weinte*
– *Brötchen hingehalten*	– *keiner hat es richtig gesehen*
– *Brötchen vor Olafs Brille*	– *keine Absicht*

5 Vergleiche Josts Stichpunkte mit dem Telefongespräch. Was sollte er noch ergänzen? Was ist weniger wichtig und könnte weggelassen werden? Besprich mit jemandem, was du herausgefunden hast.

Schritt 3: Den Text entwerfen - Informationen in der richtigen Reihenfolge darstellen

Wesentliches in knapper Form am Anfang zusammenfassen, Einzelheiten zum Ablauf des Ereignisses ausführen, Ergebnis oder mögliche Folgen am Schluss kurz ausführen.

W-Fragen	**Schreibplan**
Am Anfang: Wann geschah es? **Wo** geschah es? **Was** geschah?	– *Vorfall am Kiosk, dabei ging Brille kaputt* – *zu Beginn der Pause*
Dann: Wer war daran beteiligt? **Wie** spielte es sich genau ab?	– *belegtes Brötchen gekauft* – *Olaf kam, wollte eine Hälfte abhaben* – *wollte ihn abbeißen lassen, Brötchen hingehalten* – *wurde von hinten gestoßen* – *Brötchen schlug vor Olafs Brille, Brille fiel runter*
Am Schluss: Welche Folgen hatte es?	– *Brille kaputt, ich soll die Brille bezahlen*

6 Jost hat für seinen Bericht einen Schreibplan vorbereitet (siehe Seite 92 unten) und den Bericht angefangen.
- Finde in dem Berichtanfang die Notizen aus dem Schreibplan und markiere sie (Folie).
- Markiere die Verben und die Satzanfänge unterschiedlich.

Berichtanfang: *Zu Beginn der großen Pause kaufte ich mir am Kiosk ein Wurstbrötchen. Da kam Olaf aus der 6a zu mir. Er fragte mich nach einer Brötchenhälfte. Dann wollte ich ihn abbeißen lassen und...*

7 Schreibe mithilfe des Schreibplans Josts Bericht zu Ende. Schreibe im Präteritum. Nutze für Satzanfänge und Überleitungen den Wortspeicher.

8 Auch Olaf soll für die Schulleitung einen Bericht schreiben. Wähle Informationen aus dem Telefongespräch auf Seite 91 aus und schreibe Olafs Bericht.

> da, dann, anschließend, aber, dabei, jetzt

Schritt 4: Den Text überarbeiten

9 Auch Celina als Zeugin des Vorfalls hat einen Bericht geschrieben.
- Untersuche ihren Text mithilfe der Checkliste.
- Schreibe den Text verbessert auf. Vergleicht eure Ergebnisse.

5   Ich sah, wie ein Schüler aus der fünften oder sechsten Klasse einen älteren Schüler ansprach. Kurz danach drückt der Größere dem Kleinen ein belegtes Brötchen vor die Brille. Das fand ich unmöglich. Dann fallen Brille und Brötchen auf den Boden. Ein Brillenglas zerbrach. Danach werden beide Schüler schnell von einigen anderen umringt, deshalb konnte ich keine weiteren Einzelheiten beobachten. Ich sah nur noch, wie der Kleine fürchterlich anfing zu weinen und von einigen besonders netten Mitschülern zur Pausenaufsicht gebracht wurde.   Celina Batic

> ➡ *Hinweise, wie du Sätze miteinander verknüpfen kannst, findest du in der Werkstatt Sprache auf Seite 230.*

Checkliste

zur Überprüfung eines Berichts:
- Genau und vollständig (W-Fragen beantwortet)?
- Im zeitlichen Ablauf?
- Ohne Bewertungen und Kommentare?
- Präteritum als Zeitform?

> ➡ *Hinweise, wie du Kommas richtig setzt, findest du in der Werkstatt Sprache auf Seite 231.*

Über ein Zirkusprojekt berichten

Nicht nur über Konflikte kann man berichten sondern auch über Projekte zur Stärkung der Schulgemeinschaft. Leas Schule wurde eine Woche lang zur „Zirkusschule".

1 Lea möchte auf die folgende E-Mail antworten, die eine andere Schule geschickt hat:

> Wir möchten an unserer Schule einen Aktionstag zum besseren Miteinander veranstalten und haben „Zirkus" als Thema gewählt. Wir haben gehört, dass ihr vor kurzem ein Zirkusprojekt gemacht habt und möchten gerne wissen, wie das abgelaufen ist. Bitte schickt uns einen kurzen Bericht.

– Schreibe Leas Antwort, in der sie über das Zirkusprojekt berichtet. Informationen dazu findest du auf dem Stichwortzettel, den sie vorbereitet hat, und in den Fotos.

– Zirkusprojekt zum Schuljubiläum
– Teilnehmer: alle Schülerinnen und Schüler der Klassen 5–7
– Zirkusprofis kamen in die Schule
– Proben der Zirkusnummern mit Gruppen von Eltern und Lehrerinnen und Lehrern (z. B. Feuerspucker, Clowns, Drahtseil, Fakir)
– Zirkuszelt-Aufbau (Eltern, Lehrer, Zirkusleute)
– Vorführung der Zirkusnummern durch Eltern, Lehrerinnen und Lehrer für die Klassen 5–7 im Zirkuszelt
– Wahl der Gruppen / Zirkusnummern
– Eltern, Lehrerinnen, Lehrer und Zirkusprofis proben die Nummern mit den Schülergruppen
– Programmheft und Einladungen an alle Eltern
– am Wochenende mehrere Vorstellungen im Zirkuszelt

So kannst du beginnen:
Wir machten das Zirkusprojekt zum Schuljubiläum. Eine Lehrerin kannte einen Zirkus, der mit Schulen arbeitet, und lud den Zirkusdirektor ein …

Über Ereignisse berichten

1 Lies den folgenden Text. Paul erzählt:

> *Gestern war ich nach dem Unterricht rechtzeitig am Schulbus. Ich erwischte noch einen Sitzplatz, machte es mir gemütlich und steckte mir die Ohrhörer rein. Da kam Josi aus der Zehn und schrie mich sofort an, dass ich aufstehen sollte, weil sie da sitzen wollte. Das sah ich gar nicht ein. Schließlich war ich ja früher da! Und das sagte ich ihr auch, zuerst ganz freundlich und dann*
> *5 habe ich sie auch angeschrien, weil sie mich am Arm packte. Außerdem bekam ich da richtig Angst, weil ich merkte, dass sie viel stärker war als ich. Da hatte ich keine Chance. Sie riss mich so brutal hoch, dass der Jackenärmel ausriss und ich mit dem Kopf an den Vordersitz stieß. Meine neue Jacke! Dafür waren wir extra ins „City" gefahren! Mein Handy fiel runter, aber sie kümmerte sich gar nicht darum. Sie trat einfach drauf und jetzt ist es nicht mehr zu gebrauchen. Es*
> *10 standen da noch mehr Leute rum, aber keiner hat mir geholfen. Vielleicht hatten sie auch Angst.*

2 Die Schulleitung möchte sich über den Vorfall im Schulbus ein Bild
machen und benötigt dazu einen sachlichen Bericht:
  – Fertige einen Stichwortzettel an, auf dem du den Ablauf notierst.
  – Schreibe mithilfe deiner Stichworte den Bericht für die Schulleitung.

„Meine Auswahl, Meine Begründung, Eure Rückmeldung"

→ *Hinweise zum Portfolio findest du auf Seite 276.*

Wähle eine Arbeit aus dem Kapitel aus, von der du denkst, dass sie
dir besonders gut gelungen ist. Deine Lehrerin/dein Lehrer soll daran
sehen, was du dabei gelernt hast.

Das kann ich schon!

  ✔ Schreibhinweise für das Berichten beachten
  ✔ Über ein Ereignis oder einen Vorfall berichten

→ Du kannst in **EXTRA** auf Seite 96 mithilfe von Stichworten einen Bericht
  über ein Schulereignis schreiben.
→ Du kannst aber auch noch einmal die **Werkstatt** bearbeiten (Seite 91–94).
→ In **EXTRA** auf Seite 97 kannst du eine Geschichte zum Gegeneinander
  und Miteinander lesen und Aufgaben dazu bearbeiten.

Über eine Schulaktion für mehr Gemeinsamkeit berichten

1 Zu diesem Foto vom ersten Sponsorenlauf soll auf der Homepage der Schule ein kleiner Bericht erscheinen. Diesen Bericht sollst du schreiben. Manches ist dafür schon gut vorbereitet. Du findest es unten in den farbigen Feldern. Du musst jetzt nur noch

- die Formulierungen im grünen Feld in die richtige Reihenfolge bringen,
- die Stichworte im gelben Feld in Sätze umformulieren.

> a) *Zuerst bekamen alle eine Stempelkarte für die gelaufenen Runden. Um 9:00 Uhr fiel der Startschuss.*
> b) *Am Samstagmorgen startete der erste Sponsorenlauf der Schule.*
> c) *Alle liefen die 1000 Meter langen Runden so gut sie konnten. Als um 10:00 Uhr die letzte Runde angesagt wurde, wollten manche noch nicht aufhören.*
> d) *Alle Klassen trafen sich zunächst auf dem Sportplatz.*
> e) *Die Laufstrecke führte rund um die Schule, sie war markiert und mit Streckenposten besetzt.*

> - *Zwei Wochen später: Ergebnis wird bekanntgegeben*
> - *Siegerehrung in der Mensa*
> - *Kinokarten für die erfolgreichste Klasse jeder Stufe*
> - *Insgesamt 22800 Euro*
> - *Eine Hälfte Spende an Kinderkrebshilfe, andere Hälfte für Schülerbücherei, Outdoorkicker und neue Spielgeräte für den Schulhof*

2 Stelle deinen Bericht jemand anderem vor. Überlegt gemeinsam, ob du an deinem Text die Reihenfolge noch ändern solltest, ob die Zeitformen immer richtig sind oder ob die Sätze noch besser eingeleitet und verknüpft werden können.

Eine Geschichte über das Gegeneinander und Miteinander lesen und verstehen

1 Lest den Text in größeren Leseblöcken zu zweit gleichzeitig halblaut. Die einzelnen Abschnitte sind markiert. Sprecht nach jedem Abschnitt miteinander, was passiert ist und wie ihr darüber denkt.

Achim Bröger
Ihr dürft mir nichts tun

Wir hatten einen bei uns in der Klasse. So fangen Schulgeschichten an. Aber Bernds Geschichte kann nicht so anfangen. Da wäre schon das erste Wort falsch. „Wir" hatten Bernd nicht. Zwischen uns und ihm gab´s kein Wir. Wir waren die Klasse. Bernd war erst mal nur ein Satz von Hopf, dem Klassenleh-
5 rer: „Wir bekommen einen Neuen. Der lag lange im Krankenhaus und wird vieles nicht mitmachen können. Kümmert euch um ihn. Gebt euch Mühe."
Bernd Braeckow kam. Am Anfang fiel vor allem seine Narbe auf. Diese lange rote Furche am Hinterkopf. Als hätten sie ihn da umgegraben. Bernds Narbe, die sich wegen seiner kurz geschnittenen Haare nicht übersehen ließ. Und
10 das Tablettenschlucken fiel natürlich auch auf. Jede Stunde eine. Die Packung steckte in seiner Schultasche wie bei uns das Pausenbrot.
„Was haben die nur mit seinem Kopf gemacht?", hatte ich mir oft überlegt und mir alles Mögliche vorgestellt. Aber fragen wollte ich ihn nicht danach, die anderen auch nicht. Und er erzählte nie irgendwas davon.
15 Er redete überhaupt nicht viel. Nach der Schule kam er stumm zur Fußballwiese mit und trug uns den Ball. Dann stand er neben dem Tor und sah mit seinen großen, vorstehenden Augen zu. Oder er stand daneben, wenn wir mit den Mädchen aus unserer Klasse Völkerball spielten. Bernd mit seiner Narbe am Hinterkopf und dem Tablettenröhrchen in der Tasche sah immer nur zu
20 und sagte nichts. So war das jedenfalls am Anfang.
Einmal waren wir bei ihm eingeladen. Kuchen gab´s und Kakao. Und das alles in einem kleinen Wohnzimmer. Wir saßen zu fünft auf einem weichen Sofa und versanken darin. Bernd zwischen uns. Seine Mutter saß im einzigen Sessel. Ein Vater hätte in diese Wohnung nicht mehr gepasst.

Seine Mutter meinte: „Ihr seid also Bernds Freunde." Wir nickten, obwohl ²⁵
das sicher nicht stimmte. Wie bei einem Krankenhausbesuch war das, sto-
ckend und leise. Keiner wusste, worüber man reden sollte, gespielt wurde
auch nichts. Die Mutter saß daneben, beobachtete uns und sagte: „Greift
doch zu. Fühlt euch wie zu Hause." Wir blieben dann nicht lange.

Eigentlich wollte ich den Bernd zu meinem Geburtstag einladen, weil er mir ³⁰
Leid tat. Aber mehr als acht Leute passten nicht in mein Zimmer. Bernd war
zu viel. Er wurde auch sonst von niemandem eingeladen.

Eine Zeit lang ging Bernd noch stumm neben uns her und sah uns zu. Trug
den Ball, stand neben dem Tor und wurde immer mehr übersehen. Aber
plötzlich ließ er sich nicht mehr übersehen. Wenn ein Ball auf ihn zurollte, ³⁵
drosch er ihn weit in die Büsche. Dann rannte er weg und schrie aus sicherer
Entfernung: „Ihr dürft mir nichts tun."

Das hatte auch unser Klassenlehrer gesagt: „Passt auf, dass keiner ihm was
tut. Das könnte böse ausgehen."

Wir sahen hinter Bernd her. Einer meinte: „Komischer Kerl, hat bisher nie ⁴⁰
was gesagt und jetzt schreit er plötzlich los."Als das öfters vorkam, hieß es:
„Der ist unberechenbar. Das hat wohl was mit der Narbe am Kopf zu tun.
Vielleicht sollte er mal andere Tabletten nehmen."

Dann begann Bernd zu schlagen. Er haute auf dem Schulhof dem Pit die Faust
in den Magen, weil er ihn aus Versehen berührt hatte. Der starke Pit schnapp- ⁴⁵
te nach Luft. Bernd stand vor ihm, rot im Gesicht und sagte: „Du darfst mir
nichts tun." „Der glaubt wohl, er kann sich alles erlauben. Nur weil er was am
Kopf hat. So ein fieser Kerl." Mit dem Mitleid war´s jetzt vorbei. Wir ließen
ihn stehen. Unseren Ball trugen wir selbst.

Bernd schlug immer häufiger und schrie sein: „Ihr dürft mir nichts tun!" ⁵⁰
Irgendwann erfuhr unser Klassenlehrer davon. Er sagte: „Schluckt´s runter,
auch wenn ihr wütend seid. Und fasst ihn bitte nicht an."

Wir fassten ihn nicht an. Und wir redeten kein Wort mit ihm, obwohl Bernd
plötzlich überhaupt nicht mehr still war. Er schrie und tobte, wenn ihm eine
Kleinigkeit nicht passte. Bernd haute um sich, egal, wohin er traf, meldete je- ⁵⁵
den, der abschrieb oder in der Pause nicht auf den Hof hinunterging. Bernd
Braeckow wirkte wie ausgewechselt. Wir standen da und schüttelten die
Köpfe. Immer wieder sagte einer: „Der ist ja nicht normal. Jetzt dreht er völlig durch." Als Bernd krank wurde, wollte ihm keiner die Schularbeiten bringen. Hopf musste erst einen bestimmen. Und er bat wieder: „Gebt euch Mühe ⁶⁰
mit ihm, auch wenn er anders ist." Noch drei Tage kam Bernd in die Schule.
Dann blieb er für immer weg. Hopf sagte dazu: „Wir haben´s nicht geschafft."

Bernd hatte nur seine Narbe, seine Tabletten und keinen von uns. Deswegen kann ich nicht sagen: Wir hatten einen bei uns in der Klasse. Es gab kein Wir.

65 Für kurze Zeit gab es den gleichen Klassenraum und die gleichen Lehrer. Sonst nichts.

2 Bearbeitet jetzt eine der folgenden Aufgaben.

a Untersucht und erstellt selbst ein Standbild zu der Geschichte.

- Die Schüler und Schülerinnen haben nur mit ihren Körpern eine Situation aus dem Text in einem Standbild nachgestellt und fotografiert: Lasst das Foto auf euch wirken. Sucht im Text nach der entsprechenden Textstelle. Diskutiert die Lösung.

- Erstellt jetzt selber Standbilder zu der Geschichte. Wählt andere Textstellen aus.

- Auch ihr könnt eure Standbilder fotografieren. Dann können die Darsteller ihr Standbild auch betrachten und vielleicht besser deutlich machen, wie sie sich in dem Standbild gefühlt haben.

- Zu den Fotos könnt ihr auch Geschichten oder Gedanken aufschreiben.

- Das Standbild kann auch in Bewegung geraten und lebendig werden. Nach kurzer Zeit, nach einem Signal des Regisseurs, kann es erstarren.

> **Tipp**
> *Hinweise zum Bauen von Standbildern findet ihr auch auf Seite 299 in Wissen und Können.*

b Beantwortet die Fragen am besten mit der Ich-Du-Wir-Methode (siehe auch Seite 298).
- Worum geht es in der Geschichte?
- Der Lehrer, die Mutter und auch die Klasse möchten, dass es Bernd gut geht. Woran merkt man das? Sucht nach Textstellen.
- Wie verhält sich die Klasse am Anfang, in der Mitte und am Ende? Wie verhält sich Bernd? Beschreibe es. Du kannst es auch durch eine Zeichnung ausdrücken.
- Warum kommt es zu den Verhaltensänderungen? Begründe deine Meinung.

c Der Ich-Erzähler schreibt dreimal in sein Tagebuch: am Anfang, nach dem Besuch bei Bernd, am Ende. Schreibe die Einträge.

d Suche dir eine Stelle im Text, von der aus du die Geschichte so weiterschreibst, dass sie einen besseren Verlauf nimmt:
Bevor du anfängst zu schreiben, mache dir Gedanken darüber, welche Personen vorkommen sollen,
– was sie anders machen,
– was die Personen dabei denken und fühlen.

Erzähle so, dass alles so passiert sein könnte. Schreibe in der „Wir-Form" wie in der Geschichte. Nutze als Zeitform das Präteritum.

Ideen und Anregungen

→ Zeichne wie Keith Haring ein neues **Bild zum Thema „Gewalt? – Es geht auch anders!"** Der amerikanische Künstler Keith Haring (1958–1990) bemalte Plakatwände mit poppigen Motiven und wurde dadurch weltbekannt. Seine Werke strahlen Lebensfreude und Optimismus aus.

→ **Lesetipps**:

Für Robin ist Johns schwarze Hautfarbe kein Thema,
bis sein Freund plötzlich von rechtsradikalen Jugendlichen schikaniert wird, die fremdenfeindliche Paro-
len verbreiten und auch vor Gewalt nicht zurück-
5   schrecken. Als die Schwarzen Adler John schließlich
zum Opfer einer ihrer Mutproben erklären, wird es
gefährlich. Aber Robin und seine Cousine Anja lassen sich nicht einschüchtern ...

Wolfgang ist in der Zwickmühle: Ede und die Gang
terrorisieren seine Klasse. Wer aufmuckt, kriegt Ärger. Dei Lehrer ahnen etwas, doch keiner traut sich,
den Mund aufzumachen. Erst recht nicht der stille
5   Wolfgang. Anfangs hat es ihn noch beeindruckt, wie
Ede sich bei allen Respekt verschaffte. Doch nun hat
Ede ihm ein Ultimatum gestellt: Er soll endlich
selbst ein Ding drehen ...

Schultage sind die Hölle für Max, besonders bei schö-
nem Wetter. Dann muss er in der Pause raus und kann
den hinterhältigen Spielchen von Marian, Benno und
Schnecke nicht entkommen. „Bonsai" und „Liliput"
5   nennen sie ihn – nur weil er kleiner ist als die anderen
Jungen in der Klasse.
Mit seinen Eltern kann Max über alles nicht reden.
Aber Kim steht zu ihm und erwidert seine Gefühle ...

Gemischte Gefühle

Wenn ich gut drauf bin, muss ich mich einfach bewegen, könnte ich jeden umarmen, fühle ich mich stark.
Johannes

Ich bin heute ganz schlecht drauf, weil ich so früh aufstehen musste, weil Lena nicht mit mir geredet hat, weil meine Mutter schon wieder erwartet, dass ich erzähle, warum ich schlecht drauf bin.
Sarah

Wenn ich schlecht drauf bin, ziehe ich mich zurück, will ich niemanden sehen, rede ich kein Wort.
Rebekka

Ich bin heute ganz gut drauf, – weil …

Manchmal sind wir gut drauf und manchmal geht es uns ziemlich schlecht. Wir verändern uns ständig – und ständig müssen wir uns irgendwie neu finden. Auch das Zusammenleben mit anderen ist „gemischt": Es gibt nicht nur glückliche Momente, sondern auch Spannungen und Konflikte. Besonders deutlich spüren wir diese „gemischten Gefühle", wenn wir erwachsen werden. In vielen Jugendbüchern geht es deshalb um diese Themen: Erkennen, was an uns selbst besonders ist, darüber nachdenken, wie die anderen uns sehen und was wir für sie empfinden.

In diesem Kapitel lernt ihr,
- längere Ausschnitte aus Jugendbüchern zu bearbeiten,
- Figuren aus literarischen Texten zu beschreiben und zu charakterisieren,
- zu erkennen, aus welcher Perspektive eine Geschichte erzählt ist,
- Geschichten aus verschiedenen Perspektiven neu oder weiter zu erzählen.

Hanna Hanisch

Meine zweimal geplatzte Haut

Ich könnte platzen.
Aus allen Nähten könnte ich platzen
vor Wut.
Meine Hände zittern.
Meine Stimme bebt.
Meine Haut tut mir weh von so viel Wut.
Ich fühle mich krank in meiner Haut,
weil du so bös zu mir warst.

Ich könnte platzen.
Aus allen Nähten könnte ich platzen
vor Lust.
Meine Hände winken.
Meine Stimme lacht.
Mein Bauch gluckert von so viel Lust.
Ich fühle mich wohl in meiner Haut,
weil du so lieb zu mir warst.

1 Was machst du, wenn du gut oder schlecht drauf bist?
Schreibe eigene Texte wie Johannes, Rebekka oder Sarah.

2 Lies das Gedicht „Meine zweimal geplatzte Haut" von Hanna
Hanisch zunächst still für dich durch und mache dir Notizen:
– Wie fühlt sich das „Ich"? Warum?
– Wie zeigen sich die Gefühle?

3 Sprecht nun über das Gedicht und vergleicht eure Ideen.
Warum heißt das Gedicht „Meine zweimal geplatzte Haut"?

Figuren beschreiben

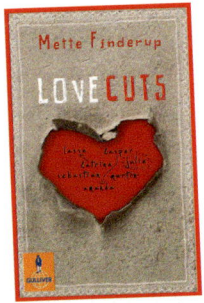

Mette Finderup

Ohne Absender

Seit Julie Martin letztes Jahr auf dem Stadtfest gesehen hatte, träumte sie davon, dass er zu ihr gehörte …

Julie schrieb Briefe an Martin. Das half ihr, ihre Gefühle zu ordnen. [...] In diesen Briefen nahm Julie kein Blatt vor den Mund und schrieb sich alles von der Seele. Sie schrieb ihm, wie sehr sie sich nach ihm verzehrte. Dass sie ständig an ihn dachte. Und wie herzzerreißend traurig sie es fand, dass er nicht mit ihr zusammen war. Sie schrieb seitenlange Briefe, was sie in ihren Träumen ₅ mit ihm machte, und noch längere Briefe, wie abgrundtief sie diese blöde Schnepfe hasste, die an ihrer Stelle mit ihm zusammen war, Helen. Sie steckte jeden dieser Briefe sorgfältig – man musste das fast schon als zwanghaft bezeichnen – in einen Umschlag, wog ihn und klebte das nötige Porto drauf. Dann leckte sie den Klebefalz an, verschloss den Brief und legte ihn in die ₁₀ Schublade. Sie schickte die Briefe nie ab. Die Schublade war ihr mentaler Briefkasten, und wenn sie die Briefe dort abgelegt hatte, gab ihre Seele wieder etwas Ruhe.

„Du hast in letzter Zeit so viel um die Ohren, dass ich dachte, ich nehm dir was ab und räum ein bisschen dein Zimmer auf", empfing sie ihre Mutter. Ju- ₁₅ lie öffnete genervt die Zimmertür. „Ein bisschen" hatte ihre Mutter gesagt, dabei sah es eher so aus, als wäre das Zimmer von einem Dutzend wild gewordener Putzteufel entrümpelt worden. Nirgends mehr das winzigste Staubkorn, kein Buch, das nicht sorgfältig ins Regal gestellt worden war, und es roch nach Chlorreiniger und Ajax wie in den Toilettenräumen der Schwimm- ₂₀ halle.

Julie stand da wie versteinert. Ihr Zimmer sah ordentlich aus. ZU ordentlich. Wo waren die Briefe an Martin, die sie gestern Abend auf dem Schreibtisch liegen gelassen hatte, nachdem sie den letzten geschrieben hatte? Und die sie heute Morgen nicht mehr in die Schublade gepackt hatte. ₂₅

[...] „Ist es nicht unglaublich, wie toll es aussieht, wenn man sich ein bisschen Mühe gibt?", fragte ihre Mutter, die sich unbemerkt von hinten angeschlichen hatte und ihr einen Arm um die Taille legte. „Und das hat nur eine halbe Stunde gedauert."

30 „Mama", sagte Julie mit leiser Panik in der Stimme. „Was hast du mit den Briefen gemacht, die auf meinem Schreibtisch lagen?"

Hoffentlich hatte sie sie nicht genauer angeguckt, dachte Julie. Es wäre ihr unendlich peinlich, wenn ihre Mutter gesehen hätte, dass die Briefe alle an Martin adressiert waren. Peinlich, peinlich, peinlich. Sie würde ihrer Mutter

35 nie wieder in die Augen sehen können, so peinlich wäre ihr das. Und ihre Mutter würde es natürlich Julies Vater weitererzählen. Und der nächste Schritt wäre, dass es zu einer der vielen peinlichen Geschichten werden würde, mit denen ihr Vater bei Familienfesten so gerne den Rest der Verwandtschaft unterhielt.

40 „Ach, die", sagte ihre Mutter und riss sie aus ihren Gedanken. Ihre Stimme klang verdächtig ruhig. „Um die musst du dich nicht mehr kümmern. Das waren die Einladungen zu deinem Geburtstag, stimmt's? Ich hab sie einfach eingeworfen, ein Gang weniger für dich, Julie." Sie tätschelte Julies Schulter.

„Eingeworfen? Wie, eingeworfen?", fragte Julie mit einer Stimme, die nicht

45 wie ihre klang, sondern wie die eines Aliens.

„Ich hab sie mit zum Briefkasten genommen, als ich mit Lady Gassi gegangen bin."

Julie blinzelte und musste sich am Türrahmen festhalten, um nicht auf der Stelle tot umzufallen oder ihrer Mutter die Augen auszukratzen.

„Ich hab dir doch gesagt, dass du nicht an meine Sachen gehen sollst", presste sie zwischen zusammengebissenen Zähnen hervor und machte auf dem Absatz kehrt. „Du hast mein Leben zerstört!"

„Na hör mal, an ein bisschen Aufräumen ist noch keiner gestorben", verteidigte ihre Mutter sich.

„Das verstehst du nicht. Die Briefe durften auf keinen Fall abgeschickt werden!"

„Aber da waren doch Briefmarken drauf…"

„Das heißt nicht automatisch, dass sie abgeschickt werden sollen, okay?!", schrie Julie, die normalerweise einigermaßen freundlich (oder gar nicht) mit ihrer Mutter redete. Aber sie stand völlig unter Schock. „Welcher Briefkasten?"

„Ahm … der am Busbahnhof. Aber Julie, was ist denn so schlimm daran? Ich versteh das nicht." Sie klang plötzlich schrecklich erschöpft und schien „die halbe Stunde" bereits zu bereuen, die in Wirklichkeit wahrscheinlich eher der halbe Tag gewesen war.

Julie war schon aus der Tür. Hielt sich nicht damit auf, das Rad aufzuschließen, und rannte die ganze Strecke zum Busbahnhof zu dem roten Briefkasten gegenüber der Pizzeria.

Nächste Leerung So 16.00 stand in dem kleinen Fenster.

Julie starrte den Kasten an. Da drin lagen sie. Direkt hinter der dünnen, roten Metallwand lagen achtundzwanzig an Martin adressierte Briefe. Sie guckte durch den Schlitz, konnte sie aber nicht sehen.

1 Überprüfe, ob du den Text verstanden hast.
– Bringe dazu zunächst die Sätze in die richtige Reihenfolge.
– Fasse anschließend zusammen, was passiert ist.

Julies Mutter räumte Julies Zimmer auf.
Julie verschloss die Briefe und legte sie in eine Schublade.
Julies Mutter warf die Briefe in den Briefkasten ein.
Julie stand vor dem Briefkasten und starrte durch den Schlitz.
Julie schrieb Briefe an Martin.
Julie raste mit ihrem Fahrrad zum Busbahnhof.

➜ *Hinweise, wie du Personen näher beschreiben und charakterisieren kannst, findest du in der Werkstatt Sprache auf Seite 208.*

2 Charakterisiere Julie:
– Welche Eigenschaften passen zu Julie?
– Begründe deine Entscheidung aus dem Text.

selbstbewusst … unsicher … temperamentvoll … ruhig … vernünftig … gefühlvoll …

3 Versetze dich in die Figuren. Wähle eine der Aufgaben aus.
[a] Julie schreibt einen Brief an Martin, in dem sie erklärt, was passiert ist.

Lieber Martin, …

[b] Julie beschreibt die Ereignisse in ihrem Tagebuch.

Heute ist was Schreckliches passiert …

4 Lies, wie Martin reagiert, als er die Briefe findet. Ergänze deine
Zusammenfassung (vgl. Aufgabe 1).

Martin öffnete wie immer den Briefkasten
und zuckte zurück, als hätte er sich ver-
brannt. Da drinnen sah es aus wie nach einer
Explosion, Werbebroschüren und jede Men-
5 ge Briefe quollen ihm regelrecht vor die
Füße. Er stellte seine Tasche weg und
sammelte das Durcheinander auf. Die Briefe
waren alle für ihn. Er bekam nie Briefe. Neugierig drehte er einen Umschlag um, aber da
10 war kein Absender drauf. Sie schienen alle
gleichzeitig abgeschickt worden zu sein, an-
onyme weiße Umschläge, und als er eilig mit
dem Daumen über die Kanten fuhr,
zählte er achtundzwanzig Briefe.
15 Er sammelte verwirrt die rest-
lichen Reklamehefte ein und
schloss die Wohnungstür auf.
Drinnen warf er sich auf die
Holzbank in der Küche und riss
20 den ersten Umschlag auf, ohne
vorher die Jacke auszuziehen.

Martin starrte den Brief mit offenem Mund an, während sein
Hirn auf Hochtouren arbeitete. Er kannte ein paar Julies – in der
Schule gab es jede Menge davon. Konnte das eine von denen
25 sein, die so was hier an ihn schrieb? Oder kamen die Briefe von
Pelle und Mads, die sich in diesem Moment über ihren gelungenen Joke kaputtlachten. Er sah den Stapel ungeöffneter Briefe
vor sich an, fasziniert und schockiert zugleich. Dann schnappte
er sich den nächsten und riss ihn auf. [...]
30 In den nächsten Wochen dachte Martin mehrmals, dass er die
Briefe hätte wegschmeißen sollen, ehe er sie gelesen hatte. Das
Ganze entwickelte sich zum reinsten Albtraum. Er konnte an
nichts anderes mehr denken als an Julie und ihre Briefe. Er las
sie immer wieder, wenn er nachmittags allein in seinem Zimmer
35 saß. Aber etwas ganz anderes war es, sich vorzustellen, dass es

sie WIRKLICH irgendwo da draußen gab. Sie war nicht einfach eine Fantasie, sondern ein quicklebendiges Mädchen, das ihn liebte und von ihm träumte, und er hatte nicht den blassesten Schimmer, wer sie war.

[...] Jeden Tag riss er die Briefkastenklappe auf, in der Hoffnung auf weitere Briefe. Aber es kamen keine mehr. Also ging er in die Wohnung, schloss die 40 Schreibtischschublade auf und las ihre Briefe zum hundertsten Mal.

Nach vierzehn Tagen hielt er es nicht länger aus. Er musste endlich wissen, wer das fremde Mädchen war. Er musste einfach rausfinden, ob sie womöglich The One and Only war, die irgendwo da draußen auf ihn wartete und ihn bis ans Ende seiner Tage glücklich machen würde, weil er sonst, davon war er 45 überzeugt, für den Rest seines Lebens jeden Tag an sie denken müsste.

5 | Wähle eine Aufgabe aus.

a | Erzähle die Geschichte aus Martins Sicht. Wähle dazu die Ich-Perspektive.

Ich öffnete den Briefkasten und fiel aus allen Wolken. ...

b | Schreibe das nächste Kapitel der Geschichte, „Jagd auf Julie".
  – Wie sucht Martin Julie?
  – Findet er sie?
  – Wie fühlt er sich?
  – Schreibe die Geschichte in der Er-Perspektive weiter und benutze das Präteritum.

Er fing an, nach ihr Ausschau zu halten. Im Bus – sah ihn eins der Mädchen irgendwie auf besondere Weise an? Wenn er bei einer das Gefühl hatte, spitzte er die Ohren, aber irgendwann stellte sich heraus, dass sie Katrine oder Sisse oder sonst wie hieß. Er überlegte sich, wo sie wohl gestanden haben mochte, als sie ihn an der Bushaltestelle gesehen hatte, und suchte die vielen Fenster drum herum mit Blicken ab. ...

Wer bin ich? – Über sich selbst nachdenken

1 Schau dir den Comic an und lies die Texte. Worum geht es?
- Was macht die Person vor dem Spiegel?
- Warum verändert sich ihr Bild im Spiegel?

2 Untersuche den Comic genauer:
- Ist die Person ein Mädchen oder ein Junge? Begründe.
- Beschrifte auch die beiden ersten Bilder und das letzte Bild.
- Finde einen passenden Titel für den Comic. Vergleicht eure Ideen.

3 Welcher Satz passt zum Comic? Warum?
a) Ich bin so, wie die anderen mich sehen b) Ich bin ich!
c) Ich weiß nicht, wer ich bin!

4 Was geht der Person vor dem Spiegel durch den Kopf?
Schreibe einen Brief und gib ihr Ratschläge.

➜ *Du kannst die Aufgaben 1 bis 3 auch mit der Ich-Du-Wir-Methode bearbeiten. Hinweise hierzu findest du auf Seite 298.*

5 Schau selbst in einen Spiegel: Schreibe auf, wie du dich siehst.
- Beschreibe nicht nur dein Äußeres, sondern auch deine Eigenschaften.
- Was kannst du besonders gut, worin bist du weniger gut, was kannst du nicht leiden,...

➡ *Wie du ein Plakat gestalten kannst, erfährst du in der Werkstatt Methoden und Arbeitstechniken auf Seite 274.*

6 Suche dir eine Aufgabe aus:
a Gestaltet ein Plakat „Wie ich mich sehe" – mit Fotos, Sprüchen, Gegenständen, Songs usw.
b Gestaltet ein Plakat „Wie mich die anderen sehen".
Ihr könnt Konrads Plakat als Muster nutzen.
- Überlege, welche Rollen du einnimmst (Schwester, Bruder, Freund/Freundin, Klassenkamerad, Mitspieler, Sportgruppe, Musikfreunde, Nachbarn, usw.).
- Schreibe aus der Sicht der anderen: Was könnten die anderen wohl über dich schreiben?

7 Erklärt euren Mitschülerinnen und Mitschülern euer Plakat.
- Welche Rollen hast du ausgesucht? Warum?

Wie mich die anderen sehen ...

Konrad ist mein jüngerer Bruder. Er geht mir auf den Geist.

Konrad wohnt in der Wohnung über uns. Er ist ziemlich schüchtern.

Konrad ist total locker und aufgedreht, wenn wir zusammen Musik machen.

Konrad ist mein Freund. Wir spielen in derselben Mannschaft.

Aus verschiedenen Perspektiven erzählen

Das Buch „Weggemobbt" von Anja Tuckermann erzählt die Geschichte von Philip, der in seiner Klasse von der Mitschülerin Dorita und ihren Mitläufern ständig gemobbt wird. Lies den Anfang des ersten Kapitels. In dieser Werkstatt sollst du dich in die verschiedenen Figuren hineinversetzen und versuchen, das Geschehen aus unterschiedlichen Perspektiven zu sehen. Dadurch kannst du dir die Situation besser vorstellen und den Text besser verstehen.

Anja Tuckermann

Dorita

Peng! Und die ganze Klasse lachte. Philip rappelte sich hoch und stürzte sich auf Dorita. Diesmal wollte er zuschlagen, doch bevor er ausholen konnte, durchschnitt eine Stimme den Raum. „Philip! Setz dich hin! Wenn du schon ausnahmsweise durch Aktivität glänzt, musst du nicht noch stö-
5　ren!" Paff! Die Worte von Herrn Niks waren wie ein Schlag. Und die ganze Klasse lachte. Am meisten Dorita, die Philips Stuhl einen Stoß gegeben hatte, als er gerade kippelte. „Du Affenarsch!", zischte er in ihre Richtung. „Herr Niks, der sagt Schimpfwörter."
Wieder lachten viele. Herr Niks schaute nicht einmal. „Ruhe jetzt! -
10　Also wie war das? Wer kann die Dreifelderwirtschaft erklären?" Dorita. Blauäugig, blonde, glatte Haare. So wie die meisten Jungen sich ihre zukünftige Freundin vorstellten. Schlank, groß, immer geschminkt. Mit schwarzem Lidstrich und viel Puder im Gesicht. Immer bauchfrei, so tief, dass die Jungen nach Härchen spähten, aber
15　keine entdeckten. Rückenfrei mit Blick auf die Unterwäsche. Mehrmals jeden Tag kämmte sich Dorita im Unterricht die langen Haare. Nicht etwa nebenbei und schnell, sondern langsam und ausführlich, bis alle zuschauten und die gefärbten Haare seidig glänzten. Dann warf sie sie über die Schultern, schwang sie mit einer Kopfbewegung
20　hin und her, verströmte ihren Duft rundherum. Die Augen der Jungen hingen an ihr.
Anfangs hatte Herr Niks noch gesagt: „Kämm dich zu Hause."
„Wieso?", hatte Dorita gefragt. „Stört doch keinen."
„Mich stört es. Pack die Bürste weg."

„Nee, wieso denn? Ich störe durch Kämmen nicht den Unterricht. Ich höre 25
Ihnen ja zu. Das ist doch wohl die Hauptsache? Oder fühlt sich hier jemand
gestört?" Schweigen im Klassenzimmer. Kein Wort mehr darüber von Niki.
„Den hat sie kleingekriegt", sagten die anderen später auf dem Schulhof. Das
war Dorita. Alle fürchteten sie – auch die, die für sie schwärmten. Und alle
Jungen schwärmten für sie. Träumten davon, einmal so ein Mädchen in den 30
Armen zu halten. So eine wie Dorita zu küssen oder sogar zu streicheln. Am
liebsten Dorita selbst, die sie täglich vor Augen hatten. Aber es blieb ein
Traum, denn niemand durfte sie berühren. Wer sie auch nur versehentlich
an der Schulter streifte, den schubste sie von sich. Und so himmelten die Jungen Dorita an und hofften auf ein Lächeln von ihr. Außer Philip. 35
Er konnte das nicht begreifen. Weshalb schwärmten sie für ein Mädchen, das
ihnen jeden Moment eins reinwürgen würde? Dorita brauchte nur einen Jungen anzulächeln, schon war er ihr ergeben. Philip nicht. Er hasste dieses zu
einer Maske gepuderte Gesicht, von dem er noch nie die wahre Hautfarbe gesehen hatte. Er konnte solche aufgepäppelten Mädchen sowieso nicht an- 40
schauen. Diese mit schwarzer Farbe verkleisterten Augen. Fand er nicht
schön.

Schritt 1: Das Textverständnis sichern

1 Erzähle, was in der Klasse passiert.

 **2** Schreibe die Namen der Figuren, die in der Geschichte vorkommen,
heraus:
- Notiere stichwortartig, was du über die Figuren erfährst (über ihr
Aussehen und ihr Verhalten).
- Von wem erfährst du im Text auch die Gedanken und Gefühle?

3 Stellt die Figuren und ihre Beziehungen als Standbild dar.

Schritt 2: Zwischen den Zeilen lesen und Schlussfolgerungen ziehen

4 Lies noch einmal die Textstellen: Was kannst du folgern?

→ *Hinweise, wie
du Personen näher
beschreiben und
charakterisieren
kannst, findest du
in der Werkstatt
Sprache auf Seite
208.*

→ *Hinweise, wie
ihr ein Standbild
bauen könnt, fin-
det ihr in Wissen
und Können auf
Seite 299.*

In der Geschichte steht	Meine Schlussfolgerungen …
Und die ganze Klasse lachte. *(Z. 1)*	*Die ganze Klasse nimmt Philip nicht ernst.*
Die Worte von Herrn Niks waren wie ein Schlag. (Z. 5)	…
Herr Niks schaute nicht einmal. (Z. 9)	…
Die Augen der Jungen hingen an ihr. (Z. 20/21)	…
Schweigen im Klassenzimmer. (Z. 28)	…
Das war Dorita. (Z. 29/30)	…
Philip nicht. (Z. 40)	…

Schritt 3: Erzählperspektive wechseln:
Sich in andere Personen hineinversetzen

5 Wähle eine der Figuren aus und versetze dich in sie hinein: Schreibe die Geschichte aus der Perspektive von Philip, Dorita, einem Mitschüler oder Herrn Niks. Schreibe in der Ich-Form.

Immer diese Dorita. Ich …

Irgendwie finde ich Dorita toll. Sie …

Ich weiß gar nicht, warum dieser Philipp mich nicht so beachtet wie die anderen Jungs.

Ganz zickig, diese Dorita. Ich …

Ich kann die nicht ausstehen!

Schritt 4: Einen Text überarbeiten

6 Überarbeite deinen Text und nutze die Checkliste.

Checkliste

– In der Ich-Form erzählt?
– In der richtigen Reihenfolge erzählt?
– Dargestellt, was die Person denkt und fühlt?
– Das Präteritum benutzt?

➡ *Hinweise, wie du Kommas richtig setzt, findest du in der Werkstatt Sprache auf Seite 231.*

Aus verschiedenen Perspektiven erzählen

Susann Allens
Heul doch!

Was wäre das wieder langweilig geworden in der Schule, wenn ich nicht die kleine Geschichte mit Svenja in Gang gesetzt hätte!

In der Pause nach der Erdkundestunde mussten wir vor dem Musikraum auf unsere Lehrerin warten. Sie ließ sich wieder einmal endlos Zeit. „Ihr wartet ordentlich und ruhig auf dem Flur, bis ich komme", sagt sie immer. Aber das ₅ hat noch nie geklappt. Wenn es so langweilig ist, muss man sich was ausdenken. Manchmal passiert sogar etwas ganz von selbst. Wie gestern: Zufällig kam ich an Svenja mit ihrem langen, neuen Angeberschal vorbei. Ich konnte gar nicht anders, meine Hand zuckte vor und schwupps – weg war der Schal. Svenja war ja noch nie die Schnellste, und bevor sie kapierte, was los war, hat- ₁₀ te ich den Schal zusammengerollt und zu Milena rübergereicht. „Versteck das Ding, schnell!", konnte ich ihr gerade noch zuflüstern, da ging das Gemaule los: „Mensch, gib mir meinen Schal zurück, der ist ganz neu, ich krieg Ärger zu Hause, wenn da was kaputtgeht, blöde Kuh!"

„Blöde Kuh? Das wollen wir doch mal sehen, wer hier blöd ist", dachte ich. Ich ₁₅ sah, dass Milena den Schal unter ihrem Rucksack eingeklemmt hatte, aber ich tat so, als ob ich ihn bei mir versteckt hätte. „Hol ihn dir doch, deinen Superschal!", rief ich und rannte ein paar Schritte weg – immer genau so weit, dass Svenja mich nicht erreichen konnte. Sie wurde allmählich immer gereizter. Plötzlich hielt Milena den Schal in der Hand. Die will ihn doch wohl nicht zu- ₂₀ rückgeben? Svenja war schon dicht bei ihr, da schnappte sich Julian den Schal, stopfte ihn in den Mülleimer und schubste Svenja weg, dass sie beinahe lang hingefallen wäre.

Jetzt war es aus: Svenja sagte gar nichts mehr und ließ Kopf und Arme hängen. Julian konnte es nicht lassen. „Heul doch!", rief er ihr zu. Und wirklich, ₂₅ Svenja heulte los.

1 Überprüfe, ob du die Geschichte verstanden hast. Bringe die Sätze in die richtige Reihenfolge.
  – *Schüler warteten gelangweilt vor dem Musikraum.*
  – *Ich-Erzählerin ärgerte Svenja und nahm ihr den neuen Schal weg.*
  – *Ich-Erzählerin kam zufällig an Svenja vorbei.*

- *Svenja ärgerte sich fürchterlich und schimpfte.*
- *Ich-Erzählerin ärgerte Svenja weiter und rannte weg.*
- *Schal wanderte heimlich zu Milena. Das merkte Svenja nicht.*
- *Julian riss Milena den Schal weg und stopfte ihn in den Mülleimer.*
- *Julian schubste Svenja heftig zur Seite.*
- *Milena hielt den Schal in der Hand.*
- *Svenja wurde weiter geärgert und fing an zu weinen.*

2 Die Geschichte ist aus der Perspektive einer Mitschülerin von Svenja erzählt (Ich-Erzählerin). Erzähle dieselbe Geschichte aus der Perspektive Svenjas.

- Versetze dich in die Figur und erzähle in der Ich-Form.
- Beschreibe, was die Figur denkt und fühlt.
- Beachte: Die Mitschülerin, die bislang die Ich-Erzählerin war, muss einen Namen bekommen. Gib ihr selbst einen Namen.
- Nutze deine Zusammenfassung aus Aufgabe 1.
- Schreibe im Präteritum.

„Meine Auswahl, Meine Begründung, Eure Rückmeldung"

Wähle eine Arbeit aus dem Kapitel aus, von der du denkst, dass sie dir besonders gut gelungen ist. Deine Lehrerin/dein Lehrer soll daran sehen, was du dabei gelernt hast.

→ *Hinweise zum Portfolio findest du auf Seite 276.*

Das kann ich schon!

- ✔ Figuren beschreiben
- ✔ Zwischen den Zeilen lesen und sich in die Figuren hineinversetzen
- ✔ Erzählperspektive wechseln und aus einer anderen Perspektive erzählen

→ Du kannst in **EXTRA** üben, wie man sich in Figuren aus literarischen Texten hineinversetzt. → Auf Seite 116/117 nimmst du die Perspektive der Hauptfigur ein und beschreibst aus ihrer Sicht eine andere Figur. → Auf Seite 118/119 erzählst du eine Geschichte aus einer anderen Perspektive und machst dabei besonders deutlich, was in der Figur vorgeht.

→ Du kannst aber auch noch einmal in der **Werkstatt** (Seite 111-113) üben, dich in Figuren hineinzuversetzen und aus verschiedenen Perspektiven zu schreiben.

Figuren beschreiben

1 Lies zunächst den Klappentext des Buches und schau dir das Buch-cover an.
   – Nenne die Figuren, von denen du etwas erfährst.
   – Schreibe mindestens eine Frage auf, die dir durch den Kopf geht.

Andreas Steinhöfel

Paul Vier und die Schröders

Die „Neuen" sind da! Weil die Schröders alles andere als eine normale Familie sind, ist in der gediegenen Ulmen-straße bald die Hölle los. Denn fast jeden Tag sorgt eins der vier Schröder-Kinder für Ärger und Aufregung in der Nachbarschaft. Nur Paul Walser, genannt Paul Vier, mag die Schröders, vor allem Delphine mit den wunderschö-nen grünen Chromaugen. Aber auch er muss hilflos mit ansehen, wie sich die Ereignisse dramatisch zuspitzen.

> **Tipp**
> *Hier bedeutet „gediegen" so viel wie „ordentlich", „wohlhabend".*

2 Lies jetzt einen Textauszug aus dem Buch. Mache dir Notizen. Welche Figuren kommen vor? Was machen sie?

Im Haus der Familie Schröder gibt es eine kleine Explosion. Eine Schraubenmuller fliegt durchs Fenster in Paul Viers Zimmer ins Aquari-um. Paul erzählt …

Als ich die Scherben zusammengekehrt hatte, klingelte es an unserer Haustür. Und so lernte ich Delphine kennen. Delphine! [...]
Zuerst sah ich blonde Haare, und zwar so viele davon, dass Herr Gatzer vor Begeisterung durchgedreht wäre. Dann sah ich die Augen. Festzu-stellen, dass es schöne Augen waren, würde nichts aussagen. Sie wa-ren grün, von dichten, hellen Wimpern umkränzt und sie funkelten wie polierter Chrom. Ich habe nie wieder schönere Augen gesehen. Ich habe auch nie wieder so hässliche Klamotten gesehen wie die, die von Delphine herunterhingen. Sie sah aus, als hätte sie den letzten Altkleidertransport überfallen und nur noch die Reste erwischt.
5

10

„Tag", sagte das Mädchen mit den Chromaugen und den langen Haaren und schüttelte mir die Hand. „Delphine Schröder. Der Wasserkessel in unserem Bad ist durchgeknallt. Ist bei euch eine Schraubenmutter gelandet?"

Sie war einen halben Kopf größer als ich und das war nicht die einzige Ent-
15 täuschung. Ihre Stimme klang wie ein Reibeisen.

„In meinem Aquarium", stotterte ich.

Ich stotterte wirklich. Zum Teil lag das an Delphines Aussehen. Schließlich macht man sich mit vierzehn schon so seine Gedanken. Zum größten Teil lag es aber einfach daran, dass sie nichts von dem sagte, was man in so einer Situ-
20 ation erwartet hätte. Keine Entschuldigung, keine Frage nach eventuellen Schäden oder Verletzten. Sie interessierte sich nur für die Schraubenmutter, die vermutlich gerade das Wasser des Aquariums vergiftete. Im Geiste sah ich Agnes, meine Schmuckschildkröte, langsam und tot durch das Becken treiben.

25 „Können wir sie holen?"

Ich war so verblüfft, dass ich sie in die Wohnung bat. Es wundert mich heute noch, dass Mams nicht unmittelbar nach ihrem Besuch das Haus desinfizie-
ren und neue Teppiche verlegen ließ. Aber es wunderte mich nicht mehr, dass Delphine praktisch kein Wort sagte. Sie sagte nie viel mehr, als unbe-
30 dingt nötig war.

Wir gingen nach oben, betraten mein Zimmer und ich fischte das Geschoss aus dem Aquarium, in dem eine putzmuntere Agnes herumpaddelte.

„Danke."

Sie nahm die tropfende Mutter aus meiner Hand, lächelte mich an und ver-
35 schwand über die Treppe nach unten.

3 Welchen Eindruck hat Paul von Delphine? Mache dir Notizen.
- Wie sieht Delphine aus?
- Wie verhält sie sich?
- Was findet Paul an Delphine anziehend, was irritiert ihn?

➡ *Hinweise, wie man Meinungen eines anderen wie-dergeben kann, findest du in der Werkstatt Sprache auf Seite 228.*

4 Schreibe auf, was Paul über Delphine in sein Tagebuch schreibt.

Mittwoch, 5. März

Heute habe ich Delphine kennengelernt!
Ich bin ganz ... Sie sieht sehr gut aus ...
Etwas seltsam finde ich, ...

Die Perspektive wechseln

5 Lies nun den Anfang des dritten Kapitels. Was erfährst du Neues über Pauls Gefühle?

Natürlich hatte ich mich in Delphine verknallt. Jeder Junge in meinem Alter hätte sich in sie verknallt – wenn er sie gesehen hätte. Aber das Seltsame war, dass man von den Schröders erst mal gar nichts sah. Beim Einkaufen nicht, in der Schule nicht und auch nicht auf der Straße oder im Garten. Was öffentliche Auftritte anging, hätten sie genauso gut nicht existieren können. Aber 40 dass sie existierten, stand fest.

„Mann, dieser Krawall, den die machen! Meine Mutter ist schon total entnervt von dem Krach."

Claus ließ einen Kiesel über die Lahn flitschen. Der Stein platschte in den träge dahinströmenden Fluss und verursachte kleine, glitzernde 45 Wellen.

„Die renovieren", sagte ich. „Vielleicht."

„Ja. Scheint so."

Claus Tauchmann war mein bester Freund – eigentlich der einzige aus der Ulmenstraße. Er war so alt wie ich und wir gingen 50 in dieselbe Klasse. Wir lagen im Gras am Wehr, hatten die Pullis ausgezogen und ließen uns die Sonne auf den Bauch scheinen.

Ich hatte Claus von Delphine erzählt – natürlich nicht, dass ich mich in sie verknallt hatte, sondern nur, dass sie bei uns gewesen war. Und ich hatte ein bisschen übertrieben. Schließlich 55 hatte Delphine mir nicht wirklich gesagt, was für ein toller Typ ich sei, weil die Explosion und das eingeschossene Fenster mir nur ein müdes Lächeln entlockt hatten.

„Sieht sie wirklich so gut aus?" Claus hatte sich auf einen Arm gestützt und schaute mich neugierig an. Wenn er nicht zehn Zentime- 60 ter kleiner gewesen wäre als ich, hätte ich ihm überhaupt nichts von Delphine erzählt. Mit seinen lockigen schwarzen Haaren sah er aus, als wäre er genau ihr Typ. Ich überlegte, ob ich Herrn Gatzers Dauerwellen ausprobieren und mir die Haare färben lassen sollte.

„Besser." Ich wollte ihn nicht zu neugierig machen, darum sagte ich nicht 65 mehr.

6 Nimm die Rolle eines Erzählers ein und erzähle die Geschichte neu.
- Schreibe als Erzähler in der Er-Form.
  (Paul hatte sich verliebt und zwar in …)
- Gehe zunächst auf die Vorgeschichte ein.
  (Angefangen hatte alles mit einer Schraubenmutter …)
- Erzähle dann vom Gespräch mit Claus.
  (Paul erzählte seinem Freund Claus von Delphine, aber ganz ehrlich war er nicht …)
- Mache beim Erzählen stets deutlich, was in Paul vorgeht.

Ideen und Anregungen

→ Vielleicht hast du Lust,
  a) einige **Bücher aus Wortstark 7** ganz zu lesen, z. B.

  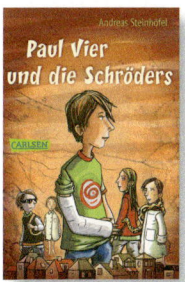

  b) oder lieber selbst auf **Büchersuche** zu gehen, z. B.

 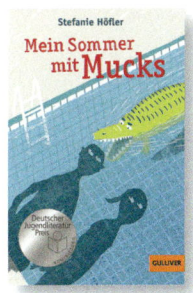 

→ Beschreibe in einem **Figurensteckbrief** die Hauptfiguren in den Büchern.
→ Welche **Eigenschaften** haben die Figuren?
  Suche Textstellen, um deine Meinungen zu belegen.
→ Stelle Textstellen zusammen, die für die **Entwicklung der Figuren** wichtig sind (kritische Situationen, Konflikte, glückliche Erlebnisse, …).

Ran an die Bücher –
Lesen und

Neuer Lese – und Hörstoff!
Wir haben für euch neue Bücher und CDs eingekauft!

Unser Projekttag lief so ab:
Zunächst haben wir uns in Gruppen zusammengefunden.
Das zur Verfügung stehende Geld wurde aufgeteilt. Dann
ging es in die Stadt. Jede Gruppe war für unterschiedliche
Themen bzw. Bereiche zuständig. Wieder in der Schule ha-
ben wir die Bücher eingeschlagen, was gar nicht so einfach
ist, und sie für die Ausleihe fertig gemacht.
Die neuen Medien haben wir für euch auf einem Extra-
Tisch ausgelegt. Schaut doch mal vorbei! Wer Lust hat bei
uns mitzumachen und Pausendienste zu übernehmen ist ....

herzlich willkommen in unserem
Büchereiteam

Bücher sind nicht nur während des Lesens interessant. Ihr könnt auch
danach Vieles damit tun: Manchmal möchtet ihr andere über ein Buch
informieren, weil es euch gefesselt oder gut unterhalten hat. Dazu könnt
ihr Inhaltsangaben nutzen. Wie ihr sie formuliert, erfahrt ihr in diesem
Kapitel. Außerdem werden euch viele weitere Ideen und kleine Projekte
zur Gestaltung von freien Lesezeiten vorgestellt, z.B. wie man
zu Lieblingsbüchern Lesekisten gestaltet. Also, auf ins Lesevergnügen!

In diesem Kapitel lernt ihr,
- Lesezeiten in der Schule zu gestalten,
- Lesekisten zu basteln und sie vorzustellen,
- eure Mitschüler und Mitschülerinnen über den Inhalt eurer Bücher
  zu informieren.

was dann?

Einkauf für die Bücherei
Namen der Teammitglieder: _____
Verantwortlich für den Bereich:
 – Krimi, Spannung
 – Fantasy
 – Sachbücher: Geschichte, Religion
 – Sachbücher: Erdkunde, Natur
 – Sachbücher: Biologie, Tiere
 – Liebesromane
 – Hörbücher, CDs
 – Sonstiges

Dieser Betrag steht uns zur Verfügung:
_____ **Euro**
Unsere Vorschläge:

Autor	Titel	Preis

Insgesamt ausgegeben: _____ Euro
Unterschriften der Teammitglieder:

_____

Unterschrift der Leiterin/ des Leiters:

_____

1 Betrachtet die Bilder und lest den Bericht aus der Schülerzeitung.
 – Beschreibt das Projekt.
 – Seht euch die ausgestellten Bücher an.
 Welche würdet ihr gerne ausleihen? Warum?

2 Welche anderen Möglichkeiten, euch mit Büchern zu beschäftigen, habt ihr bisher kennengelernt? Sprecht darüber.

3 Sammelt weitere Ideen und tauscht euch darüber aus.

Zeit für Bücher – Lesezeiten gestalten

An jeder Schule gibt es Lesezeiten zur Beschäftigung mit Büchern.
Sie liegen ganz unterschiedlich: zwischen den Lernzeiten, in Lesestun-
den – dies ist an jeder Schule anders organisiert. Es gibt viele Möglich-
keiten, sie zu gestalten. Einige kennt ihr sicher schon, andere sind ganz
neu für euch, wie zum Beispiel das Erstellen einer Lesekiste.

1 Lest die Texte zu den einzelnen Vorschlägen. Ordnet die Bilder auf
dieser und der nächsten Seite den Texten zu.

3. Du stellst anderen dein Lieblingsbuch vor, um sie zu begeistern. Du liest während der *Buchvorstellung* auch einen Romanauszug vor.

2. In der *Leseecke* stöberst du für dich oder mit anderen in einem Sachbuch oder Jugend-roman. Du kannst dich auch in die Leseecke zurückziehen, um einmal längere Zeit in einem Buch zu schmökern.

a

b

4. Eine *Themenmappe* zeigt, wel-che Texte und Bilder dich in einem Sachbuch interessiert haben. Du kannst deine Themenmappe an-deren präsentieren und dabei ein-zelne Unterthemen erklären.

1. In einem *Lesetagebuch* no-tierst du deine Gedanken zum Gelesenen, zeichnest einen Comic zum Buch, entwirfst ein neues Cover oder nimmst Kon-takt zu einer Buchfigur auf ...

c

d

2 Sammelt weitere Möglichkeiten, um mit Büchern Lesezeit zu gestalten.
- jüngeren Schülern vorlesen
- Quiz für die Schülerbücherei ausarbeiten
- …

3 Welchen der Vorschläge würdest du gerne umsetzen? Begründe.

Eine besondere Möglichkeit, Zuhörern dein Buch vorzustellen, ist, eine Lesekiste zu deinem Lieblingsbuch zu präsentieren. Lasst euch von den Abbildungen und Anregungen auf dieser und der nächsten Seite dazu anregen.

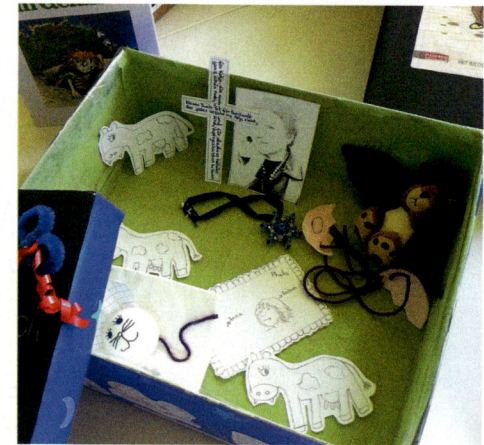

Tipp

Zusätzliche Informationen über die Autoren der Bücher erhaltet ihr unter www.autoren.de.

4 Gestaltet eine eigene Lesekiste.

▸▸ Schaut euch die fertigen Lesekisten an. Was könnt ihr alles entdecken?

▸▸ Was könnte zu einer oder in eine Lesekiste gehören, die ihr anderen vorstellt? Betrachtet die Kisten und sammelt weitere Ideen.

▸▸ Was benötigt ihr, um eine Lesekiste zu basteln? Erstellt eine Materialliste. Seht euch dazu die Bilder an, die Schülerinnen und Schüler bei der Arbeit zeigen.

5 Stellt eure Lesekiste vor.
- Berichtet, wie ihr vorgegangen seid.
- Welches Buch habt ihr ausgewählt? Erzählt etwas zum Inhalt, zu den Figuren, zum Autor, zu Szenen, die euch besonders gut gefallen haben …
- Zeigt die einzelnen Gegenstände aus der Kiste und begründet, warum ihr sie ausgewählt habt.

→ Beachte, was du über den Kurzvortrag gelernt hast. Siehe Wissen und Können, Seite 285.

Ich habe das Buch … von … gelesen.
In dem Buch geht es um …
Die Hauptfigur ist …
Ich habe das Buch ausgewählt, weil …
Besonders gut gefallen hat mir …
Nicht so gut fand ich …
Dieser Gegenstand soll zeigen …
Der/Die/Das … bedeutet/weist darauf hin, dass …

Den Inhalt von Texten und Büchern wiedergeben

Du kannst andere ganz unterschiedlich über die Inhalte von Büchern informieren – es hängt davon ab, für welchen Zweck du es tust. Oft reichen Stichwörter aus, z. B. für eine Buchvorstellung oder für einen Buchtipp an der Lesepinnwand. Für deine Lesekiste oder für ein Lesetagebuch möchtest du vielleicht einen längeren zusammenhängenden Text schreiben. Immer aber geht es darum, Texte zu kürzen und mit eigenen Worten zusammenzufassen. Wie du Texte zusammenfassen kannst, lernst du hier an einem Auszug aus einem Jugendbuch.

> **Tipp**
> *Du kannst wählen, ob du den Auszug allein oder mit jemandem gemeinsam lesen möchtest.*

> **Schritt 1:** Den Text lesen und verstehen

Gary Paulsen

Allein in der Wildnis

Es ist aus!, murmelte Brian. Jetzt ist es aus mit mir.
Es war keine Trauer und keine Angst vor dem Tod. Es war
nur die kalte Panik, die sein Gehirn umfangen hielt.
Es ist aus.
Er drückte die flache Hand auf den Mund und schob das Steuer   5
weiter nach vorn. Das Flugzeug stürzte in einen Gleitflug, einen sehr
steilen Gleitflug, bei dem es rasch an Höhe verlor. Aber weit und breit kein
See in Sicht. Die ganze Zeit, solange sie über die Wälder flogen, hatte es Seen
gegeben, in großer Zahl. Doch jetzt waren sie verschwunden. Weit vorne am
Horizont gab es welche, viele sogar. Rechts und links in der Ferne musste es   10
Seen geben, blau schimmernd in der Nachmittagssonne.
Was er brauchte, war ein See direkt unter ihm. Er brauchte eine offene Wasserfläche, auf der sein Flugzeug aufsetzen konnte – doch was er durch die
Glasscheibe sah, direkt vor sich, waren Bäume [...]. Sah er da nicht einen See
schimmern?   15

> Brian ist in einem kleinen Flugzeug auf dem Weg zu seinem Vater, als der Pilot plötzlich einen Herzinfarkt erleidet. Dem Jungen gelingt das Unmögliche: eine Notlandung auf einem See mitten in den kanadischen Wäldern. Doch damit beginnt das Abenteuer erst, denn nun muss er lernen, in der Wildnis zu überleben.

Dann passierte alles auf einmal. Die Baumwipfel standen in schrecklicher
Klarheit vor ihm, wie in Großaufnahme füllten sie das ganze Bild mit ihrem
Grün und Brian wusste: Jetzt war es aus, er würde in die Bäume krachen und

sterben. Aber er hatte Glück, und eine Sekunde bevor die Maschine die Wip-
20 fel streifte, tat sich eine Lichtung auf, eine längliche Schneise mit sturmge-
knickten Bäumen, eine breite Gasse bis hinunter zum See.
Das Flugzeug, das sich nicht mehr in der Luft halten konnte, schien wie ein
Stein auf diese Lichtung zu stürzen und Brian riss das Steuer zurück und
wartete auf die Bruchlandung. [...]

25 Es war ein klirrender Krach, ein scheppernces metallisches Bersten, als das
Flugzeug sich überschlug und kreiselnd über die Böschung schoss, hinaus in
den See, wo es aufschlug auf einer Wasserfläche, hart wie Beton, wieder ab-
prallte und dann eintauchte in das Wasser, das die Windschutzscheibe zersplitterte und die Seitenfenster eindrückte – mit einem Wasserschwall, der
30 Brian in seinen Sitz zurückschleuderte. Er hörte jemanden schreien, einen
tierischen Schrei der Angst und Qual, und er wusste nicht, ob es seine eigene
Stimme war, die gegen die Flut anbrüllte, während er mit dem Flugzeug ins
Wasser sank, immer tiefer ins kaltblaue Wasser. Er spürte und sah nichts als
blaugrüne Kälte und riss an der Schnalle des Sicherheitsgurts, bis seine Fin-
35 gernägel brachen; bis er sich mit einem letzten Aufbäumen – fast schon er-
trinkend in der gurgelnden Flut – endlich befreien konnte. Irgendwie
zwängte er sich durch das zersplitterte Fenster [...].

Es war weit bis zur Oberfläche, doch seine Lunge konnte nicht mehr, rang nach
Luft, schmerzte bis zum Zerspringen, ließ ihn den Mund aufsperren, Wasser
40 schlucken – einen drängenden Wasserfall, der ihn doch noch besiegen würde.
Doch im selben Moment stieß sein Kopf durch die sonnenglitzernde Oberfläche, an die Luft. Brian erbrach sich, spuckte das Wasser aus, das in ihn einge-
drungen war, strampelte mit den Füßen und ruderte mit den Händen vorwärts.
Ruderte krampfhaft und besinnungslos vorwärts, bis seine Hände in Schlamm
45 und Schlick wühlten, bis er – mit einem Schrei – seine Finger im Gras verkrallte
und keuchend seine schmerzende Brust auf die Kieselsteine am Ufer drückte....

➡ *Hinweise, wie du Personen näher beschreiben und charakterisieren kannst, findest du in der Werkstatt Sprache auf Seite 208.*

1 Erzählt euch gegenseitig, was in dem Auszug geschieht:
- Welche Figuren kommen vor?
- Was passiert?
- Womit hört die Geschichte auf?

Schritt 2: Den Text sinnvoll kürzen – Kurzformen finden

2 Sieh dir die Tabelle an und untersuche, wie der erste Abschnitt des Originaltextes bearbeitet wurde.
- Welche der Merkmale (a-e) treffen auf welchen Text zu? Begründe.
  a) Der Text ist kürzer und man erfährt nur das Wichtigste.
  b) Aus der Vergangenheit wird die Gegenwart.
  c) Gesprochenes wird indirekt wiedergegeben.
  d) Es werden eigene Formulierungen gewählt.
  e) Aus der Ich-Form wird die Er-Form.

Im Originaltext steht ...	Die Zusammenfassung lautet ...
1 Es ist aus!, murmelte Brian. Jetzt ist es aus mit mir. Es war keine Trauer und keine Angst vor dem Tod. Es war nur die kalte Panik, die sein Gehirn umfangen hielt. Es ist aus.	*Brian glaubt, dass er den Flugzeugabsturz nicht überlebt.*
2 Er drückte die flache Hand auf den Mund und schob das Steuer weiter nach vorn. Das Flugzeug stürzte in einen Gleitflug, einen sehr steilen Gleitflug, bei dem es rasch an Höhe verlor.	*Das Flugzeug ...*
3 Aber weit und breit kein See in Sicht. Die ganze Zeit, solange sie über die Wälder flogen, hatte es Seen gegeben, in großer Zahl. Doch jetzt waren sie verschwunden. Weit vorne am Horizont	*Brian sucht ...*

3 Fasse die Textstellen 2 und 3 auf ähnliche Weise zusammen.
- Vergleiche mit deinem Nachbarn. Was ist ähnlich, was willst du ändern?

Schritt 3: Inhalte unterschiedlich wiedergeben

4 Es gibt unterschiedliche Möglichkeiten, Inhalte wiederzugeben. Welche passt eher für einen Lesetipp, ein Lesetagebuch, eine Lesekiste, eine Buchpräsentation, ein Buchcover? Begründet.

➡ *Hinweise, wie du deine Meinung begründen kannst, findest du in der Werkstatt Sprache auf Seite 224.*

Möglichkeit 1:

Einen Steckbrief mit W-Fragen anfertigen
Titel:
Autor:
Textsorte:
Wer?
Wo?
Wann?
Was?
Wie? *Brian muss Steuer übernehmen ... Brian sucht ...,* *Flugzeug stürzt immer ..., Brian erblickt einen ...*
Was geschieht am Ende?

➡ *Hinweise, wie du Meinungen und Gedanken anderer wiedergeben kannst, findest du in der Werkstatt Sprache auf Seite 228.*

Möglichkeit 2:

Eine Zeitleiste („Flussdiagramm") gestalten	
Titel:	
Autor:	
Textsorte:	
1. Abschnitt	*Flugzeug Brian, steiler Gleitflug, Verlust der Höhe, Suche nach See zum Landen*
2. Abschnit	*Gefahr Bäume, B. findet See, Flugzeug sehr langsam*
3. Abschnitt	*...*

Möglichkeit 3:

Eine Inhaltsangabe ausformulieren

▶▶ Betrachte das Cover und den Klappentext auf Seite 126, um eine Einleitung vorzubereiten.

– Um welche Art Buch handelt es sich?

– Wie heißt der Autor?

– Welchen Titel trägt das Buch?

– Um was geht es?

▶▶ Formuliere eine Einleitung. Darin müssen sich Angaben zu Buchsorte, Titel, Autor sowie ein oder zwei Sätze zum Inhalt finden.

In dem Auszug aus dem Abenteuerroman ... von ... geht es um .../ wird erzählt wie .../ erfährt der Leser...

▶▶ Fasse nun im Hauptteil in gekürzter Form den Inhalt zusammen.

➡ *Hinweise, wie du Sätze miteinander verknüpfen kannst, findest du in der Werkstatt Sprache auf Seite 230.*

➡ *Hinweise, wie du Kommas richtig setzt, findest du in der Werkstatt Sprache auf Seite 231.*

5 Suche dir eine Möglichkeit der Inhaltswiedergabe aus und bearbeite einen der übrigen drei Abschnitte des Textes von Seite 126/127.

Schritt 4: Eine Inhaltsangabe mit Hilfe einer Checkliste überarbeiten

6 Überprüfe deine Inhaltsangabe mithilfe der Checkliste.

Checkliste

zur Überprüfung einer Inhaltsangabe:

– Autor, Titel und Textsorte genannt?

– Hauptfiguren erwähnt?

– Nur die wichtigsten Informationen aufgeschrieben?

– Gesprochenes indirekt wiedergegeben?

– Das Präsens verwendet?

– Eigene Formulierungen gewählt?

– Aus der Ich-Form die Er-Form gemacht?

▶▶ Suche dir einen Text aus wortstark 7 aus, an dem du das Zusammenfassen von Inhalten noch einmal üben kannst.

– Übe verschiedene Formen der Textwiedergabe.

– Nutze die Checkliste zur Überprüfung.

Den Inhalt von Texten und Büchern wiedergeben

1 Suche dir eine Möglichkeit der Zusammenfassung von Inhalten aus (Steckbrief, Zeitleiste, Ausformulierung) und fasse den folgenden Auszug aus „Allein in der Wildnis" damit zusammen.

Brian schafft es, mit dem Flugzeug eine Notlandung zu machen und zu überleben. Nach einiger Zeit findet er sich in der Wildnis zurecht, aber dann...

Die Beeren waren prall und reif, und als er eine kostete, schmeckte sie süß [...] Sie hingen zwar nicht in Trauben, aber es gab so viele davon, dass sie Brian beinahe vom Stängel in die Hand fielen. Oh, wie süß und saftig, dachte er. Sie waren
5 wirklich süß, nur mit einem unmerklichen Beigeschmack von Säure, und Brian pflückte und aß und pflückte weiter. Ihm war, als habe er noch nie im Leben so etwas Gutes gegessen. [...] Genau in diesem Moment hörte er ein leises Rascheln. Er drehte sich um – und sah den Bären. Wie gelähmt
10 stand Brian da. Er konnte nichts tun, keinen klaren Gedanken fassen. Die Zunge blieb ihm am Gaumen kleben und er brachte keinen Laut heraus.
Ein riesiger Bär. Sein Fell war schwarz, die Nase zimtrot – und er stand kaum fünf Meter von ihm entfernt. Hoch aufgerich-
15 tet auf den Hinterbeinen. Im Zoo hatte Brian einmal einen Bären gesehen, einen Schwarzbären aus Indien oder Pakistan. Im Zoo, hinter den Gitterstäben des Käfigs. Dies aber war ein wilder Bär, viel größer als jener im Zoo, und er stand direkt vor ihm.
20 Direkt vor ihm. Er stand so nah, dass Brian die Haarspitzen auf seinen Schultern im Sonnenlicht glänzen sah. Schwarz und riesig, mit seidigem Fell, stand der Bär da und starrte Brian an, der wiederum ihn anstarrte. Dann ließ er sich auf die Vordertatzen fallen, reckte die Nase nach dem dorrigen Zweig und pflückte mit spitzen Lippen ein paar Him-
25 beeren ab. Leise grunzend trollte er sich und war bald darauf verschwunden.

2 Überprüfe deine Inhaltswiedergabe mit der Checkliste von Seite 130.

3 Suche dir zwei oder drei Zuhörer aus.
- Berichte ihnen vom Inhalt des Romanauszuges.
- Lasse dir Rückmeldungen geben und überarbeite deine Inhaltsangabe.

„Meine Auswahl, Meine Begründung, Eure Rückmeldung"

→ *Hinweise zum Portfolio findest du auf Seite 276.*

Wähle eine Arbeit aus dem Kapitel aus, von der du denkst, dass sie dir besonders gut gelungen ist. Deine Lehrerin / dein Lehrer soll daran erkennen, was du gelernt hast.

Das kann ich schon!

✔ Textinhalte zusammenfassen und wiedergeben
✔ Unterschiedliche Möglichkeiten der Inhaltswiedergabe nutzen
✔ Die eigene Textzusammenfassung überarbeiten

Wenn dir Inhaltsangaben noch schwerfallen, dann bearbeite → **EXTRA 1**, Seite 133. In → **EXTRA 2** (Seite 134/135) wird dir gezeigt, wie du mit Romanauszügen noch arbeiten kannst.
Du kannst aber auch noch einmal die → **Werkstatt**, Seite 126-130, bearbeiten.

Inhalte mit eigenen Worten zusammenfassen

Hier kannst du nochmal üben, wie man Texte zusammenfassen kann.

1 Lies zunächst die Seite 128 in der Werkstatt.

2 Bearbeite die Originaltextstellen wie in der Werkstatt.

Im Originaltext steht...	Die Zusammen-fassung lautet...
Was war das? Mitten in der Nacht, im Dunkel seiner Behausung, riss Brian die Augen auf und konnte doch nichts sehen. Aber da war ein Ächzen zu hören, ein Knurren, leise und schaurig. Der Wind brauste in den Bäumen, es war ein Sturm, der zornig die Fichtenwipfel schüttelte.	*In der Nacht kann Brian nichts sehen und hört bedrohliche Geräusche: ...*
Brian fuhr auf und erschrak. Dann roch er den Gestank. Es war ein scharfer Verwesungsgeruch, ein Geruch von modriger Fäulnis, der Brian an alte Grüfte mit Spinnweben und Staub und zerfallenen Skeletten denken ließ. Er hielt den Atem an. Gebannt starrte er in die Dunkelheit, konnte aber nichts sehen.	*Brian erschrickt und riecht ... Er hat Angst und ...*
Draußen heulte der Sturm, düstere Wolken hingen am Himmel und verdeckten das schwache Licht der Sterne. Der widerliche Geruch aber hing in der Luft und erfüllte die Höhle. War der Bär etwa wiedergekommen? Brian dachte an all die Monster-Filme, die er je im Kino gesehen hatte, und spürte sein Herz bis zum Halse schlagen.	*...*

Mit einem Romanauszug weiterarbeiten

Hier findest du verschiedene Möglichkeiten, wie du noch mit Romanauszügen arbeiten kannst. Suche dir Vorschläge aus und bearbeite sie. Eventuell musst du dir einen Partner suchen:

▶▶ Entwirf einen neuen Buchumschlag.
▶▶ Fertige Illustrationen zum Romanauszug an.
▶▶ Denke dir ein Rätsel für den Romanauszug aus.
▶▶ Schreibe die Handlung weiter.
▶▶ Lass eine Figur aus dem Auszug einen Brief an die Leser schreiben.
▶▶ Lies das ganze Buch und gestalte eine Lesekiste.
▶▶ Erstellt ein Standbild zu einer Textstelle eurer Wahl und dokumentiert es mit einem Foto.

➡ *Hinweise zum Bauen von Standbildern findet ihr auf Seite 299.*

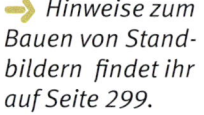
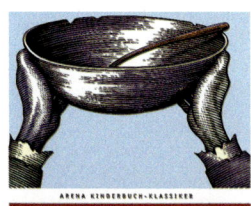

Charles Dickens

Oliver Twist

England, Mitte des 19. Jahrhunderts: Der junge Oliver Twist wächst in ärmlichsten Verhältnissen und ohne Wärme und Geborgenheit im Waisenhaus auf. Als er bei einem Totengräber in die Lehre geschickt wird, gelingt ihm die Flucht nach London. Doch auch in der unheimlichen Großstadt steht ihm das Glück zunächst nicht zur Seite. Er gerät in die Fänge des berüchtigten Bandenchefs Fagin, der elternlose Jungs als Taschendiebe für sich arbeiten lässt.

Zunächst hat Oliver keine Ahnung davon, dass Fagin eine Gruppe von Dieben für sich arbeiten lässt. Aber eines Tages begleitet Oliver die beiden Jungen Jack und Charley, die auch bei Fagin leben. Während sie durch die Straßen Londons spazieren, ereignet sich Folgendes:

Sie schlenderten so langsam [...]. Oliver wollte schon umkehren, wurde aber durch das plötzliche geheimnisvolle Benehmen seiner Begleiter davon abgelenkt.

Sie machten ihn auf einen alten Herrn aufmerksam und begannen, hinter die-
5 sem herzuschleichen. Olivers Fragen beantworteten sie nur durch unverständliche Zeichen. Er blieb einige Schritte hinter ihnen zurück, unschlüssig, ob er mitgehen oder sich zurückziehen solle. Schließlich blieb er stehen und schaute ihnen verwundert zu.

Der alte Herr sah sehr vornehm aus. [...] Er [Mr. Brownlow] hatte sich vor ei-
10 nen Buchstand hingestellt, ein Buch in die Hand genommen und las darin. Er hörte und sah offenbar nicht, was um ihn her vorging.

Bestürzt sah Oliver, wie Jack dem alten Herrn ein Tuch aus der Tasche zog, das er Charley Bates gab, und wie beide daraufhin spornstreichs davonliefen! [...] Das Blut stockte ihm vor Schreck in den Adern, ihn schwindelte vor Angst,
15 und ohne zu wissen, was er tat, lief er seinen Kameraden nach, so schnell er konnte. In diesem Augenblick griff der alte Herr nach seinem Taschentuch, vermisste es, drehte sich rasch um und rief, als er Oliver davonlaufen sah: „Haltet den Dieb!" [...]

Oliver verdoppelte seine Eile, wurde aber eingeholt und zu Boden geschla-
20 gen.

Er wurde von einer großen Menschenmenge umringt. „Drückt ihn doch nicht tot!" – „Er verdient es." – „Wo ist der bestohlene Herr?" – „Da kommt er schon! Macht Platz für den Herrn!" – „Ist das der Bursche, Sir?" – „Ja." Oliver lag von Schmutz und Staub bedeckt, mit blutender Nase da und starrte ängst-
25 lich um sich. [...]

Der Diebstahl war in unmittelbarer Nähe der Polizeistation verübt worden. Dort wurde Oliver vorläufig in eine kleine Zelle eingesperrt, die unbeschreiblich schmutzig war. [...]

Als Mr Brownlow zur Gerichtsverhandlung erschien, saß Oliver schon da. Mr
30 Fang, der Richter, war in die Zeitung vertieft. Mr Fangs Gesicht war rot und hatte einen harten Ausdruck. Er pflegte mehr zu trinken, als ihm gut tat.

Mr Brownlow brachte vor, was er zu sagen hatte, und fügte hinzu, dass er hoffe, der Richter werde die Gesetze so milde wie möglich anwenden, wenn es sich herausstellen sollte, dass der Junge nicht selbst der Dieb sei, sondern nur mit Dieben in Verbindung stehe. „Er ist bereits bestraft genug", schloss er. 35

„Soso!", sagte Mr Fang mit einem höhnischem Lächeln zu Oliver. „Du spielst mir hier keine Komödie, du kleiner Landstreicher; sie nützt dir doch nichts. Wie heißt du?"

Oliver wollte antworten, aber die Zunge versagte ihm den Dienst. Er war totenblass und alles schien sich um ihn zu drehen. Oliver sah mit flehenden 40 Blicken umher und bat mit schwacher Stimme um ein Glas Wasser.

„Dummheiten!", rief Mr Fang. „Willst du mich zum Narren halten?"

„Ich glaube wirklich, dass ihm schlecht ist, Sir", sagte der Gerichtsdiener.

„Das weiß ich besser", fuhr ihn Mr Fang an.

„Gerichtsdiener, halten Sie ihn!", rief der alte Herr. „Er fällt!" „Weg da, Ge- 45 richtsdiener!", tobte Fang. „Lasst ihn fallen, wenn er will!" [...]

„Wie gedenken Sie zu verfahren?", fragte der Schreiber leise. „Summarisch", erwiderte Mr Fang. „Er wird drei Monate eingesperrt, natürlich bei harter Arbeit." Zwei Männer schickten sich an, den ohnmächtigen Knaben in seine Zelle zu tragen, als plötzlich ein ältlicher, ärmlich, aber anständig gekleideter 50 Mann herstürzte.

„Halt – halt!", rief er. „Um Himmels willen noch einen Augenblick Geduld!"

„Was ist das? Wer ist das? Werft den Menschen hinaus!", rief Mr Fang.

„Ich will und muss reden, Sir. Ich lasse mich nicht hinauswerfen! Ich habe alles mit angesehen. Ich bin der Besitzer des Buchladens. Ich verlange, verei- 55 digt zu werden. Sie müssen mich anhören – Sie können meine Zeugenaussage nicht zurückweisen, Sir." [...]

„Ich sah drei Burschen – zwei andere und den da – um diesen Herrn herumschleichen, der vor meinem Laden stand und las. Der Diebstahl wurde von einem anderen Knaben begangen und dieser hier war ganz erstaunt darü- 60 ber – sah aus, als wenn ihn der Schlag gerührt hätte!" [...]

„Der Knabe ist freizulassen. Räumen Sie den Gerichtssaal!"

Der alte Herr war zu entrüstet (...) Er wurde aber hinausgeführt. Als er wieder im Hof stand, legte sich seine Wut. Oliver lag hier auf dem Steinpflaster.
[...] 65

„Armes Kind! Armes Kind!", rief Mr Brownlow, sich über ihn hinunterbeugend. „Leute, ich bitte, verschafft mir schnell einen Mietwagen." Gleich darauf fuhr ein Wagen vor, Oliver wurde sorgsam hineingehoben und auf einen Sitz gelegt, während der alte Herr auf dem anderen Platz nahm.

Ideen und Anregungen

→ Organisiert eine **Ausstellung** eurer Lesekisten für andere Klassen und für eure Eltern. Dazu könnt ihr auch eine **Rallye** vorbereiten.

> Name: _____
> 1. In welcher Lesekiste findest du....?
> 2. Wie heißt der Autor des Jugendromans „...."?
> 3. ...
> 4. ...

→ Schreibt zu einem Buch eurer Wahl eine **Buchempfehlung**.

→ Plant eine **Vorlesestunde.** Ladet jüngere Schüler dazu ein.

→ Gestaltet ein Buch, das ihr gelesen habt, als **Hörbuch-Ausschnitt.**

→ Geht gemeinsam in eine Bücherei oder eine Buchhandlung und bestückt einen Lesekoffer für eure Klasse mit der Hilfe eines **„Buchexperten".**

→ Erstellt **Lesekisten für Sachbücher und Zeitschriften.**

→ Entwerft einen **Lesetipp als SMS**: Das Buch wird in höchstens 160 Zeichen so beschrieben, dass der Empfänger Lust bekommt, es zu lesen. Jeder kann für die SMS einen Empfänger auswählen.

Im Blickpunkt:

Einmal so bekannt und beliebt sein wie ein berühmter Sportler oder Popstar – oder wenigstens mal in seine Nähe kommen! Sich alles kaufen können für ein Leben voller Abenteuer, Bewunderung, und Erfolg! Wer wünscht sich das nicht manchmal? Die Werbung verspricht, dass das möglich ist – und manchmal werben die Stars selbst. Werbung begegnet euch in Jugendzeitschriften, auf Internetseiten oder in Werbefilmen. Was es mit Stars und Fans auf sich hat und welche Rolle Werbung im täglichen Leben spielt, darum geht es in diesem Kapitel.

In diesem Kapitel lernt ihr,
– welche Bedeutung Vorbilder und Idole haben,
– wie mit Stars geworben wird,
– Werbeanzeigen auszuwerten und zu beurteilen.

Stars und Werbung

1 Schaut euch die Abbildungen an. Über diese Fragen könnt ihr miteinander sprechen:
- Was wird dargestellt? Was fällt euch dazu ein?
- Was haben Abbildungen und Kapitelüberschrift miteinander zu tun?

2 Sucht nach Beispielen in Jugend- und Fernsehzeitschriften, die zu den Abbildungen passen. Stellt sie in der Klasse vor.

3 Vergleicht und besprecht eure Beispiele. Überlegt auch, wonach man sie ordnen könnte. Sammelt sie geordnet an einer Pinnwand.

Stars und ihre Fans – Meinungen austauschen

Wen bewunderst du?

1 In einer Jugendzeitschrift sagen Mädchen und Jungen, wen sie bewundern. Lies die kurzen Texte und sieh dir die Fotos dazu an.

Ich würde gerne ein Musikstar sein wie Robbie Williams.
Der ist auf der ganzen Welt bekannt und es ist cool,
dass er ganz viele Mädchen hat, die ihn umschwärmen,
Das würde mir gefallen.

Lennart (13)

Mein Fußballverein ist der beste.
Und als Spieler ist Boslak ein Vorbild
für mich. Der hat als Straßenkicker
angefangen, immer hart trainiert und
nie aufgegeben. Alle wollen ihn haben,
aber er bleibt bei unserem Verein und
bei seinen Fans.

Benedikt (13)

Ich finde die
Sängerin LaFee
toll. Manche
Lieder sind so, als würde sie sie genau für
mich singen. Bei „Heul doch" sagt ein
Mädchen dem Ex-Freund die Meinung und
es geht ihr wieder besser. Bei mir war es
genauso.

Lena (14)

So reich wie Miley Cyrus möchte ich auch gern mal sein. Schon mit 15 hatte sie über 18 Millionen Dollar. Aber sie spielte die „Hannah Montana" ja auch total toll.

Ayse (13)

2 Diskutiert Lennarts, Benedikts, Lenas und Ayses Meinungen über Stars und Vorbilder.
– Wofür bewundern sie jemanden?
– Wodurch wird ihre Bewunderung deutlich?
– Wem möchtet ihr zustimmen? Was seht ihr anders?

Vorbilder wechseln. Bei einer Umfrage der Zeitschrift „Stern" zum Thema „Die 200 Vorbilder der Deutschen" wurden 2003 auf den ersten zehn Plätzen genannt:

meine Mutter ... Mutter Teresa ... mein Vater ... Nelson Mandela ... Michail Gorbatschow ... Albert Schweitzer ... Mahatma Gandhi ... Martin Luther King ... Albert Einstein ... Jesus Christus

3 Findet heraus, wer hinter den Namen steckt, die ihr nicht kennt. Sprecht darüber, welche Personen für wen ein Vorbild sind, welche noch länger als Vorbild gelten werden und woran das liegen könnte.

4 Stellt für eure Klasse eine „Top-Ten-Liste" mit Stars und Vorbildern auf. Sprecht über die Gründe für eure Auswahl.

5 Man kann doch mal träumen. Beschreibe, welche Eigenschaften oder Fähigkeiten berühmter Menschen du gern besitzen möchtest.
– Ich wäre so gerne so ... wie ..., dann ...
– Ich wünsche mir so eine / ein ... wie ..., dann ...
– Ich wollte, ich könnte so ... wie ..., dann ...

In Meinungsäußerungen relevante Aspekte für die eigene Lebensbewältigung identifizieren

Das musst du haben – Über Stars, Werbung und Kaufverhalten nachdenken

Fanartikel – Fans

Oft zeigt man seine Bewunderung für Stars durch besondere Kleidung oder durch Poster, die man in seinem Zimmer aufhängt. In Fan-Shops oder im Internet gibt es außerdem jede Menge Fan-Artikel zu kaufen.

1 Seht euch die folgende Comicgeschichte an.

2 Spielt dieses Gespräch nach. Ihr könnt es mit eigenen Ideen erweitern oder etwas weglassen.

3 Sprecht über eure Spielversuche. Bezieht euch dabei auch auf die Abbildungen und die Texte.
- Werden die Rollen überzeugend gespielt?
- Wodurch wird die Begeisterung für die Fanartikel deutlich?
- Wird die Pointe am Schluss verständlich?
- Was war gut, was soll beim nächsten Spielversuch geändert werden?

Wie Werbung wirkt

Eine 7. Klasse hat zum Thema Stars und Werbung ihre Fragen an einer Pinnwand gesammelt.

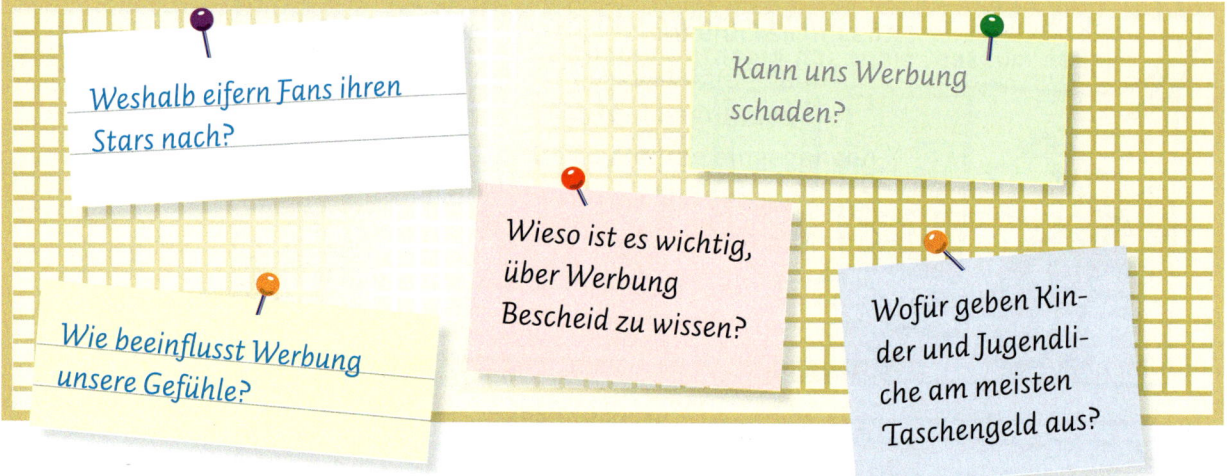

1 Lies die Fragen auf den Zetteln.

2 Die Schülerinnen und Schüler haben aus dem Internet Texte ausgesucht, die Antworten auf ihre Fragen enthalten können. Lies die Texte. Kläre dabei auch schwierige Textstellen. In „Wissen und Können" auf Seite 290 kannst du nachlesen, wie man das macht.

Text 1:
Es vergeht kein Tag, an dem wir nicht von Werbebotschaften beeinflusst werden. Die meiste Werbung will uns dazu bewegen, bestimmte Produkte zu kaufen oder Marken gut zu finden. Oft bringt diese Werbung uns aber auch dazu, etwas zu kaufen oder unbedingt haben zu
5   wollen, das wir gar nicht brauchen oder uns leisten können. Aber nicht alle Werbung beabsichtigt, dass wir Geld für Konsum ausgeben. Es gibt auch Werbung, die uns auf eine „gute Sache" aufmerksam machen will, wie z.B. für arme Menschen zu spenden. Es ist also wichtig, genau hinzuschauen, wer eine Werbung in Auftrag gibt und welches Ziel mit
10   ihr verfolgt wird. Wer mehr über Werbung weiß, kann sich selbstbewusster und klüger entscheiden, ob er einer Werbung folgt oder nicht.

Text 2:

Deshalb machen Prominente Werbung: Menschen, die in großen Filmen mitspielen, berühmte Sänger oder Sportler sind, werden gern imi-
tiert. Sie sind die Idole vieler Menschen, da sie in der Öffentlichkeit
stehen und etwas Großes erreicht haben. Zudem haben Stars viele
Fans, die ihnen nacheifern. Das geht sogar so weit, dass die Fans das
tragen, essen, trinken und machen wollen, was ihre großen Idole ebenfalls tun.

Text 3:

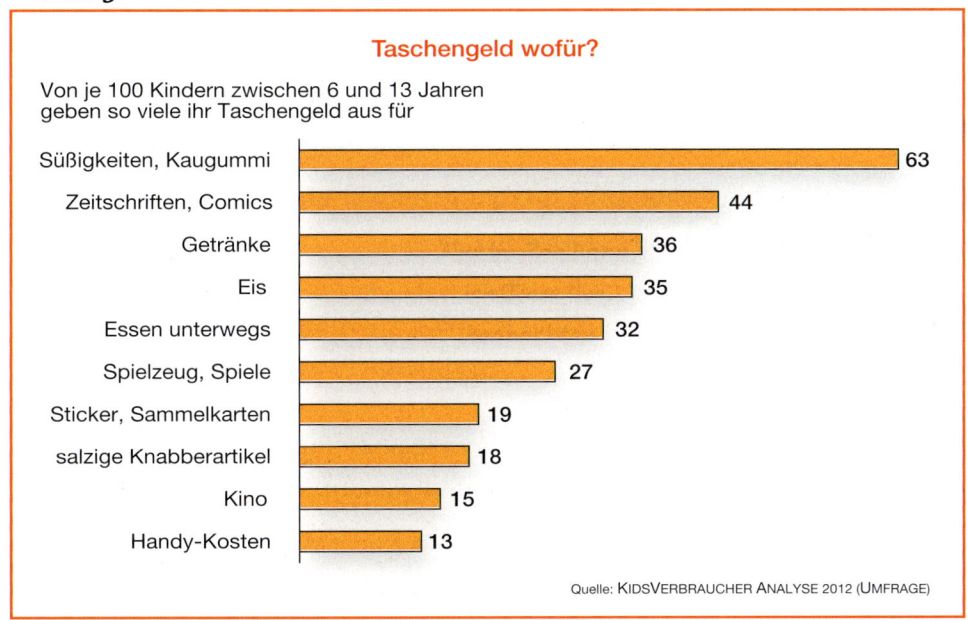

Taschengeld wofür?

Von je 100 Kindern zwischen 6 und 13 Jahren
geben so viele ihr Taschengeld aus für

Süßigkeiten, Kaugummi	63
Zeitschriften, Comics	44
Getränke	36
Eis	35
Essen unterwegs	32
Spielzeug, Spiele	27
Sticker, Sammelkarten	19
salzige Knabberartikel	18
Kino	15
Handy-Kosten	13

Quelle: KIDSVERBRAUCHER ANALYSE 2012 (UMFRAGE)

Text 4:

Die Werber wollen uns glauben machen, dass wir uns durch den Kauf
eines Produktes besser fühlen würden, dass wir damit beliebter oder
erfolgreicher seien. Deshalb denken sich Werber etwas Zusätzliches
aus, um die Aufmerksamkeit von Jugendlichen zu gewinnen. Sie erfinden einen „Consumer Benefit", ein zusätzliches Versprechen für das
Produkt. So ein Versprechen kann z.B. sein, dass der neue Gesichtsreiniger die Haut so zart macht, dass andere sie streicheln und küssen
wollen... Die Botschaft lautet dann z.B.: Wenn du Gesichtsreiniger X
benutzt, fliegen die Jungs/Mädels auf dich!

3 Übernimm zur Auswertung der Texte die folgende Tabelle in dein Heft. Trage die Fragen von der Pinnwand auf Seite 144 ein.

Unsere Fragen	Antworten in Texten
a) Wie beeinflusst Werbung unsere Gefühle?	Man soll denken, dass man sich durch das Produkt besser fühlt. Zusätzliches Versprechen, z.B. Gesichtsreiniger anwenden = Anerkennung. (Text 4, Z. 6-9)
b) Wofür geben Kinder und Jugendliche am meisten Geld aus?	Erster Platz:... (Text 3, Grafik)
c) Weshalb eifern Fans ihren Stars nach?	...

4 Markiere in den Texten, was du für die Antworten nutzen kannst (Folie). Du kannst dir auch Stichpunkte machen.

5 Notiere nun deine Antworten in der rechten Spalte. Gib auch an, wo genau du deine Informationen gefunden hast (Text und Zeile).

6 Stellt euch zu zweit eure Antworten in kleinen Kurzvorträgen vor. Nutzt dazu eure Tabellen und die Methode im Kasten.

 Methoden und Arbeitstechniken

Gemeinsam lernen: Vortragen – Zuhören – Ergänzen

1. Einer beginnt: Er nennt die Frage, seine Antwort und wo er sie gefunden hat.
2. Der andere hört zu, bestätigt, fragt nach, korrigiert oder ergänzt.
3. Wechselt nach jeder Frage die Rollen.

7 Ihr könnt weitere Fragen sammeln und in Büchern und im Internet recherchieren und Antworten suchen.

8 Jemand behauptet: „Werbung will nur an unser Geld." Schreibe ihm, was du darüber denkst. Nutze die Informationen aus den Texten.

Eine Werbeanzeige untersuchen und bewerten

Wie Werbung funktioniert, kann man gut bei Werbeanzeigen sehen, die ihr auf Plakaten, in Jugendzeitschriften, aber auch im Internet findet. In dieser Werkstatt lernst du, wie du eine Werbeanzeige Schritt für Schritt untersuchen kannst. Die hier abgebildete Werbeanzeige wirbt nicht für ein Produkt, sondern für eine Hilfsorganisation, die „Deutsche Knochenmarkspenderdatei" (DKMS).

1 Lies zur Information zunächst die folgende Zeitungsmeldung.

Schulprojekt feiert Erfolg

In der Edith-Stein-Schule in Erfurt beschäftigte sich eine Projektgruppe intensiv mit den Themen Leukämie und Stammzellspende.

5

Ziel war es, eine Registrierungsaktion an der Schule zu organisieren. Mit einem Wattestäbchen wird dabei eine Speichelprobe genommen und in einer zentralen Datei registriert.

10

Die Projektgruppe konnte insgesamt 53 Mitschüler

15 dafür gewinnen, sich als mögliche Stammzellspender in die DKMS aufnehmen zu lassen. Aus dieser Datei können für Knochenkrebs-Patienten die genau passenden lebensrettenden Stammzellenspender gefunden werden.

Schritt 1: Einen ersten Eindruck gewinnen

– Was erkennst du?
– Worauf fällt dein Blick zuerst?
– Was geht dir durch den Kopf?

2 Notiere, was dir bei der Werbeanzeige mit Sarah Connor auffällt:
– Was erkennst du? Wofür wird geworben?
– Wohin siehst du zuerst, wohin später? Halte mit Ziffern auf der Anzeige fest, wie dein Blick wandert (Folie).
– Was geht dir durch den Kopf? Notiere Gedanken und Gefühle.

> **Tipp**
> *Bearbeitet die Aufgaben am besten mit der Ich-Du-Wir-Methode. Hinweise dazu findest du auf Seite 298.*

Schritt 2: Den Aufbau untersuchen

Aus welchen Teilen ist die Anzeige aufgebaut?

3 Notiere die Teile, aus denen die DKMS-Werbeanzeige aufgebaut ist. Übernimm dazu die Tabelle in dein Heft. Nutze Fachbegriffe aus dem Kasten oben und ordne ihnen die Ziffern am Rand der Anzeige zu.

Aufbau einer Werbeanzeige:

Blickfang (Eye-catcher): Etwas, was sofort ins Auge fällt, oft ein Bild
Fließtext: Ein kurzer Text mit Informationen oder einer Aufforderung
Logo: Ein Zeichen für eine Firma, eine Organisation oder eine Marke
Überschrift (Headline): Oft ein **Slogan** mit einem Werbespruch, der sich gut einprägt
Produkt: Name oder Abbildung von dem, wofür geworben wird

Teil	Inhalt
Überschrift / Slogan	*1: Gemeinsam gegen Leukämie*
Fließtext	*...*
Blickfang	*...*

Schritt 3: Die Wirkung der Werbeanzeige untersuchen

Wie ist die Anzeige gestaltet? Wodurch wirken die einzelnen Teile? Was soll beim Betrachter erreicht werden?

4 Untersuche, wodurch die Anzeige besonders wirkt. Beantworte in Stichworten die folgenden Fragen:
- In welcher Körperhaltung, in welcher Umgebung, mit welchen Farben sind Sarah Connor und die anderen Personen auf dem Blickfang dargestellt? Was bewirkt diese Art der Darstellung?
- In welcher Farbe, Schrift und Größe ist der Slogan gestaltet? Wie wirkt das?
- Was sagt der Slogan aus? Wie passt er zum Blickfang?
- Was sagt der Fließtext aus?
- Wovon soll der Betrachter der Anzeige überzeugt werden?

➡ *Hinweise für deine Analyse, wie man in Werbetexten Personen oder Dinge anpreist, findest du in der Werkstatt Sprache auf Seite 205.*

Schritt 4: Die Werbeanzeige bewerten

Wird man als Betrachter vom Anliegen der Werbeanzeige überzeugt?

5 Bewerte die Anzeige. Beantworte in Stichworten die folgenden Fragen.
- An wen wendet sich die Anzeige?
- Was will die Anzeige erreichen?
- Wie gut gelingt das und warum?

a Formuliere, was du herausgefunden hast. Nutze dazu die Antworten auf die Fragen.
In der Werbeanzeige wird für … geworben…
Zuerst fällt …auf. Dann…
Die Anzeige ist aus verschiedenen Teilen aufgebaut: …
Die Wirkung der Anzeige kommt vor allem zustande durch…
Ich finde, die Anzeige …

b Jemand behauptet: „ Man muss zu lange überlegen, bis man verstanden hat, was durch die Anzeige erreicht werden soll." Bist du auch dieser Meinung? Nimm Stellung in einem Text.

Eine Werbeanzeige untersuchen und bewerten

Schwarz,
Rot ...

... und ganz viel Gold

Mit Höchstleistung zum Erfolg:

Wir freuen uns, dass der erfolgreiche und faire Spieler
Dirk Nowitzki den Einzug des deutschen Teams als
Fahnenträger anführen durfte.

Dem deutschen Basketballteam und allen Athleten
wünschen wir erfolgreiche Spiele und viele Medaillen.

Die neue Generation Bank

www.ing-diba.de

ING DiBa

1 Sieh dir die Anzeige genau an und beantworte die Fragen auf der
folgenden Seite.

a) Wofür wird geworben? Was geht dir durch den Kopf?

In dieser Werbeanzeige wird für … geworben.

b) Was ist der Blickfang? Wohin sieht man zuerst?

Der Blick fällt zuerst …   Im Bild sieht man …

c) Wie ist der Slogan gestaltet? Wie wirkt das?

Die Schrift … Oben … Unten …

d) Was sagt der Slogan aus? Wie passt er zum Blickfang?

Der Slogan bedeutet …   Er passt zu der Person im Blickfang, denn …

e) Was wird im Fließtext unten mitgeteilt?

Man erfährt …   Die Bank …

f) Wodurch wird eine besondere Werbewirkung erreicht?

Besonders gut wirkt …   Außerdem …

2 „Diese Werbeanzeige sollte an Schulen aushängen, damit die Schülerinnen und Schüler im Unterricht auch Höchstleistungen bringen."
Siehst du das auch so? Begründe!

Ich stimme dieser Meinung zu / nicht zu …   Für mich …

*„Meine Auswahl,
Meine Begründung,
Eure Rückmeldung"*

Wähle eine Arbeit aus dem Kapitel aus, von der du denkst, dass sie dir besonders gut gelungen ist. Deine Lehrerin/dein Lehrer soll daran sehen, was du dabei gelernt hast.

➡ *Hinweise zum Portfolio findest du auf Seite 276.*

Das kann ich schon!

- ✔ Mich über Stars, Werbung und Kaufverhalten informieren
- ✔ Einzelne Teile in einer Werbung entdecken und mit Fachwörtern benennen
- ✔ Eine Werbeanzeige auswerten und beurteilen

→ Du kannst in **EXTRA** auf Seite 152/153 mit Formulierungshilfen eine Werbeanzeige untersuchen.

→ Du kannst aber auch noch einmal die **Werkstatt** bearbeiten (Seite 147-149).

→ In **EXTRA** auf Seite 153 kannst du zu einer Behauptung über eine Werbeanzeige Stellung nehmen.

Werbeanzeigen mit Prominenten untersuchen und beurteilen

1 Sieh dir die Anzeige mit Ulrich Wickert genau an.

2 Die Zwischenüberschriften **A-D** geben an, in welchen Schritten man eine Werbeanzeige untersuchen kann. Ordne ihnen die Formulierungen unten in der richtigen Reihenfolge zu. Schreibe sie auf und vervollständige dabei unvollständige Sätze.

A Einen ersten Eindruck gewinnen

B Den Aufbau untersuchen

C Die Wirkung der Werbeanzeige untersuchen

D Die Werbeanzeige bewerten

Der Slogan passt gut zu dem Bild, weil...
Die Internetadresse...
Die Anzeige will erreichen, dass ... Ich finde...

Die Wirkung der Anzeige kommt vor allem dadurch zustande, dass der Slogan und das Foto zusammenpassen. Das trinkende Mädchen sieht dem Betrachter direkt in die Augen. Das wirkt ...

Die Anzeige ist aus verschiedenen Teilen aufgebaut:

Der Blickfang ist das Bild des Mädchens. Es blickt…

Die Anzeige besteht aus zwei Hälften. In der linken Hälfte erkennt

man…

In rechten Hälfte …

Der Slogan lautet: …

Darunter steht ein kurzer Fließtext mit der Aufforderung: …

Gut zu erkennen ist auch die Internet-Adresse …

In der Werbeanzeige wird für das internationale

Kinderhilfswerk Plan geworben.

Zuerst fällt das Bild mit dem Mädchen auf.

Fast gleichzeitig sieht man …

3 Sieh dir die Anzeige mit Musikern von Tokio Hotel an.

PETA

ist eine internationale Tierschutzorganisation.

4 Jemand behauptet: „Man sieht genau, dass die Musiker Zirkustiere darstellen sollen, denen es nicht gut geht."

Wie stehst du zu dieser Behauptung? Begründe deine Meinung.

Beachte auch das kleine Foto am Rand.

Ideen und Anregungen

➡ *Hinweise, mit welchen sprachlichen Mitteln man appellieren und auffordern kann, findest du in der Werkstatt Sprache auf Seite 222.*

→ Entwirf eine **Werbeanzeige** für Trinkpäckchen mit Kakao. Kakao als Pausengetränk ist an den Schulen oft nicht sehr beliebt. Du sollst das Getränk mit deiner Werbeanzeige als etwas ganz Besonderes anpreisen.

– Überlege dir zunächst ein zusätzliches Versprechen, das dem Käufer ein besseres Gefühl verschaffen soll. Du kannst die folgenden Vorschläge nutzen:

Fit werden / Energie tanken /Spaß haben / Cool sein / bewundert werden…

– Plane den Aufbau der Anzeige und halte deine Einfälle in Stichpunkten fest.

*Welcher **Blickfang** passt zu dem zusätzlichen Versprechen?*
fröhlicher Kakaotrinker /Freundesgruppe, Kakaopäckchen in der Hand / Star…
*Wie soll das **Produkt** heißen? Wie soll es dargestellt werden?*
Powerchok / Schokofun / Stardrink…
*Wie kann ich das Produkt in der **Überschrift** anpreisen?*
Slogan / Werbespruch mit einem Versprechen, einer Aufforderung, einem Hochwert-Ausdruck aus der Werbewörter-Bau-Maschine…

– Gestalte deine Werbeanzeige mindestens in der Größe einer Heftseite. Du kannst sie zeichnen und malen, am Computer zusammenstellen, Fotos aus Zeitschriften oder aus dem Internet einkleben oder all das kombinieren. Stell dein Ergebnis in der Klasse vor.

Die **Werbewörter-Bau-Maschin**e kombiniert Wörter für Slogans und Werbesprüche.

– Baue sie mithilfe der Illustration.
– Beschrifte die Scheiben. Du kannst auch eigene Ausdrücke einsetzen.
– Finde durch Drehen der Scheiben verschiedene Werbewörter. Notiere alle Ausdrücke, die du passend findest.
– Wähle einen Ausdruck aus.

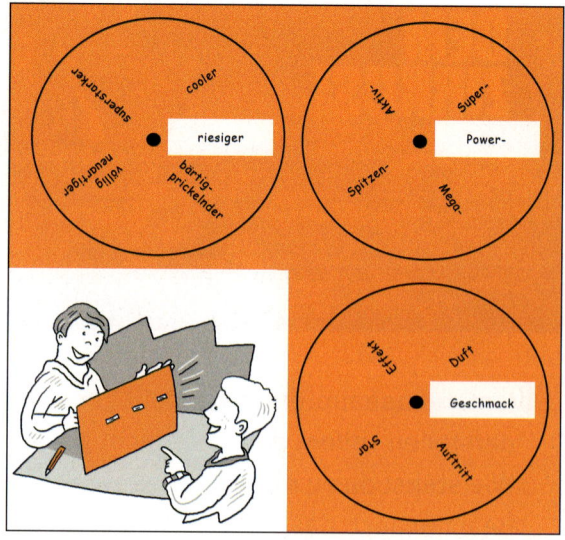

→ Erfinde ein **Spaßgerät** für den täglichen Gebrauch in der Schule oder zu Hause. Nur aus lauter Spaß soll man mit ihm einfache Arbeiten möglichst kompliziert verrichten können. Schön wäre es, wenn es auch noch funktionieren könnte.

Dr. Schroers Rucksackspülung

Unter Umständen kann es dem wohlerzogenen Hund passieren, dass gewisse Dinge mal auf dem Gehweg landen, wo sie, wie man weiß, eigentlich nicht hingehören. Umweltbewusste Hundbesitzer tragen vorausschauend Dr. Schroers Rucksackspülung mit sich: Verfehlt der Hund in der Eile mal den Rinnstein, reicht ein kleiner diskreter Handgriff, und der Bürgersteig ist sofort wieder blitzsauber!!

– Entwirf zu deinem Produkt nun eine Werbeanzeige. Wende alle Werbemittel an, die du kennengelernt hast. Du kannst dabei besonders stark übertreiben.

→ Zu deinem Spaßgerät kannst du auch einen **Werbespot** planen und drehen. Dazu brauchst du eine Videokamera und einen Drehplan.

> **Tipp**
> *Nutzt dazu Hilfen aus dem Internet: www.trickino.de*

Bildinhalt	Beabsichtigte Wirkung	Kameraeinstellung und -perspektive	Ton, Geräusche, Sprache
Szene:	...	...	...
Szene:	...	...	...

Dramatische Geschichten in Gedichtform:

Vor seinem Löwengarten das Kampfspiel zu erwarten

Alle Herzen sind froh, alle Herzen sind frei – da klingt's aus dem Schiffsraum her wie Schrei

Ich weiß nicht, was soll es bedeuten, dass ich so traurig bin

Auf den folgenden Seiten beschäftigt ihr euch mit spannenden und unheimlichen Geschichten. Diese haben eine ganz besondere Form: Sie erzählen die Geschichte in Gedichtform. Man nennt sie Erzählgedichte oder Balladen. Viele bekannte Dichterinnen und Dichter haben Balladen geschrieben. Sie erzählen von Heldentaten, von bedrohlichen Situationen oder von unheimlichen und unerklärlichen Begebenheiten.

Auf den folgenden Seiten lernt ihr,
– Balladen zu erschließen,
– das Typische an Balladen zu erkennen,
– Balladen vorzutragen und zu spielen,
– in einem kurzen Text Fragen zu Balladen zu beantworten.

Balladen und Moritaten

1 Auf diesen Seiten sind Abbildungen und Textzeilen von Balladen dieses Kapitels abgebildet.
   – Seht euch die Abbildungen an. Welches dramatische Geschehen zeigen die Bilder?
   – Findet die Balladen im Kapitel und ordnet sie den Texten zu.

2 Sucht im Internet auf der Seite von *youtube* nach Vertonungen von Balladen und bringt sie in die Schule mit. Gestaltet gemeinsam eine Balladenstunde.

Eine Ballade verstehen: Eine spannende Geschichte lesen

1 Lies den Text und schau dir die Abbildungen an.

Theodor Fontane
John Maynard

John Maynard!
„Wer ist John Maynard?"
„John Maynard war unser Steuermann,
aushielt er, bis er das Ufer gewann,
er hat uns gerettet, er trägt die Kron',   5
er starb für uns, unsre Liebe sein Lohn.
John Maynard."

Die „Schwalbe" fliegt über den Eriesee,
Gischt schäumt um den Bug wie Flocken von Schnee;
von Detroit fliegt sie nach Buffalo –   10
die Herzen aber sind frei und froh,
und die Passagiere mit Kindern und Fraun
im Dämmerlicht schon das Ufer schaun,
und plaudernd an John Maynard heran
tritt alles: „Wie weit noch, Steuermann?"   15
Der schaut nach vorn und schaut in die Rund:
„Noch dreißig Minuten ... Halbe Stund."

Alle Herzen sind froh, alle Herzen sind frei –
da klingt's aus dem Schiffsraum her wie Schrei,
„Feuer!" war es, was da klang,   20
ein Qualm aus Kajüt und Luke drang,
ein Qualm, dann Flammen lichterloh,
und noch zwanzig Minuten bis Buffalo.

Und die Passagiere, bunt gemengt,
am Bugspriet stehn sie zusammengedrängt,   25

am Bugspriet vorn ist noch Luft und Licht,
am Steuer aber lagert sich´s dicht,
und ein Jammern wird laut: „Wo sind wir? Wo?"
Und noch fünfzehn Minuten bis Buffalo.

30 Der Zugwind wächst, doch die Qualmwolke steht,
der Kapitän nach dem Steuer späht,
er sieht nicht mehr seinen Steuermann,
aber durchs Sprachrohr fragt er an:
„Noch da, John Maynard?"
35 „Ja,Herr. Ich bin."

„Auf den Strand! In die Brandung!"
„Ich halte drauf hin."
Und das Schiffsvolk jubelt: „Halt aus! Hallo!"
Und noch zehn Minuten bis Buffalo. –
-
40 „Noch da, John Maynard?" Und Antwort schallt's
mit ersterbender Stimme: „Ja, Herr, ich halt's!"
Und in die Brandung, was Klippe, was Stein,
jagt er die „Schwalbe" mitten hinein.
Soll Rettung kommen, so kommt sie nur so.
45 Rettung: der Strand von Buffalo!

Das Schiff geborsten. Das Feuer verschwelt.
Gerettet alle. Nur *einer* fehlt!

Alle Glocken gehn; ihre Töne schwell'n
himmelan aus Kirchen und Kapell'n,
50 ein Klingen und Läuten, sonst schweigt die Stadt,
ein Dienst nur, den sie heute hat:
Zehntausend folgen oder mehr,
und kein Aug' im Zuge, das tränenleer.

Sie lassen den Sarg in Blumen hinab,
55 mit Blumen schließen sie das Grab,
und mit goldner Schrift in den Marmorstein

schreibt die Stadt ihren Dankspruch ein:
„Hier ruht John Maynard! In Qualm und Brand
hielt er das Steuer fest in der Hand,
er hat uns gerettet, er trägt die Kron,
er starb für uns, unsre Liebe sein Lohn.
John Maynard."

60

2 Stell dir vor, du warst als Passagier auf der „Schwalbe" und erzählst jemandem, was du in der letzten halben Stunde vor dem Untergang erlebt hast.

– Erzähle in der Ich-Form, wer du bist und warum du auf dem Schiff bist (als Abenteurer, als Händler auf dem Weg zum Markt in Buffalo, als Einwanderer aus Europa, der sich mit seiner Familie am Eriesee eine neue Heimat suchen will, als Gaukler oder Taschendieb).
– Erzähle, was du erlebt hast, wie du dich gefühlt hast und was du über John Maynard denkst. Begründe aus dem Text.

Tipp
Wie ihr einen Text zum betonten Vortrag vorbereitet, findet ihr auch in Wissen und Können auf Seite 285. Probiert eure Vorschläge immer wieder aus, bis ihr zufrieden seid.

3 Eine Ballade wird erst richtig verständlich, wenn man sie laut vorträgt. Bereitet die Ballade zum Vortrag vor:

Teilt euch in Gruppen auf und besprecht,
– ob ihr die ganze Ballade oder nur einzelne Strophen zum Vortrag vorbereitet,
– welche Zeilen allein, welche gemeinsam gesprochen werden,
– wie die Zeilen / Verse gesprochen werden, die in wörtlicher Rede stehen,
– wie deutlich werden kann, dass die Passagiere sich in Lebensgefahr befunden haben,
– wie deutlich wird, dass die Passagiere John Maynard dankbar sind und er für sie ein Held ist.

4 Stellt eure Gruppenergebnisse vor und gebt euch eine Rückmeldung. Nutzt dazu den Rückmeldebogen von Seite 166.

Einen Sachtext über Balladen lesen

Balladen verstehst du besser, wenn du dich über ihre Besonderheiten und Merkmale informierst.

1 Bearbeitet den Sachtext in Gruppen und erstellt eine Mindmap. Für die Äste der Mindmap könnt ihr die fett gedruckten Überschriften verwenden.

Was sind Balladen?

Balladen erzählen spannende oder unheimliche Geschichten. Die Personen befinden sich oft in einer dramatischen und bedrohlichen Lebenssituation, die sie überstehen müssen. Manchmal kommen auch übernatürliche Wesen vor. Auch Zauberei oder unerklärliche Vorgänge sind häufig Themen von Balladen.

Woran erkennt man Balladen?

Balladen haben wie Gedichte Verse und Strophen. Die meisten sind auch gereimt. Häufig lässt der Autor die Figuren miteinander sprechen. Diese Dialoge steigern die Spannung oder das Unheimliche. Bildhafte Ausdrücke (z. B. *die Qualmwolke steht*) und Wiederholungen *Und noch ... Minuten bis Buffalo*) werden eingesetzt, um dem Leser das Einfühlen in die geschilderte Situation zu erleichtern. Da die Balladen meistens sehr alt sind, kommt uns ihre Sprache manchmal schwer verständlich vor. Balladen schildern oft Probleme, indem sie auf falsche oder auf nachahmenswerte Verhaltensweisen hinweisen.

Gibt es heute noch Balladen?

Viele Stücke der Rockmusik werden ebenfalls als Balladen bezeichnet. Sie handeln von Problemen, die uns Menschen angehen: von Umwelt, Partnerschaft, Glück und Unglück, Liebe, Trauer und Schmerz.

2 Lies noch einmal die Ballade „John Maynard" und untersuche sie mithilfe des Informationstextes von dieser Seite.
- Welche Balladenmerkmale findest du in „John Maynard", welche nicht?
- Bereite ein Kurzreferat vor, in dem du anhand von Beispielen aus dem Sachtext begründest, warum „John Maynard" eine Ballade ist.

> **Tipp**
> *Wie ihr einen Kurzvortrag vorbereiten und halten könnt, findet ihr in Wissen und Können auf der Seite 285.*

Eine Ballade erschließen

Du kannst Balladen selbstständig auf ganz verschiedene Weisen erschließen: Möglichkeiten dazu lernst du hier am Beispiel der Ballade „Der Handschuh" von Friedrich Schiller kennen. Am Ende sollst du dich entscheiden, ob du einen Brief aus der Sicht einer Balladenfigur verfasst oder einen Text über die Ballade schreibst.

Friedrich Schiller

Der Handschuh

Vor seinem Löwengarten,
Das Kampfspiel zu erwarten,
Saß König Franz,
Und um ihn die Großen der Krone,
5   Und rings auf hohem Balkone
Die Damen in schönem Kranz.

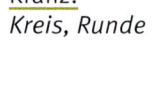

Kranz:
Kreis, Runde

Und wie er winkt mit dem Finger,
Auftut sich der weite Zwinger,
Und hinein mit bedächtigem Schritt
10   Ein Löwe tritt
Und sieht sich stumm
Rings um
Mit langem Gähnen
Und schüttelt die Mähnen
15   Und streckt die Glieder
Und legt sich nieder.

Und der König winkt wieder,
Da öffnet sich behend
Ein zweites Tor,
20 Daraus rennt
Mit wildem Sprunge
Ein Tiger hervor.
Wie der den Löwen erschaut,
Brüllt er laut,
25 Schlägt mit dem Schweif
Einen furchtbaren Reif
Und recket die Zunge,
Und im Kreise scheu
Umgeht er den <u>Leu</u>
30 Grimmig schnurrend,
Drauf streckt er sich murrend
Zur Seite nieder.

Leu:
poetisch für: Löwe

Und der König winkt wieder,
Da speit das doppelt geöffnete Haus
35 Zwei Leoparden auf einmal aus,
Die stürzen mit mutiger Kampfbegier
Auf das Tigertier,
Das packt sie mit seinen grimmigen Tatzen,
Und der Leu mit Gebrüll
40 Richtet sich auf, da wirds still;
Und herum im Kreis,
Von Mordsucht heiß,
Lagern sich die gräulichen Katzen.

Da fällt von des <u>Altans</u> Rand
45 Ein Handschuh von schöner Hand
Zwischen den Tiger und den Leun
Mitten hinein.

Altan:
Balkon

Und zu Ritter Delorges, spottenderweis,
Wendet sich Fräulein Kunigund:
50 „Herr Ritter, ist Eure Lieb so heiß,
Wie Ihr mirs schwört zu jeder Stund,
Ei, so hebt mir den Handschuh auf!"

Und der Ritter, in schnellem Lauf,
Steigt hinab in den furchtbaren Zwinger
55 Mit festem Schritte,
Und aus der Ungeheuer Mitte
Nimmt er den Handschuh mit keckem Finger.

Und mit Erstaunen und mit Grauen
Sehns die Ritter und Edelfrauen,
60 Und gelassen bringt er den Handschuh zurück.
Da schallt ihm sein Lob aus jedem Munde,
Aber mit zärtlichem Liebesblick -
Er verheißt ihm sein nahes Glück -
Empfängt ihn Fräulein Kunigunde.
65 Und er wirft ihr den Handschuh ins Gesicht:
„Den Dank, Dame, begehr ich nicht!"
Und verlässt sie zur selben Stunde.

Der Handschuh im Mittelalter:
Ein Ritterfräulein zeigt einem Ritter ihre Zuneigung, indem sie einen Handschuh fallen ließ.

Schritt 1: Sich einlesen und die Handlung rekonstruieren

1 Lies die Ballade.

2 Neben dem Text fehlen einige Bilder. An welche Stelle gehören jeweils die Bilder von der Seite 164? Ordnet sie zu.

3 Erzählt euch gegenseitig, was in der Ballade passiert.

Schritt 2: Das Dramatische und Spannende einer Ballade erkennen und herausarbeiten

4 An welchen Stellen der Ballade wird es richtig spannend? Wo halten die Zuschauer den Atem an? Warum? Notiere die Zeilen.

5 Wie würdet ihr diese Stellen vortragen, damit das Dramatische des Geschehens deutlich wird? Macht euch Vorlesezeichen im Text (Folie).

Schritt 3: Den Vortrag vorbereiten und die Ballade vortragen

▶▶ Ihr könnt das Erzähltheater nutzen, um zu zeigen, wie ihr die Ballade verstanden habt. Beim Erzähltheater trägt ein Erzähler die Ballade mit Pausen vor. In den Pausen stellen die Spieler einzelne Szenen mit wörtlicher Rede und Körpersprache nach.

So bereitet ihr den Text in Gruppen als Erzähltheater auf:
- Verteilt die Sprechrollen:
  Erzähler, Ritter Delorges, Kunigunde, Publikum
- Markiert zunächst die wörtliche Rede im Text (Folientechnik).
- An einer Stelle „spricht" das Publikum. Markiert auch diese Stelle und formt sie in wörtliche Rede um.
- Markiert auch, wo der Erzähler Pausen einlegen soll.
- Überlegt, wie ihr das Spiel mit Mimik und Gestik unterstützen könnt.
- Probt euer Erzähltheater.

6 Spielt euer Erzähltheater gruppenweise vor.
- Nutzt einen Rückmeldebogen.
- Haben sich die einzelnen Vorstellungen unterschieden? Sprecht gemeinsam darüber.

Beobachtungsbogen:––––––––––––––––––––––––

Zuhörer angeschaut?	++/+/o
Dramatisches betont?	++/+/o
Sprechpausen eingelegt?	++/+/o
Sprechtempo auf den Text abgestimmt?	++/+/o

Schritt 3: Mit dem Text weiterarbeiten

7 Wähle eine Aufgabe aus:
- **a** Stell dir vor, du bist der Ritter Delorges, das Fräulein Kunigunde oder einer der Zuschauer im Löwengarten. Du schreibst am Abend dieses Tages einen Brief an deine Freundin oder deinen Freund, in dem du beschreibst, was du gesehen und empfunden hast. Schreibe diesen Brief.
- **b** Stelle in einem zusammenhängenden Text dar, was du über die Ballade erfahren hast.
  - Nenne Autor, Titel, Textart und Thema.
  - Beschreibe den Ort, die Zeit und die Handlung.
  - Nenne die Hauptfiguren.
  - Führe spannende Stellen an.
  - Schreibe etwas zur Form der Ballade: Strophen? Reime?
  - Erkläre die Absicht des Autors.
  - Schreibe deine eigene Meinung über die Ballade dazu.
- **c** Schreibe eine Begründung, warum der Text „Der Handschuh" eine Ballade ist. Nutze dazu die Informationen aus dem Sachtext auf Seite 161.

Kriteriengeleitet eine Rückmeldung geben | Ideen zur Weiterarbeit auswählen und nutzen

Balladen-Forum

In diesem Balladen-Forum findet ihr weitere Anregungen zur Arbeit mit Balladen. Ihr könnt mit diesen Anregungen selbstständig weiterarbeiten und die Ergebnisse in einer Balladen-Mappe sammeln. Entscheidet, ob ihr zu zweit oder alleine arbeiten möchtet.

Peter Hacks

Ballade vom schweren Leben des Ritters Kauz vom Rabensee

Es war ein alter Ritter,
Herr Kauz vom Rabensee.
Wenn er nicht schlief, dann stritt er.
Er hieß: der Eiserne.

5 Sein Mantel war aus Eisen,
Aus Eisen sein Habit.
Sein Schuh war auch aus Eisen.
Sein Schneider war der Schmied.

Ging er auf einer Brücke
10 Über den Rhein - pardauz!
Sie brach in tausend Stücke.
So schwer war der Herr Kauz.

Lehnt er an einer Brüstung,
Es macht sofort: pardauz!
15 So schwer war seine Rüstung.
So schwer war der Herr Kauz.

Und ging nach solchem Drama
Zu Bett er, müd wie Blei:
Sein eiserner Pyjama
20 Brach auch das Bett entzwei.

Der Winter kam mit Schnaufen,
Mit Kälte und mit Schnee.
Herr Kauz ging Schlittschuh laufen
Wohl auf dem Rabensee.

25 Er glitt noch eine Strecke
Aufs stille Eis hinaus.
Da brach er durch die Decke
Und in die Worte aus:

„Potz Bomben und Gewitter,
30 Ich glaube, ich ersauf!"
Dann gab der alte Ritter
Sein schweres Leben auf.

▶▶ Entwickelt einen Comic zu dieser Ballade.
▶▶ Schreibt neue Strophen über den Ritter Kauz. Was passiert, wenn er sich auf einen Tisch stützt oder auf einen Stuhl setzt?
▶▶ Schreibt einen Brief im Namen des Ritters Kauz, in dem er seinem Freund über sein schweres Leben berichtet.

Heinrich Heine
Die Lorelei

Ich weiß nicht, was soll es bedeuten,
Dass ich so traurig bin;
Ein Märchen aus alten Zeiten,
Das kommt mir nicht aus dem Sinn.

5 Die Luft ist kühl und es dunkelt,
Und ruhig fließt der Rhein;
Der Gipfel des Berges funkelt
Im Abendsonnenschein.

Die schönste Jungfrau sitzet
10 Dort oben wunderbar,
Ihr goldnes Geschmeide blitzet,
Sie kämmt ihr goldenes Haar.

Sie kämmt es mit goldenem Kamme,
Und singt ein Lied dabei;

15 Das hat eine wundersame,
Gewaltige Melodei.

Den Schiffer im kleinen Schiffe
Ergreift es mit wildem Weh;
Er schaut nicht die Felsenriffe
20 Er schaut nur hinauf in die Höh´.

Ich glaube, die Wellen verschlingen
Am Ende Schiffer und Kahn
Und das hat mit ihrem Singen
Die Lorelei getan.

▸▸ Schreibe eine Zeitungsmeldung über dieses Ereignis.
▸▸ Schreibe ein Interview auf, das mit einem Augenzeugen geführt wird.

Ideen und Anregungen

→ Sucht **Balladen** aus Büchern und aus dem Internet aus und **tragt** sie anderen Klassen **vor**.
→ Bringt Aufnahmen oder Texte von **Rocksongs** oder **Raps** mit.
→ Im Internet-Portal *youtube* könnt ihr auch **gerappte Versionen** von Balladen ansehen und anhören. Natürlich könnt ihr Balladen auch selbst rappen.

Eine Ballade erschließen

1 Lies die Ballade.

Wilhelm Busch
Verwunschen

„Geld gehört zum Ehestande,
Hässlichkeit ist keine Schande,
Liebe ist beinah absurd.
Drum, du nimmst den Junker Jochen
5 Innerhalb der nächsten Wochen."
Also sprach der Ritter Kurt.

„Vater", flehte Kunigunde,
„Schone meine Herzenswunde,
Ganz umsonst ist dein Bemühn.
10 Ja, ich schwör's bei Erd und Himmel,
Niemals nehm ich diesen Lümmel,
Ewig, ewig hass` ich ihn."

„Nun, wenn Worte nicht mehr nützen,
Dann so bleibe ewig sitzen,
15 Marsch mit dir ins Burgverlies."
Zornig sagte dies der Alte,
Als er in die feuchte, kalte
Kammer sie hinunterstieß.

Jahre kamen, Jahre schwanden.
20 Nichts im Schlosse blieb vorhanden
Außer Kunigundes Geist.
Dort, wo graue Ratten rasseln,
Sitzt sie zwischen Kellerasseln,
Von dem Feuermolch umkreist.

₂₅ Heut noch ist es nicht geheuer
In dem alten Burggemäuer
Um die Mitternacht herum,
Wehe, ruft ein weißes Wesen,
Will denn niemand mich erlösen?
₃₀ Doch die Wände bleiben stumm.

2 Worum geht es in der Ballade? Fasse den Inhalt kurz zusammen.

3 Trage die Ballade vor. Mache dabei deutlich, wo das Geschehen besonders dramatisch wird.

4 Wähle eine Aufgabe aus:
   a Schreibe einen Tagebucheintrag für Ritter Kurt oder Kunigunde.
   b Begründe mit wenigen Sätzen, warum es sich um eine Ballade handelt. Nutze die Informationen aus dem Sachtext auf Seite 161.
      – Dialoge   – Reime und Strophen
      – Sprachbilder und Wiederholungen   – Problemsituation

„Meine Auswahl, Meine Begründung, Eure Rückmeldung"

→ *Hinweise zum Portfolio findest du auf Seite 276.*

Wähle eine Arbeit aus dem Kapitel aus, von der du denkst, dass sie dir besonders gut gelungen ist. Deine Lehrerin/dein Lehrer soll daran erkennen, was du dabei gelernt hast.

Das kann ich schon!
✔ Balladen verstehen und erschließen
✔ Merkmale von Balladen erkennen und beschreiben

→ Du willst noch üben, mit einer Ballade zu arbeiten → **EXTRA**, Seite 171.
→ Du kannst auch noch einmal in der **Werkstatt** → Seite 162-166 üben.
→ Du willst kreativ weiterarbeiten: Wähle eine Aufgabe in **EXTRA,** Seite 173.

Einen Zeitungsbericht zu einer Ballade schreiben

1 Lies die Ballade „Der Handschuh" von Friedrich von Schiller auf Seite 162-164 noch einmal.

2 Du sollst einen kurzen Zeitungsbericht über das dramatische Geschehen für den *„Boten aus den Königshäusern"* schreiben. Fülle dazu zuerst einen Stichwortzettel aus:

Wann ist es passiert?
– gestern Nachmittag während der Raubtiervorführung
Wo ist es passiert?
– in der Arena…
Wer spielt eine Rolle?
– Ritter Delorges, …
Was ist geschehen?
– Handschuh fällt

– ..
Wie geht es aus?

3 Beginne deinen Zeitungsbericht so:

Gestern Nachmittag hat sich ein dramatisches Ereignis während der Raubtiervorführung in der …. zugetragen.
Während König Franz gerade seine Leoparden vorführte, fiel …
Es herrschte atemlose Stille. Da bat das Ritterfräulein Kunigunde …
Ein Raunen ging durch die Besucher als … Galant reichte der Ritter …
Kunigunde … Doch der Ritter …

4 Formuliere eine Schlagzeile als Überschrift zu deinem Bericht, die den Leser neugierig macht.

Eine Moritat in Standbildern darstellen

Die Moritat ist eine Art volkstümlicher Ballade. Sie wurde früher auf Jahrmärkten erzählt und manchmal auch gesungen. Meistens wurden dabei Bildertafeln gezeigt. Die Moritat berichtet häufig von Mord und Totschlag.

1 Lies die Moritat.

Sabinchen

Sabinchen war ein Frauenzimmer,
gar hold und tugendhaft.
Sie diente treu und redlich immer
bei ihrer Dienstherrschaft.

5 Da kam aus Treuenbrietzen
ein junger Mann daher,
Der wollte so gern Sabinchen besitzen
und war ein Schuhmacher.

Sein Geld hat er versoffen
10 in Schnaps und auch in Bier,
da kam er zu Sabinchen geloffen
und wollte welches von ihr.

Sie konnt' ihm keines geben,
da stahl sie auf der Stell'
15 von ihrer treuen Dienstherrschaft
sechs silberne Blechlöffel.

Doch schon nach siebzehn Wochen,
da kam der Diebstahl raus.
Da jagte man mit Schimpf und Schande
20 Sabinchen aus dem Haus.

Sie rief: „Verfluchter Schuster,
du rabenschwarzer Hund!"
Der nahm sein krummes Schustermesser
25 und schnitt ihr ab den Schlund.

Ihr Blut zum Himmel spritzte,
Sabinchen fiel gleich um.
Der böse Schuster aus Treuenbrietzen,
30 der stand um sie herum.

In einem finsteren Kellerloch,
bei Wasser und bei Brot,
da hat er endlich eingestanden
die schaurige Freveltot.

35 Und die Moral von der Geschicht':
Trau keinem Schuster nicht!
Der Krug, der geht so lange
zum Wasser,
bis dass der Henkel bricht.

2 Auf dieser Seite findest du Bilder, wie sie die Moritatenerzähler zu ihren Geschichten gezeigt haben. Ordne die Bilder den Strophen zu.

3 Wähle eine Aufgabe aus:

　a Suche dir einen Partner. Erfindet zu wichtigen Stellen der Moritat passende Standbilder. Zeigt mit euren Standbildern den Ablauf des Geschehens.

　b Bereite den Text der Moritat mit einer Folie zum Vortragen vor und trage ihn betont vor.

4 Welche Gemeinsamkeiten haben Ballade und Moritat? Notiere.

Gedichte –
Bilder aus Worten

Jürgen Völkert-Marten

z. B. Wörter

Zumbei
spiel
kön
nenwi
rm
it den wör
terns
pielen

wirspie
lenwör
terspie
le

In diesem Kapitel lernt ihr besondere Gedichte kennen. In den Gedichten werden aus Worten Bilder – auf ganz unterschiedliche Art und Weise. Dichter und Dichterinnen spielen mit der Sprache. Wir Leser bekommen einen neuen Blick auf alltägliche Dinge und können nachvollziehen, welche Gefühle, Stimmungen oder Gedanken im Gedicht ausgedrückt werden.

In diesem Kapitel lernt ihr,
– Merkmale von Gedichten zu erkennen,
– Gedichte zu untersuchen,
– Gedichte zu inszenieren und vorzutragen,
– ein eigenes Gedicht nach Vorgaben zu schreiben.

Václav Havel
Worte

Hans Manz
Fünf Freundinnen

1 Schaut euch diese Gedichte an.
Was ist ungewöhnlich an diesen Gedichten?

2 Entschlüsselt das Gedicht von Jürgen Völkert-Marten und schreibt es neu auf.
Vergleicht eure Lösungen.

3 Wie wird in den anderen Gedichten mit Sprache gespielt?
– Was sagt das Gedicht von Hans Manz über die fünf Freundinnen aus?
– Gestalte ein eigenes Gedicht über dich und deine Freunde.
– Was erkennst du im Gedicht von Václav Havel?
– Warum stehen „Worte" zwischen „ich" und „du"?

4 Was hat das Gedicht „z. B. Wörter" von Jürgen Völkert-Marten mit den anderen
Gedichten zu tun?

Von der Notiz zum Gedicht

In vielen Gedichten halten Dichter und Dichterinnen Gefühle, Eindrücke und Stimmungen fest – oft auch über ganz normale Erlebnisse im Alltag. Sie lassen uns die Dinge dann anders und neu sehen.

William Carlos Williams

Nur damit du Bescheid weißt

Ich habe die Pflaumen
gegessen
die im Eisschrank
waren

5 du wolltest
sie sicher
fürs Frühstück
aufheben

Verzeih mir
10 sie waren herrlich
so süß
und so kalt

1 Schau dir die beiden Texte an. Um welche Textsorten handelt es sich?

2 Woran hast du das erkannt?
- Welcher Text sieht aus wie ein Gedicht? Warum?
- Welcher Text sieht aus wie eine Nachricht? Warum?

3 Welches Alltagserlebnis hat der Autor im Gedicht festgehalten? Weshalb wohl?

4 Schreibt ein eigenes Gedicht über etwas Alltägliches, das ihr als besonders empfunden habt.
- Schreibt zunächst auf einen Notizzettel, was ihr Alltägliches beobachtet oder erlebt habt.
- Überlegt euch, was ihr weglassen, ergänzen oder umstellen wollt.
- Ordnet euren Text als Gedicht.
- Ihr könnt auch den folgenden Notizzettel benutzen und das Plastiktüten-Gedicht weiterschreiben.

→ *Ihr könnt die Aufgaben 1 bis 3 auch mit der Ich-Du-Wir-Methode (siehe Seite 298) bearbeiten.*

Auf der Straße weht eine Plastiktüte. Jemand fährt darüber. Die Tüte ist nicht kaputt. Sie ist schmutzig geworden. Ein neues Auto kommt. Sie fliegt in die Luft.

Mein Plastiktüten-Gedicht
Auf der Straße
weht
eine Plastiktüte .

und schwupp
jemand fährt darüber.

5 Edward van de Vendel hat auch ein Plastiktüten-Gedicht geschrieben (siehe Seite 181).
- Was hat er in seinem Gedicht betont?

Zugang zu Gedichten finden

Hans Manz
Der Stuhl

Ein Stuhl,
allein.
Was braucht er?
Einen Tisch!

5 Auf dem Tisch
liegen Brot, Käse,
Birnen,
steht ein gefülltes Glas.

Tisch und Stuhl, was brauchen sie?
10 Ein Zimmer,
in der Ecke ein Bett,
an der Wand einen Schrank,
dem Schrank gegenüber ein Fenster,
im Fenster ein Baum.

15 Tisch, Stuhl, Zimmer ...
Was brauchen sie?
Einen Menschen.

Der Mensch sitzt
auf dem Stuhl,
20 am Tisch,
schaut aus dem Fenster
und ist traurig.
Was braucht er?

Schritt 1: Besonderheiten entdecken

▸▸ Was fällt dir besonders auf? Welche Form hat das Gedicht?

1 Was ist besonders an diesem Gedicht?
   – Welche Dinge kommen im Gedicht vor?
   – Warum ist das Gedicht leicht zu verstehen?

Schritt 2: Das Gedicht genauer untersuchen

▸▸ Gibt es Strophen? Kannst du Reime erkennen? Was steht in den einzelnen Zeilen? Welche besonderen Wörter kommen vor?

2 Wie ist das Gedicht aufgebaut?
   – Welcher Gegenstand kommt in der ersten Strophe vor?
   – Was kommt in jeder Strophe neu dazu?
   – Welche Frage taucht mehrmals auf? Wo?
   – Warum wird die Frage wohl wiederholt?

Schritt 3: Über das Gedicht nachdenken

▸▸ Welche Gefühle oder Gedanken werden im Gedicht ausgedrückt?

3 Worüber kommst du ins Nachdenken, wenn du das Gedicht liest?
   – Warum hört das Gedicht mit dieser Frage auf?
   – Passt die Überschrift „Der Stuhl" zum Gedicht? Finde Gründe dafür oder dagegen.

Schritt 4: Sich vom Gedicht anregen lassen

4 Wähle einen Anfang aus und schreibe Gedichte nach demselben Muster.

Das Buch, allein.   *Der Topf, allein.*
Was braucht es?   *Was braucht er?*
…   *…*

5 Vergleicht eure Gedichte. Welche findet ihr gelungen? Warum?

Ein Gedicht untersuchen und deuten

Ein Lautgedicht vortragen

Annemarie Wietig
Zornig

OOOOOOOOOOOOOOOOOOOOOOOOOOOOOOH!
O
du
bist
aber
wirklich
o
ein ganz fieser
o
ein ganz mieser
Typ
OOOOOOOOOOOOOOOOOOOOOOOOOOOOOH!
O
du
bist
ein echtes
o
ein Mistvieh ein Stinkvieh ein bequackter
Tunkerstunk
das
bist
du
o
eine stingende Kausgekurt das bistu ein
verkarkter ein verhissener Zwiftgerg ein
echter Margmagel
das pistu
ehrlich
OOOOOOOOOOOOOOOOOOOOOOOOOOOOOH!
O
dir
piept
es hohl im Gehirnkasten
du Tinkstier mit Meisenmack du gargräugender
kekelkatzer Keißscherl o du unbezogenes
Grind o du unverbogenes Krind
o du Säuschal o du Scheusaaaaaaaaaaaaal!
hast du sie nicht alle!
mal
Sag

1 Lies das Gedicht „Zornig" still für dich durch. Was fällt dir auf?
- Was ist besonders an diesem Gedicht?
- Woran kannst du erkennen, dass es sich um gesprochene Sprache handelt?
- Woran kannst du sehen, dass die Wut immer größer wird?
- Spricht eine Person oder sprechen zwei Personen? Begründe.

2 Tragt das Gedicht zu zweit vor.
- Entscheidet zunächst, wer welche Zeilen vorträgt.
- Wo macht ihr eine Pause? Welche Wörter wollt ihr besonders betonen? Setzt Pausen- und Betonungszeichen (Folie).
- Probiert verschiedene Sprechmöglichkeiten aus: *leise, laut, immer lauter werdend, schreiend, ...*
- Denkt daran, auch mit Gesicht und Körper zu arbeiten.

> **Tipp**
> *Hinweise zu Pausen- und Betonungszeichen findet ihr in Wissen und Können auf Seite 285.*

Ideen und Anregungen

→ Legt ein **Klassen-Gedichtbuch** an.
- Überlegt gemeinsam, welche Gedichte ihr in das Buch aufnehmen wollt (eigene und Gedichte von Autorinnen und Autoren).
- Illustriert eure Gedichte.
- Gestaltet ein Titelblatt.
- Legt zum Schluss ein Inhaltsverzeichnis an.

→ Organisiert ein **Gedicht-Fest**.
Auf dem Gedicht-Fest können eigene oder andere Gedichte vorgetragen werden:
- Tragt die Gedichte vor.
- Präsentiert ein eigenes Klassen-Gedichtbuch.

Edward van de Vendel

Tüte

Eine Plastiktüte
auf die Straße weht
und – schwupp! –
jemand fährt darüber.
Doch ist sie nicht hinüber.
sondern fliegt dem Auto hinterher,
als wollte sie noch einen Tritt ihm geben.
So stellt sich mir mal eben
die Welt schier auf den Kopf:
Tüte lebt und –huch!–
schlägt Auto in die Flucht.

Bilder im Gedicht entdecken

Joachim Ringelnatz
Der Stein

Ein kleines Steinchen rollte munter von einem hohen Berg herunter. Und als es durch den Schnee so rollte, ward es viel größer als es wollte. Da sprach der Stein mit stolzer Miene: „Jetzt bin ich eine Schneelawine." Er fraß im Rollen noch ein Haus und sieben große Bäume aus. Dann rollte er ins Meer hinein und dort versank der kleine Stein.

1 Schau dir das Bild an und lies den Text.
- Wo hast du mit dem Lesen angefangen? Wo hört der Text auf?
- Welche „Geschichte" wird hier erzählt?
- Warum wurde der Text wohl in diese ungewöhnliche Form gebracht?

2 Bei diesem Text handelt es sich eigentlich um ein Gedicht. Schreibe den Text ab und bringe ihn wieder in Gedichtform.
- Aus wie vielen Strophen könnte das Gedicht bestehen?
- Achte auf die Reimwörter.

▸▸ Vergleicht eure Gedichte mit dem Original von Joachim Ringelnatz (Seite 184).

3 Was drückt das Gedicht aus?
- Gestalte das Gedicht selbst: Überlege dir, was du besonders betonen möchtest.

Zugang zu Gedichten finden

Hans Manz
Fenstergeschichte

Ich konnte nicht schlafen,
machte Licht.
Die Fenster
jenseits der Straße
5 blind und dunkel,
nur eines warm und hell.
Du dort und ich,
wenn wir uns winkten,
wär's eine Verschwörung,
10 von der niemand
was weiß.

1 Lies das Gedicht und zeichne eine Skizze dazu. Erkläre deine Skizze.

2 In welcher Situation befindet sich die Person?
– Wo steht die Person? Warum steht sie dort?
– Wohin schaut sie? Was sieht sie?
– Was fällt dir an den Adjektiven auf?

3 Beschreibe, was in der Person vorgeht.
– Wie fühlt sich die Person wahrscheinlich?
   Was stellt sie sich alles vor?

4 Lasse dich vom Gedicht zum Schreiben anregen.
Wähle eine Aufgabe aus:
a) Schreibe das Gedicht weiter. Die andere Person winkt zurück, oder
   das Licht geht aus, oder jemand kommt herein …
b) Schreibe ein eigenes Gedicht „Busgeschichte" oder
   „Kinogeschichte" oder …

> **Tipp**
> *Schreibe ein paar Sätze auf. Kürze so, dass nur wenige Zeilen übrig bleiben. Überlege dir, wie du die Zeilen anordnest.*

„Meine Auswahl,
Meine Begründung,
Eure Rückmeldung"

→ *Hinweise zum Portfolio findest du auf Seite 276.*

Wähle eine Arbeit aus dem Kapitel aus, von der du denkst, dass sie dir besonders gut gelungen ist. Deine Lehrerin/dein Lehrer soll daran sehen, was du dabei gelernt hast.

Das kann ich schon!

✔ Ein Gedicht untersuchen und darüber nachdenken
✔ Merkmale von Gedichten erkennen
✔ Ein eigenes Gedicht schreiben

→ Du kannst in **EXTRA** noch einmal Gedichte untersuchen:
→ auf Seite 185 kannst du die Merkmale von Gedichten bestimmen,
→ auf Seite 186/187 unterschiedliche Zugänge zu Gedichten erproben.
→ Du kannst auch noch einmal in der **Werkstatt** (Seite 179/180) üben, wie man ein Gedicht Schritt für Schritt untersucht.

Joachim Ringelnatz
Der Stein

Ein kleines Steinchen rollte munter
Von einem hohen Berg herunter.

Und als es durch den Schnee so rollte,
Ward es viel größer als es wollte.

5 Da sprach der Stein mit stolzer Miene:
„Jetzt bin ich eine Schneelawine."

Er riss im Rollen noch ein Haus
Und sieben große Bäume aus.

Dann rollte er ins Meer hinein,
10 Und dort versank der kleine Stein.

Das Besondere an Gedichten erkennen

Wolfgang Bächler

Im Zug

Oft habe ich Angst,
im falschen Zug zu sitzen.

Ich frage den Schaffner,
ob ich nicht umsteigen muss.
5 Er verneint es.

Ich bin unzufrieden.

1 Vergleiche das Gedicht mit dem Gespräch im Zug: Welche Aussage
passt eher zum Gedicht? Begründe.
a) Dieses Gespräch findet täglich in vielen Zügen statt.
b) Es geht nicht nur ums Zugfahren.
c) Der Schaffner gibt die erhoffte Antwort.
d) Die Reisende ist mit der Antwort zufrieden.
e) Der Leser kommt ins Nachdenken.

2 Im Gedicht geht es auch darum, was in der Person vorgeht.
– Wie fühlt sich die Person im Zug?
– Wovor hat sie Angst?

3 Der letzte Satz im Gedicht ist rätselhaft.
Versuche eine Erklärung zu finden: Warum ist die Person unzufrieden,
obwohl sie nicht umsteigen muss?

Gedichte untersuchen

1 Suche dir ein Gedicht aus. Überlege, wie du das Gedicht bearbeiten möchtest.

» Untersuche das Gedicht wie in der Werkstatt (Seite 179/180).

» Male ein Bild zum Gedicht und erkläre es.

» Gestalte das Gedicht. Überlege dir, welche Farben du verwenden und welche Schriftgrößen und Schriftarten du nutzen möchtest.

» Tragt das Gedicht gemeinsam vor.

Hans Manz
Fürs Familienalbum

Mama auf der Alm.
Klick.

Der Vater
stramm auf dem Berggrat.
5 Klick.

Die Tochter unterm
Wasserfall.
Klick.

Aber kein Film
10 im Apparat.
Klick.
Und die Ferien dahin,
für die Katz, ohne Sinn?

Rolf Dieter
Brinkmann
Photographie

Mitten
auf der Straße
die Frau
in dem
5 blauen
Mantel.

Bertolt Brecht
Der Rauch

Das kleine Haus unter Bäumen am See.
Vom Dach steigt Rauch.
Fehlte er
Wie trostlos dann wären
5 Haus, Bäume und See.

ernst jandl
fünfter sein

tür auf
einer raus
einer rein
vierter sein

5 tür auf
einer raus
einer rein
dritter sein

tür auf
10 einer raus
einer rein
zweiter sein

tür auf
einer raus
15 einer rein
nächster sein

tür auf
einer raus
selber rein
20 tagherrdoktor

Roland Harsch
cyber-sprüche

seid internett zueinander

hängt keine schmutzige wäsche on line

surft nur in sauberen gewässern

bedenkt überdies:
5 nicht jede graue
nicht jede weiße
maus ist klicklich
nicht alle ansichten
eines alten, traurigen
10 bücherwurms sind
wurmstichhaltig

Günter Eich
Japanischer Holzschnitt

Ein rosa Pferd,
gezäumt und gesattelt –
für wen?

Wie nah der Reiter auch sei,
5 er bleibt verborgen.

Komm du für ihn,
tritt in das Bild ein
und ergreife die Zügel!

Theaterspiel kann überraschen und verzaubern

Abenteuer im Warenhaus

Das Innere eines Warenhauses, Spielwarenabteilung. Ein großes Zelt. Geheimnisvolle Musik. Es ist Nacht. Die Bühne wird in regelmäßigen Abständen von einer Neon-Reklameschrift beleuchtet. Zwei Hände erscheinen aus dem Inneren des Zeltes und öffnen den Reißverschluss. Mario schiebt vorsichtig seinen Kopf aus dem Zelt heraus. Er hält den Spalt für Guido und den Hund offen.

Mario: Du kannst herauskommen, Guido.
Die Luft ist rein.
Guido: Sind alle weg?
Mario: Ja, du brauchst keine Angst zu haben. Aber Tom müssen wir anbinden, sonst läuft er weg und stellt noch irgendetwas an. (*Mario nimmt den Hund und bindet ihn irgendwo an.*)
Guido: …

Etwas merkwürdig sind sie schon – die Geschichten in diesem Kapitel. Ihr könnt dazu Spielszenen entwickeln und die Zuschauer mit manchen Einfällen überraschen oder sogar verzaubern. Auf jeden Fall zeigt ihr durch euer Spiel, wie ihr die Geschichten versteht.

In diem Kapitel lernt ihr,
– eine Geschichte nachzuspielen,
– im Spiel zu zeigen, wie ihr eine Geschichte versteht.
– zu Szenen kleine Dialoge zu schreiben.

Erzähltheater

Beim Erzähltheater spricht ein Erzähler oder eine Erzählerin den Text mit Spielpausen. In diesen Pausen stellen Spieler einzelne Textstellen durch wörtliche Rede und Körpersprache szenisch dar.

Erzählpantomime

Ein Erzähler oder eine Erzählerin spricht den Text und die anderen spielen dazu, ohne zu sprechen. Der Erzähler oder die Erzählerin muss das Spiel aufmerksam beobachten und an den richtigen Stellen Pausen machen, damit die Textstelle gespielt werden kann.

1 Bild und Spieltext machen den Leser schon neugierig:
- Was machen die beiden und der Hund wohl nachts im Warenhaus?
- Warum haben sie sich in einem Zelt versteckt?
- ...

2 Setzt euch am besten in kleinen Gruppen zusammen und gestaltet den Anfang des Spielstücks nach euren Ideen weiter aus.
- Nutzt als Methode das Erzähltheater oder die Erzählpantomime.

3 Führt eure Ergebnisse anderen vor und besprecht sie.

Was passiert denn hier? – Eine Szene ausgestalten

Hier folgt eine weitere Szene aus dem Stück „Abenteuer im Warenhaus". Lest den Text am besten mit verteilten Rollen und lernt ihn kennen.

(Mario hebt den Kopf und lauscht ins Dunkle. Er steht auf, packt Guido am Arm.)

Mario: *(flüsternd)* Psst ... Sei still!

Guido: Warum?

Mario: Ich habe Geräusche gehört. 5

Guido: Was? – Ich habe Angst. Komm, wir hauen ab.

Mario: Nein, nein. Wir verstecken uns im Zelt.

(Guido schlüpft vor Mario und Tom ins Zelt. Stille. Dann hört man Schritte. Man sieht das Licht einer Taschenlampe über das Zelt und die Spielsachen huschen und erlöschen.) 10

1. Stimme: *(leise)* Hier sind nur Spielsachen.

2. Stimme: Tatsächlich. Wir haben uns getäuscht. Verdammt, jetzt verlieren wir Zeit.

(Der Scheinwerfer beleuchtet nun die beiden Einbrecher. Sie tragen graue, verbeulte Jacken und Hosen, auf den Köpfen bis an die Augen heruntergezogene 15 *Hüte und schwarze Schals bedecken von unten das halbe Gesicht. Einer der beiden hält die Taschenlampe in der Hand.)*

1. Dieb: Zuerst sagst du, du hättest einen genauen Plan, und jetzt hast du schon den Kopf verloren.

2. Dieb: *(nervös)* Ha, da braucht es mehr, bis ich den Kopf verliere. 20 Komm hier herüber.

1. Dieb: Aber wohin wollen wir jetzt gehen?

2. Dieb: Ich habe dir gesagt, du sollst kommen.

1. Dieb: Kommen, immer kommen ... Ich mache nichts anderes, als dir hinterherzulaufen. Und wenn uns der Wächter findet und 25 einsperrt?

2. Dieb: (*zischt vor Wut*) Du bist es, der den Kopf verloren hat. Dir schlottern ja die Knie. Das ist garantiert das letzte Mal, dass ich mit dir arbeite. Kommst du jetzt oder nicht?

30 **1. Dieb:** Was bleibt mir anderes übrig ...

(*Die beiden Diebe verschwinden. Der Scheinwerfer beleuchtet das Zelt, aus dem die Jungen vorsichtig ihre Köpfe strecken.*)

Mario: Das sind Diebe.

Guido: Diebe? Ich habe Angst.

35 **Mario:** Ich auch.

Guido: Was machen wir?

Mario: Wir müssen ganz still sein, sonst entdecken sie uns.

Guido: Und wenn sie uns entdecken?

Mario: Ich weiß nicht ...

40 (*Plötzlich geht das Licht über der ganzen Szene an. Man hört eine Stimme.*)

Wächter: Hallo, ist da jemand?

(*Die beiden Diebe verstecken sich schnell hinter einem Regal in der Ecke. Die Jungen bleiben irritiert stehen und rühren sich nicht mehr vom Fleck. Langsam kommt ein Mann mittleren Alters in einer Wächteruniform die Treppe herunter. Er trägt am Gürtel einen großen Schlüsselbund und in der Hand einen Revolver.*)

1 Erstellt eine Liste mit den Personen, die auftreten, und mit den Requisiten, die für die Szene benötigt werden.

2 Überlegt, wie es weitergehen könnte, und schreibt die Szene zu Ende.

3 Probt euren Rollentext in kleinen Gruppen und spielt ihn der Klasse vor.

4 Habt ihr weitere Ideen für andere Abenteuer – nachts im Warenhaus ...? Gestaltet zu einer Idee ein kleines Theaterstück.

Aus einer Geschichte entsteht ein Theaterstück

Wie man eine Geschichte versteht, kann man auch in einem Theaterspiel zeigen. Dazu muss man die Geschichte so umformen, dass man sie spielen kann. Wie man das machen kann, erfahrt ihr in dieser Werkstatt.

> **Schritt 1:** Die Geschichte kennenlernen: Welche Personen kommen vor? Wie verhalten sie sich? Was passiert?

▸▸ Lest den Text „Der beste Lügner".

Der beste Lügner

Der Pascha von Rhodos, der sich häufig langweilte, ließ eines Tages in der Hauptstadt seiner Insel verkünden: „Wer von meinen Untertanen imstande ist, mir eine Geschichte zu erzählen, von der ich behaupte, das ist eine Lüge, erhält als Preis eine Kugel aus reinem Golde!"

Da sich keiner der vielen Lügner, die es in der Stadt gab, den reichen Lohn 5
entgehen lassen wollte, gab es bald vor dem Tor des Palastes ein großes Gedränge. Es wurde jedoch nur einer nach dem anderen eingelassen und jeder zog mit langem Gesicht wieder ab. Der Pascha fand wohl an all den dummen, erlogenen Geschichten sein Vergnügen, am Ende aber sagte er jedes Mal: „Das ist schon möglich!".

10

Die Männer, die den Palast des Sultans enttäuscht verließen, berichteten den anderen, die noch vor dem Tore standen und auf Einlass warteten, wie es ihnen ergangen war, und fügten erbost hinzu: „Unser Pascha glaubt alles! Ihr könnt ruhig nach Hause gehen, denn die goldene Kugel bekommt ja doch keiner!" Trotzdem wollte es jeder versuchen, und wenn er dann vor dem Pascha 15
stand, log er, dass sich die Balken bogen. Doch keiner hatte Glück, denn selbst als einer fest und steif behauptete, er wäre soeben vom Himmel gefallen, und ein anderer beteuerte, das Meer wäre ausgetrocknet, erklärte der Pascha mit ernster Miene: „Warum nicht? Das ist schon möglich!".

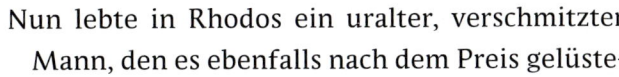

Nun lebte in Rhodos ein uralter, verschmitzter Mann, den es ebenfalls nach dem Preis gelüste-te. Er lud sich einen riesigen tönernen Topf, den die Rhodesier Pithos nennen, auf die Schulter, trug ihn keuchend zum Palast des Paschas und begehrte von der Torwache, vor den Herrn geführt zu werden.

Als er bald darauf vor dem Pascha stand, fragte ihn dieser erstaunt: „Weshalb bringst du denn diesen großen Pithos zu mir?"

Da sagte der listige Alte: „Ich komme zu dir, erhabener Gebieter, um eine alte Schuld einzutreiben. Mein Vater hat nämlich dei-nem Großvater, als der einmal in arger Be-drängnis war, eine gewaltige Summe Geldes geliehen. Er brachte sie ihm in
35 lauter Goldstücken, die diesen Pithos bis zum Rande füllten. Dein Großvater versprach zwar, die riesige Schuld so bald als möglich zu begleichen, tat es aber bis zu seinem Tode nicht. Auch dein Vater hat das Geld nicht zurückge-zahlt. Ich glaube, dass es an der Zeit wäre, die Sache zu begleichen, die dein Großvater wie dein Vater zu tilgen unterließen."

40 Jetzt sprang der Pascha auf und rief empört: „Das ist eine Lüge!"

Da erwiderte der Greis triumphierend: „Du hast recht, erhabener Gebieter, es ist eine Lüge! Weil du aber von meiner Geschichte behauptet hast, dass sie erlogen sei, gebührt mir nun die goldene Kugel!"

Der Pascha machte zuerst ein verblüfftes Gesicht, dann aber musste er la-
45 chen. Er befahl seinem Diener, die goldene Kugel zu bringen, und reichte sie dem listigen Alten als wohlverdienten Preis.

▶▶ Stellt die Geschichte als Erzählpantomime dar.
  – Bereitet eure Inszenierung in kleinen Gruppen vor:
    Wie viele Personen braucht ihr? Wer übernimmt welche Rolle?
    Benötigt ihr Requisiten?
  – Stellt eure Ergebnisse vor und gebt euch danach eine Rückmeldung
    zum Spiel.

Schritt 2: Den Spieltext zu der Geschichte schreiben – Zu Szenen
Dialoge schreiben und Regieanweisungen notieren

▸▸ Gestaltet den Text zu einem Theaterstück aus. Bildet dazu Kleingruppen. Beachtet die folgenden Hinweise.

▸▸ Der Text lässt sich in drei Szenen einteilen:
Szene I: Zeile 1 – 10, Szene II: Zeile 11 – 19, Szene III: Zeile 20 – 46.
Entscheidet, zu welchen Szenen ihr einen Spieltext erstellen wollt.

▸▸ Schreibt nun die Sprechtexte (Dialoge):
 – Markiert im Text die wörtliche Rede (Folie oder Textkopie).
 – Markiert mit einer anderen Farbe Textstellen (Folie oder Textkopie), die erst in wörtliche Rede umgestaltet werden sollen.
 – Überlegt und notiert, was die Personen noch sagen könnten.

▸▸ Überlegt, welche Requisiten nötig sind.

▸▸ Nutzt eure Vorarbeiten für den Spieltext und schreibt ihn.
 – Schreibt die Dialoge. Lasst Lücken für Regieanweisungen.
 – Fügt Regieanweisungen hinzu.

Den folgenden Anfang könnt ihr nutzen und weiterführen:

Der beste Lügner

Ein Theaterstück in drei Szenen

Personen: Der Pascha von Rhodos, Boten des Paschas, Torhüter, Lügengeschichtenerzähler, ein uralter listiger Mann, ein Diener

1. Szene
Ort: Innenstadt der Stadt Rhodos. Ausrufer, Boten des Paschas

Ausrufer: Bürger der Stadt Rhodos, wir kommen im Auftrag des Paschas. Unser ehrwürdiger Herrscher macht euch ein Angebot: Wer von euch imstande ist, ihm eine Geschichte zu erzählen, von der er behauptet, das sei eine Lüge, der erhält als Preis eine Kugel aus reinem Golde! ₅

(*Die Menschen werden aufmerksam. Sie beginnen, miteinander zu reden …*)

1. Lügner: Ich kann die besten Lügengeschichten erzählen. Natürlich lasse ich mir das Angebot nicht entgehen.

10 **2. Lügner:** Das wollen wir ja mal sehen, ob du hier der Beste bist.

(*Die Menschen bewegen sich in Richtung des Palastes.*) …

Schritt 3: Spieltexte ausprobieren und überarbeiten

▸▸ Spielt nach euren Spieltexten einzelne Szenen. Macht mehrere Spielversuche. Überlegt nach jedem Versuch, ob ihr die Sprechtexte oder die Regieanweisungen abändern wollt.

Ideen und Anregungen

→ Euer großer Auftritt: Ihr könnt ein **Theaterstück** aufführen. Dazu habt ihr verschiedene Möglichkeiten:
  – Ihr könnt einzelne Szenen zu „Besuch im Kaufhaus" spielen.
  – Ihr könnt nach eurem Spieltext die Geschichte „Der beste Lügner" spielen.
  – Ihr könnt zu einer anderen Geschichte eine Spielidee vorstellen. Geschichten findet ihr auf den Seiten 57–59 und an anderen Stellen im Buch.

→ Überlegt, wen ihr zur **Aufführung** einladen wollt.

→ Stellt einen **Plan** zusammen, in dem ihr alle Schritte aufschreibt, die zur Vorbereitung einer Aufführung nötig sind.

→ Verteilt Aufgaben: Legt fest, wer von euch für Kostüme, Licht, Bühnenbild, Einladungen usw. zuständig ist.

→ Plant einen **Theaterbesuch**.

Aus einer Geschichte entsteht ein Theaterstück

Schreibe zu der Geschichte „Die Kleider des Herrn Zogg" (Seite 54) einen Spieltext:

- – Lies die Geschichte und teile sie in Szenen ein.
- – Schreibe zu mindestens einer Szene die Dialoge.
- – Ergänze in Klammern Regieanweisungen.

Stelle anderen deine Spielidee vor. Sie sollen dir anschließend eine Rückmeldung geben.

„Meine Auswahl, Meine Begründung, Eure Rückmeldung"

➡ *Hinweise zum Portfolio findest du auf Seite 276.*

Wähle eine Arbeit aus dem Kapitel aus, von der du denkst, dass sie dir besonders gut gelungen ist. Deine Lehrerin/dein Lehrer soll daran sehen, was du dabei gelernt hast.

Das kann ich schon!

- ✔ Einen Text in Szenen aufteilen
- ✔ Szenen mit Dialogen und Regieanweisungen ausgestalten
- ✔ Im Spiel durch Theatertechniken wie Standbild, Erzähltheater und Erzählpantomime ausdrücken, wie man einen Text versteht.

→ Du kannst in **EXTRA** auf Seite 197 noch einmal mit anderen zusammen Körpersprache gezielt einsetzen, um Stimmungen ohne Worte auszudrücken.

→ Du kannst aber auch noch einmal die **Werkstatt** bearbeiten (Seite 192–195).

→ In **EXTRA** auf Seite 198 kannst du mit anderen zu der Geschichte „Eine gemütliche Wohnung" (Seite 48) das Simultantheater als Theatertechnik nutzen, um zu zeigen, wie ihr die Geschichte versteht.

Gefühle ausdrücken

1 Aus den folgenden Spielvorschlägen könnt ihr auswählen und aus dem Stegreif spielen, ohne dass ihr zuerst einen Text umschreiben müsst. Je mehr ihr ausprobiert, desto mehr Spielmöglichkeiten entdeckt ihr.

▸▸ *Bildet Zweiergruppen. Kommt miteinander ins Gespräch, aber nicht mit Worten, sondern mit Zahlen. Seid nett zueinander. Das könnt ihr durch die Art ausdrücken, wie ihr die Zahlen sprecht. Steigert euch allmählich in Gereiztheit hinein bis zum Wutausbruch … um dann wieder freundlich, liebevoll miteinander umzugehen.*
Statt mit Zahlen könnt ihr das auch mit Vokalen oder Konsonanten und Konsonantenverbindungen ausprobieren. Ihr werdet erstaunt sein, wie unterschiedlich das Gespräch jeweils ausfällt.
Oder: Jeder darf nur ein Wort benutzen, einer das Ja, der andere das Nein.

▸▸ *Verteilt euch im Raum. Der Spielleiter gibt ein Zeichen und sagt an, auf welche Stimmung ihr euch einstellen sollt. Drückt sie körpersprachlich, ohne Worte aus, bis das Zeichen ertönt und ein neuer Spielvorschlag gemacht wird:*
– Ihr seid zu lange draußen in der Kälte gewesen und friert jetzt ganz fürchterlich. Ihr zittert und klappert mit den Zähnen. Nase, Hände und Füße sind besonders kalt …
– Ihr seid traurig. Denkt daran, dass ihr die Trauer auch mit dem ganzen Körper ausdrücken könnt …
– Ihr seid fröhlich und könnt die ganze Welt umarmen …

Einen Text als Simultantheater spielen

1 Manche Spielszenen kann man besonders gut als **Simultantheater** darstellen: Das ist ein Spiel auf zwei Bühnen. Es wird aber immer nur auf einer Bühne gespielt. Auf der anderen Bühne „friert das Geschehen ein", bis die Bühne gewechselt wird.

▶▶ Lest die Geschichte „Eine gemütliche Wohnung" (Seite 48) und arbeitet dann in kleinen Gruppen weiter:
  – Überlegt, was sich witzig übertrieben darstellen lässt.
  – Unterteilt den Text in Szenen. Jede Szene soll überraschend enden.
  – Probiert eine oder mehrere Szenen aus. Führt eure Ergebnisse anderen vor.
So könnte das Stück zum Beispiel beginnen:

Der kreative Handwerker oder Das tägliche Theater

Bühne 1

Herr Knorps klingelt. Er wird freundlich begrüßt, stellt seine Werkzeugkoffer ab und macht sich an die Arbeit. Schweigend repariert er eine Weile.

Dann ...

▶▶ Nachdem einige Szenen der Geschichte gespielt worden sind, friert das Bild ein. Es wird auf einer zweiten Bühne weitergespielt, z. B. so:

Bühne 2

Zwei Wohnzimmer: In einem Raum sitzt eine alte Dame inmitten mehrerer Werkzeugkästen auf einem Stuhl, im anderen sitzt eine Frau mittleren Alters in einem gemütlichen Sessel. Beide halten einen Telefonhörer in der Hand.

Die alte Dame: Hallo Gertrud, wie geht's dir denn so?

Gertrud: Gut – und dir?

Die alte Dame: Überhaupt nicht gut.

Gertrud: Wieso? Was ist denn los?

5 **Die alte Dame:** Du kannst dir
nicht vorstellen,
was ich hier mitmache.

Gertrud: Wieso? Ich
denke, du besuchst deine
10 netten Kinder und Enkel?

Die alte Dame: Ja, ja, ja,
nette Kinder und Enkel.
Ich sage dir, ich bin am
Ende: Dies Haus ist so irre,
15 dass ich am liebsten
sofort verschwinden würde.
Weißt du, wo ich schlafe? –
In einem Wasserbett!

Gertrud: Entschuldige
20 mal, das ist doch optimal! Traumhaft, mal in einem Wasserbett zu schlafen. Wenn ich mir das leisten könnte!

Die alte Dame: Von wegen traumhaft! – Das Wasser fließt aus der Matratze,
wenn jemand an der Wohnungstür läutet. Sie ist schon ganz platt. Ich schlafe
25 praktisch auf dem Boden. Morgen kommt dieser Handwerker wieder, der
jetzt täglich hier ist, und wird versuchen, das zu reparieren.

Gertrud: Moment mal: ein Wasserbett, das auf Klingeln reagiert!
Das hast du wohl geträumt? Du erzählst doch sonst nicht solche Märchen …

Werkstatt Sprache

In der Werkstatt Sprache beschäftigst du dich mit der Sprache und ihrem Gebrauch: Du untersuchst Wörter, Sätze und Texte und denkst darüber nach, wie Sprache in verschiedenen Situationen verwendet wird. Du übst aber auch, selbst Sprache zu gebrauchen. Du lernst, Texte besser zu verstehen, Texte zu überarbeiten und angemessen zu formulieren. In dieser Werkstatt kannst du zudem wichtige Themen der Grammatik noch einmal wiederholen: Wortarten, Satzglieder und die Proben zur Textüberarbeitung.

Ihr lernt in dieser Werkstatt,
- *über Wörter, Wortbedeutungen und Wortverwendungen (Fremdwörter, Jugendsprache, Schimpfwörter) nachzudenken,*
- *Wörter (Zusammensetzungen, Nominalisierungen) zu erklären und zu bilden,*
- *Aktiv und Passiv zu gebrauchen,*
- *unterschiedliche Satzarten zu unterscheiden: Aussagen, Fragen, Vermutungen, Appelle,*
- *Satzglieder, Sätze und Texte zu erweitern: mit Adjektivattributen, Relativsätzen, adverbialen Bestimmungen,*
- *Sätze mit Verbindungswörtern (weil, denn, damit, dass, ...) zu verknüpfen.*

Wir sind Buspaten

Wohin?

Hallo, wir sind die Buspaten der Wachtbergschule. Unsere Aufgabe ist es, die Kinder zu begleiten. Wir zeigen den Kindern, wie sie sich im Bus verhalten müssen. Wir haben Ausweise. Wir wollen verhindern, dass es zu Ärger und Streit kommt. Wir müssen Ruhe bewahren und andere Buspaten oder den Busfahrer zur Hilfe holen.

Wann?

Du fängst zu viele Sätze mit „Wir" an.

Wozu habt ihr Ausweise?

1 Lara hat sich und die anderen Buspaten vorgestellt. Janine hat ihren Text gelesen und noch einige Fragen. Wie könnte Lara ihren Text mithilfe der Fragen überarbeiten? Ergänze Laras Text.

Texte mit Proben überarbeiten

Die Schüler der Regenbogenschule haben sich am Projekt „Die Roten Engel" beteiligt. Ein Schülerreporter hat darüber einen Bericht geschrieben.

1 Überarbeite den Entwurf:
- Überlege, welche Informationen fehlen.
- Schreibe den Text ab und setze die blau gedruckten Informationen ein.

  rote   kleine   verletzte   in der großen Pause
  in der Schule   seit dem Frühjahr

Sie sind auf unserem Schulhof unterwegs – die „Roten Engel".   *Seit wann?*

Die „Roten Engel" lernen, was sie in Notsituationen schon tun können.   *Wo?*

5 „Rote Engel" helfen den Aufsichten.   *Wann?*

Die „Roten Engel" sind ausgestattet mit einem Rucksack, der Pflaster, Handschuhe und Verband enthält.

Die „Roten Engel" sind gut erkennbar für die

10 anderen Kinder durch Westen mit dem Emblem „Kinder helfen Kindern".   *Welche Farbe haben die Westen?*

Die „Roten Engel" können Trost spenden, Wunden vor Ort verarzten, Kinder in die Schule hinein oder zur Aufsicht beglei-   *Welche Wunden?*
Welche Kinder?

15 ten, um Hilfe zu holen.

2 Der Schülerreporter hat „Rote Engel" zu oft wiederholt. Vermeide die Wiederholung und mache Ersatzproben *(die Kinder, die Schüler, sie, diese)*. Mache die Klangprobe und finde heraus, was besser klingt.

➡ *Wie du Proben durchführen kannst, findest du in Wissen und Können auf Seite 291.*

3 Vergleicht eure Ergebnisse: Wo habt ihr Satzglieder ergänzt oder ersetzt?

4 Stelle die Satzglieder im Satz Zeile 9-11 um und betone, woran die Roten Engel zu erkennen sind.

Wortarten wiederholen

Für forscher, abenteurer und entdecker

Wir menschen nehmen den tieren immer größere teile ihrer rückzugs-
räume weg, aber die tiere brauchen ihre ruhe.

Deshalb gibt es in deutschland mehr als 100 schutzgebiete. Hier können
tiere ungestört jagen und brüten. Diese naturschutzgebiete sind keine
sperrzonen. Jeder darf diese urwüchsigen flecken erde besuchen. Emanu- 5
el Schmid ist junior-ranger im nationalpark bayerischer wald. Dort ist der
elfjährige mit anderen jungen und mädchen mindestens einmal im monat unterwegs. Sie erforschen die umgebung, haben sich schon ein wild-
nis-camp gezimmert und bei einer nachtwanderung scheue tiere beobachtet. junior-ranger gibt es bereits in mehr als 30 schutzgebieten über 10
ganz deutschland verteilt. Hast du lust darauf bekommen, die natur zu
erforschen, zu schützen und dort abenteuer zu erleben? Wenn du auch
junior-ranger werden willst, kannst du dich unter www.junior-ranger.de
informieren.

Tipp

Vergleicht zur
Nomenprobe die
Werkstatt Recht-
schreibung auf
Seite 256.

1 Im Text sind alle Wörter kleingeschrieben –mit Ausnahme der Satzanfänge.
   – Schreibe den Text ab und schreibe alle Nomen groß.
   – Woran hast du die Nomen erkannt?
   – Vergleicht eure Lösungen.
   – Wo habt ihr Schwierigkeiten gehabt? Warum?

2 Schau dir die Wortarten-Übersicht auf der nächsten Seite an.
   – Welche Wortarten kommen vor?
   – Nenne Beispiele für die verschiedenen Wortarten aus der Übersicht.
   – Suche selbst ein Beispiel für die verschiedenen Wortarten aus dem Text.
   – Für welche Wortart findest du keine Beispiele?
   – Vergleicht eure Lösungen.

➡ *Wenn du nicht*
mehr sicher bist,
was „deklinieren"
und „konjugieren"
bedeuten, dann
sieh in Wissen und
Können auf Seite
292 nach.

3 Wie werden die Wortarten in der Wortarten-Übersicht auf der nächsten
   Seite unterschieden?
   – Welche Wortarten werden dekliniert?
   – Welche Wortarten werden konjugiert?
   – Welche Wortarten verändern sich nie?

Wortarten

veränderbar
(flektierbar)

konjugierbar
▶▶ Verb
wegnehmen,
brauchen,
geben, ...

deklinierbar
▶▶ Nomen
Forscher, Abenteuer, Deutschland ...
▶▶ Artikel
der, die, das; ein, eine, ein
▶▶ Pronomen
ich, du, wir; mein, dein, sein
▶▶ Adjektiv
groß (größer, am größten), scheu, ...

unveränderbar
(nicht flektierbar)
▶▶ Präposition
in, für, bei, ...
▶▶ Konjunktion
aber, wenn, weil, ...
▶▶ Adverb
hier, dort, heute, ...
▶▶ Interjektion
aha, au, oh, ...

4 Lies die folgende Geschichte. Welche Wörter und Wortarten hat der Autor erfunden?

Martin Auer

Kim erzählt eine Geschichte

Gestern war ich im Schlumperwald. O Gott, war das schrug! Ich bin jetzt noch ganz zerbriselt davon! Der Wald war so schlumper und alles war so schierlig und ich ganz allein mittendrin! In der Ferne hab ich den Gmork harruchzen gehört und die Zirrelise hat ganz grabl genötscht! Und rund um mich sind die
5 ganze Zeit lauter kleine Zwinken herumgezirgelt, dass mir ganz zimpel davon geworden ist.
Ich bin gegangen und gegangen und der Wald ist immer schluperer und schlumperer geworden. Und plötzlich steht vor mir ein Garlwocht. Ein richtig zumpler Garlwocht und plunkt mich an mit seinen girren Strugen!

5 Ersetze die erfundenen Wörter durch „normale" Wörter. Achte auch darauf, dass die Wörter in der richtigen Form stehen.

Fremdwörter gehören zum Wortschatz

Bundesweiter Schülerwettbewerb
Bio find ich kuh-l

Schülerwettbewerb: Bio find ich kuh-l

Ihr wollt was gewinnen? Dann macht mit beim Schülerwettbewerb des Bundesministeriums für Verbraucherschutz: Bio find ich kuh-l! Findet heraus, was eigentlich „öko" am ökologischen Landbau ist und schaut euch einmal um in der Welt der Bio-Produkte. Ihr könntet zum Beispiel Bio-Höfe, Bio-Läden oder Bio-Bäckereien besuchen und [5] euch angucken, wie die Lebensmittel hergestellt werden, die dann später auf euerem Teller landen. Was ihr dabei erlebt, könnt ihr dann aufmalen, basteln, mit der Videokamera filmen, ins Internet stellen oder aufnehmen. Eurer Phantasie sind keine Grenzen gesetzt. Für euren Beitrag könnt ihr natürlich auch tolle Preise gewinnen: Eine Klassenfahrt, [10] Bücherkisten und T-Shirts winken den Gewinnern. Weitere Informationen im Netz.

Tipps

Schlage in einem Wörterbuch oder Fremdwörterbuch nach, wenn du nicht weißt, was ein Wort bedeutet oder wie man es schreibt. Vgl. auch Seite 265.

1 Versucht zu zweit herauszufinden, welche Wörter in dem Text Fremdwörter sind und was sie bedeuten.

Dieses Wort	ist bestimmt ein Fremdwort	ist vielleicht ein Fremdwort	Begründung
Bio			

2 Recherchiert, aus welchen Sprachen die Fremdwörter stammen.

Fremdwörter stammen aus anderen Sprachen, gehören aber jetzt zu unserer Sprache. Ihr könnt sie manchmal an Aussprache und Schreibung erkennen. Fremdwörter sind aber auch oft an die deutsche Sprache angepasst: Das griechische Wort phantasia schreibt man im Deutschen jetzt auch Fantasie.
Fremdwörter kommen besonders oft in Fachsprachen, in der Werbung und in der Jugendsprache vor.

---

3 Lege dein eigenes Fremdwörterbuch an. Trage Fremdwörter, die du beim Lesen in Zeitungen, Zeitschriften, Büchern oder im Internet findest, ein und erkläre ihre Bedeutung mit Beispielsätzen.

Etwas anpreisen: mit Adjektiven und Hochwertwörtern

1 Schau dir das Buchcover an und lies die Bewertungen zum Buch „Matti und Sami".
   – Markiere Wörter, an denen du erkennst, dass den Lesern das Buch gefällt.

2 Suche in den Buchbewertungen weitere Beispiele für „Werbewörter". Benutze dazu den Regelkasten.

Was für eine wunderbare und schöne Kindergeschichte, aber nicht für kleine Kinder und auch nicht für Jugendliche – auch für Erwachsene. Ein cooles Buch! Empfehlenswert!

Das Buch ist sensationell geschrieben! Das Witzigste, was ich seit langem gelesen habe! Ein Topseller!

Ein megamegamegaunglaublichunfassbar spannendes Buch. Ein Buch, das man gar nicht mehr weglegen kann, weil man wissen MUSS, wie es weitergeht!

Das ist das Schönste an diesem Buch: Es hat viele Themen. Es ist eine wunderschöne Vater-Sohn-Geschichte und eine superwitzige Familiengeschichte und vor allem eine Geschichte über den Mut, etwas Neues zu wagen.

In Texten, in denen Dinge oder Personen positiv bewertet und angepriesen werden (z. B. in der Werbung) werden verschiedene sprachliche Mittel verwendet:
- **Hochwertwörter** drücken etwas Positives aus: sensationell
- **Adjektivsteigerung**, besonders Superlativ: schön (Positiv), schöner (Komparativ), am schönsten/das Schönste (Superlativ)
- **Wortbildungen**, die verstärken: wunderschön
- **Modewörter**, die oft aus dem Englischen stammen: mega

Aus dem Lexikon der Jugendsprache:
Lass uns chillen …

1 Erkläre das Bild mithilfe des Lexikonartikels:
- Was ist daran komisch?
- Was ist mit „coolem Typ" gemeint?

> – **cool**   kühl, gelassen, über den Dingen stehend, unbeeindruckt, klug, überlegt
> – *cool, Mann, cool*! Bleib ganz ruhig! Reg dich bloß nicht auf!
> – *cooler Typ*: kluger Mensch, harter Brocken, gerissene Type

2 Lies den folgenden Text über die Kennzeichen der Jugendsprache. Was versteht man darunter? Unterstreiche die Definition (Folientechnik).

Jugendsprache

Die Jugendsprache ist eine Variante der Umgangssprache, die nur von Jugendlichen gesprochen wird. Sie veraltet rasch: Was früher „klasse" war, ist heute „cool" oder „buffig". Jugendliche verwenden eine eigene Sprache, um sich von den Erwachsenen abzugrenzen. Ein Wort wie „chillen" hebt sich deutlich vom Wortschatz eines Erwachsenen ab; „entspannen" würde hingegen nicht auffallen, da es der erwachsene Zuhörer selbst gebraucht. Als auffälliges Merkmal der Jugendsprache gilt ihr besonderer Wortschatz. Jugendliche verwenden $\quad$ 5

- Modewörter, z. B. *krönungsbedürftig* für „super", „sehr gut",
- Sprachspiele und Redensarten, z. B. *Lass uns einen Abflug machen* für „Lass uns gehen", $\quad$ 10
- Sprachbilder, z. B. *Minifackel* für „Streichholz",
- Entzückungs- und Verdammungswörter, z. B. *de luxe* für „super", *keimig* für „eklig",
- Wörter aus dem Englischen, z. B. *cool* oder
- neue Wörter, z. B. *Digger* für „Freund". $\quad$ 15
Der Wortschatz zeigt, wie kreativ Jugendliche ihre Sprache gebrauchen.

3 Ergänze die Tabelle.

Besondere Merkmale	Beispiele
Modewörter	*krönungsbedürftig*
	Lass uns einen Abflug machen
	Minifackel
	de luxe, keimig
	cool
	Digger

Seit dem 19. Jahrhundert kann man belegen, dass Jugendliche anders sprechen als Erwachsene. Die **Jugendsprache** unterscheidet sich vor allem durch ihren besonderen Wortschatz von der Standardsprache. Die Jugendlichen wollen sich durch die Sprache von den Erwachsenen abgrenzen. Die Jugendsprache verändert sich sehr schnell: Wörter verschwinden, andere werden Teil der Standardsprache.

---

4 Sucht weitere Wörter aus der Jugendsprache und macht einen Test in eurer Klasse.

Dieses Wort	habe ich noch nie gehört	kenne ich, verwende ich aber nicht	verwende ich selbst
cool			

Total tote Hose

Die ganze Story fing damit an, dass Whitys schwerreicher Alter es nicht ohne Weib aushalten konnte und sone geile Alte in die Bude brachte. Das war ne unheimliche Chaotin, nur Schminke und Klamotten in der Birne. Und wenn sie ein anderes Weib sah, was dufter aussah als sie selber, dann wurde sie rattendoll. Die Whity sah wahnsinnig scharf aus, deswegen wollte die Alte sie um die Ecke bringen. Selber hatte sie Schiss, deswegen kaufte sie nen Typ …

5 Verstehst du den Text oben? Übersetze ihn in „normales" Deutsch:

→ Legt für eure Klasse ein Jugendsprache-Wörterbuch an. Überlegt vorher, wie ihr die Artikel schreiben wollt.

Mit Adjektiven bewerten

Angst vor der Schule

Schwere Mathearbeiten! Turnübungen, fiese Klassenkameraden, die einen vermöbeln wollen. Für viele Kinder ist die Schule ein furchtbarer Ort. Dabei müsste das gar nicht sein.

Was macht die Schule so schlimm, dass manche Kinder sich vor ihr fürchten? Oft ist es Angst, etwas nicht zu können. Eine Klassenarbeit mies zu schreiben, oder die Mathe-Hausaufgaben an der Tafel vorrechnen zu müssen und die Klasse starrt einen an, wartet, und der eigene Kopf ist nur – leer. Das kann einem so peinlich sein, dass man am liebsten tief im Boden versinken möchte. Und dazu gibt es noch eine schlechte Note. Das Angstzentrum im Gehirn merkt sich solche unangenehmen Situationen. Dummerweise reichen bei manchen Kindern schon Kleinigkeiten, um das Gehirn ängstlich zu machen.

1 Unterstreiche (Folientechnik) die Adjektive, mit denen die Schule bewertet wird.

> Mit **Adjektiven** kannst du Personen, Tiere oder Gegenstände genau beschreiben und unterscheiden (die neue Schule). Darüber hinaus kannst du mithilfe von Adjektiven auch bewerten (Die Schule ist ein furchtbarer Ort) sowie die genaue (zwei Schüler) oder ungefähre Zahl angeben (viele/ wenige/ einzelne Schüler ...).
>
> Adjektive können
> – vor einem Nomen stehen (schwierige/einfache Mathearbeit),
> – zusammen mit dem Verb sein gebraucht werden (der Kopf ist leer),
> – bei einem Verb stehen (Eine Klassenarbeit mies/gut schreiben).

2 Beschreibe, wie für dich eine ideale Schule aussehen sollte. Du kannst folgende Nomen und wertende Adjektive benutzen und ergänzen:
Mitschüler, Lehrer, Schulgebäude, Unterricht, Pause, Essen, ...
interessant, gerecht, abwechslungsreich, gesund, freundlich, sympathisch, hilfsbereit, ...

Wörter können wehtun

1 Lies den Ausschnitt aus einem Lexikonartikel und unterstreiche die Namen, mit denen die Ureinwohner Grönlands bezeichnet werden (Folientechnik).

> Das Wort „Eskimo" gibt es in der Sprache der Grönländer gar nicht. Es stammt aus dem Wortschatz der kanadischen Montagnais-Indianer: „Ayaskimju" heißt übersetzt „Schneeschuhflechter". So bezeichneten sich die Montagnais mitunter selbst. Anfang des 17. Jahrhunderts muss sich ein Mönch wohl verhört haben. Er sprach
> 5 von Ureinwohnern des Nordens als „Eskimos" und übersetzte den Begriff auch noch falsch mit „Rohfleischesser". So wollten viele Ureinwohner natürlich nicht genannt werden! Besser als „Eskimo" kommt bei Ihnen daher „Inuit" an – ein Oberbegriff, der auch die Ureinwohner in vielen Gebieten nördlich des Polarkreises mit einschließt. Er bedeutet „Mensch". Die grönländischen Ureinwohner selbst nen-
> 10 nen sich übrigens meist „Kalaallit" – zu Deutsch schlicht „Grönländer".

2 Warum wollen die Grönländer nicht „Eskimos" genannt werden? Suche die Begründung im Text.

3 Welche anderen Bezeichnungen sind ihnen lieber? Warum?

> Namen und Wörter haben oft eine **negative Bedeutung**. Oft kennt man diese Bedeutungen nicht, aber wenn man diese Wörter verwendet, kann man anderen damit wehtun. In vielen Büchern kann man noch das Wort Eskimo finden, die Ureinwohner Grönlands empfinden dieses Wort aber als Beleidigung.
> Dies gilt auch für Bezeichnungen wie Neger oder Zigeuner. Solche Bezeichnungen sollte man daher nicht verwenden, sie tun weh! Andere empfinden diese Wörter als Schimpfwörter.

4 Lies die Wörterbucherklärung zu „Schimpfwort".
  a) Suche und unterstreiche im Gedicht „Zornig" von Annemarie Wietig (Seite 181) die Schimpfwörter.
  b) Warum sollte man Schimpfwörter vermeiden?

Schimpfwort
das; Schimpfwörter sind meist anstößige Wörter, mit denen man andere beleidigt und seinen Ärger ausdrückt.

Satzglieder wiederholen

1 Lies den Bericht über Issaka und erkläre die Überschrift.

Schrauben für den Führerschein

Mit ölverschmierten Händen hockt Issaka vor dem schmutzigen Motorrad. Er repariert den Vorderreifen. Für den Zehnjährigen aus Ouagadougou (Burkina Faso) ist das kein Problem. <u>Issaka hilft in den Schulferien seinem Vater gerne in der Werkstatt. Issaka ölt dort Fahrradketten, tauscht kaputte Glühbirnen aus und flickt Motorradreifen. Wegen der Armut des Landes fahren viele alte Autos auf den Straßen Burkina Fasos! Issaka repariert oft verbeulte und klapprige Fahrzeuge.</u> Er verdient nur ein paar Cents, trotzdem unterstützt er seinen Vater gern. Issaka spart das Geld. Später macht er den Führerschein und wird Lkw-Fahrer – das wünscht Issaka sich.

2 Lies den ersten Satz des Berichts noch einmal ganz genau.
a) Ermittle die Satzglieder und benenne sie.
b) Bestimme mithilfe von Fragen, um welche Satzglieder es sich handelt.
c) Formuliere den Satz neu, indem du die anderen Satzglieder an die erste Stelle stellst. Vergleiche die Sätze miteinander. Was verändert sich?

3 Bestimme in den unterstrichenen Sätzen Anzahl und Art der Satzglieder. Lege dir dazu eine Tabelle an.

Subjekt	Prädikat	Objekt	Adverbiale Bestimmungen
Issaka	hilft		

4 In dem Bericht steht das Subjekt sehr oft an erster Stelle. Überarbeite den Text und mache ihn abwechslungsreicher. Stelle dazu die Satzglieder um. Achte darauf, dass sich ein schlüssiger Text ergibt.

5 Bestimme im Text den Gleichsetzungsnominativ. Hilfen dazu findest du in „Wissen und Können" auf Seite 294.

Adverbiale Bestimmungen gebrauchen

1 Überarbeite die Meldung mithilfe der Fragen am Rand.
- – Lies die Fragen und die blau gedruckten Informationen (adverbiale Bestimmungen).
- – Entscheide, welche dieser Informationen in die Lücken passen.

nur zweieinhalb Stunden täglich   am nächsten Tag
mit Schwamm- und Rüsselbrause   aus finanziellen Gründen
aus dem Naturpark „Wildlife Safari" im amerikanischen Oregon

Rüsseldusche

USA. Richtige Putzteufel sind Tiki, Alice und George ⬜. Die drei Elefanten lieben es, die Autos

Woher sind die Elefanten?

5 der Parkbesucher ⬜ zu waschen. Die Elefantenwäsche ist für den Park ⬜ sehr wichtig: Zwanzig Dollar kostet eine Wäsche, weitere 10 Dollar ein Foto davon. Zwei Elefanten putzen abwechselnd, damit die Tiere

Womit waschen die Elefanten die Autos?
Warum?

10 nicht den Spaß verlieren. Jeder Elefant kommt ⬜ zum Einsatz. Der dritte ruht sich aus und ist ⬜ wieder an der Reihe.

Wie lange sind sie im Einsatz?

Wann ist er wieder an der Reihe?

2 Benenne die adverbialen Bestimmungen mit Hilfe der Hinweise aus dem Kasten.

Mit **adverbialen** Bestimmungen kannst du genauer angeben, wie ein Geschehen abläuft:
- – **Zeit:** Wann? Wie lange? Seit wann? Bis wann? Wie oft?
- – **Ort:** Wo? Wohin? Woher? Wie weit?
- – **Art und Weise:** Wie? Womit? Wie viel?
- – **Grund:** Warum? Wozu?

Passiv gebrauchen: den Vorgang betonen

1 Lies den Text und erkläre, was die Wissenschaftler am Südpol machen.

Forschung in der Antarktis

Auf der Neumayer-Station in der Antarktis wird wissenschaftlich gearbeitet: Biologen erforschen die Tiere und Pflanzen, die man am Südpol findet. 5 Geologen untersuchen die Entwicklung des Eises, Meteorologen suchen in der Antarktis nach Erklärungen für bestimmte Entwicklungen des Wetters. 10 Hier wird das ganze Jahr über geforscht. Insgesamt verbringen jedes Jahr etwa 1000 Menschen den Winter am Südpol.

In fast allen Sätze unserer Sprache wird betont, wer etwas tut: Geologen beobachten das Wetter. Diese Sätze stehen im Aktiv.
Das **Passiv** wird benutzt, wenn unwichtig oder unbekannt ist, wer eine Handlung durchführt oder der Vorgang besonders betont wird: In der Station wird wissenschaftlich gearbeitet.
Gebildet wird das Passiv mit dem Hilfsverb werden und dem Partizip II: Das Wetter wird beobachtet. Das Passiv hat eigene Zeitformen.
Informationen dazu findest du in „Wissen und Können" auf Seite 293.

2 Markiere (Folientechnik) im Text die beiden Sätze, die im Passiv stehen. Erkläre mit Hilfe des Merkkastens, warum das Passiv benutzt wird.

3 Schau dir die Bilder an und lies die Bildunterschriften.
  – Markiere (Folientechnik) in den Sätzen die Subjekte und Verben.
  – Warum stehen die Sätze im Aktiv?

Mathias Zöllner startet einen Wetterballon vom Dach der Neumayer-Station.

Florian Wellmann und Birte-Marie Ehlers arbeiten an der Energieversorgung.

Wissenschaftler installieren auf dem Dach der Neumayer-Station III eine Antenne zum Empfang von Daten.

Wissenschaftler richten ein neues Labor ein.

Zwei Antarktis-Forscher entnehmen Schneeproben von der Oberfläche des Eises.

4 Übertrage die Tabelle in dein Heft. Übertrage die Sätze vom Aktiv ins Passiv.

Wer macht hier etwas? – Aktiv	Was wird hier gemacht? – Passiv
Mathias Zöllner startet einen Wetterballon vom Dach der Neumayer-Station.	Ein Wetterballon _wird_ vom Dach der Neumayer-Station _gestartet_.
Florian Wellmann und Birthe …	

5 Lies den Auszug aus dem Tagebuch eines Wissenschaftlers und schreibe einen Informationstext. Betone, was auf der Polarstation gemacht wird. Benutze das Passiv.

Der Tagesablauf auf der Station ist extrem davon abhängig, wie das Wetter draußen ist. Daher geht mein erster Blick morgens auf einen Monitor, der das aktuelle Wetter draußen anzeigt. Ich mache alles, was so anliegt, also Geräte warten und reparieren, Messungen durchführen und Daten sammeln und auswerten. Dazu kommen aber auch „normale" Arbeiten, wie Schneeschippen, Böden saubermachen oder Außenarbeiten an der Station durchführen.

Tagebucheintrag (Aktiv)

Informationstext (Passiv)
Der Tagesablauf auf der Station ist extrem davon abhängig, wie das Wetter draußen ist. Auf dem Monitor wird ...
Geräte ...

Messungen ...
Daten ...

Schne ...   Böden ...
Außenarbeiten ...

6 Lies den Text über die Neumayer-Stationen.
  – Markiere alle Passivformen.
  – Bestimme die Zeiten der Passivformen. Nutze dazu „Wissen und Können" auf Seite 293.
  – Welche Sätze stehen im Zustandspassiv? Warum? Hinweise findest du in „Wissen und Können" auf Seite 293.

Neumayer-Stationen I-III

1982 wurde auf dem Eis der Antarktis die erste Neumayer-Forschungsstation gebaut. Sie ist nach dem deutschen Polarforscher **Georg von Neumayer** benannt. Die Stärke des Windes und die Zusammensetzung der Polarluft wurden erforscht. Da ständig der Schneesturm über die Stahlrohre pfiff, wurde die erste Neumayer-Station von Jahr zu Jahr mehr von Schneemassen zugedeckt. Eine zweite Station wurde 1992 gebaut. Jetzt wurden Ozonschicht und das Meereis untersucht. Nach 16 Jahren war auch Nummer II von Schnee und Eis bedeckt. Deshalb wurde die Neumayer-Station III errichtet. Diese Station wurde am 20. Februar 2009 feierlich eröffnet. Die Ingenieure haben sich einen Trick ausgedacht: Die neue Station ist auf 16 Stelzen gebaut, die höhenverstellbar sind. Heute wird auf der Station vor allem der Klimawandel erforscht.

Im **Aktivsatz** wird betont, wer handelt: <u>Die Air Force</u> fotografierte den Jungen.

Im **Passivsatz** wird betont, was passiert: Der Junge <u>wurde fotografiert</u>. Wenn der Handelnde bekannt ist, kann er im Passivsatz mit der Präposition von erwähnt werden: Der Junge wurde <u>von der Air Force</u> fotografiert.

Jugendlicher von Air Force von Eisscholle gerettet

Vor der Rettung fotografierte die Air Force den Jungen auf der Scholle.

Fast zwei Tage wartete ein 17-jähriger Kanadier auf einer Eisscholle in arktischen Gewässern auf Hilfe. Mit ihm auf der Scholle befanden sich eine Eisbärenmutter und ihre zwei Jungen. Eigentlich wollte der Junge mit seinem Onkel auf Eisbärenjagd gehen. Ihr Schneemobil hatte aber eine Panne und eine Eisscholle brach ab. Die beiden wurden getrennt. <u>Die Airforce rettete den Onkel</u>, doch von dem 17-Jährigen fehlte zunächst jede Spur. <u>In Todesangst erschoss der junge Mann den großen Eisbären</u>, die zwei Jungen ließ er am Leben. <u>Einen Tag später entdeckte ein Pilot den Jungen.</u> <u>Die Helfer warfen ein Paket mit Schokoriegeln und anderen Süßigkeiten ab.</u> Spezialisten landeten mit Fallschirmen auf einer nahegelegenen Eisscholle. <u>Die Männer brachten den Jungen in Sicherheit.</u> Er wurde mit einer Unterkühlung ins Krankenhaus eingeliefert.

7 Lies zuerst nur die Überschrift und den Satz neben dem Bild.
  – Welcher Satz steht im Aktiv? Welcher Satz steht im Passiv? Woran hast du das erkannt? Nutze den Regelkasten.

8 Lies nun den Zeitungsbericht.
  – Markiere alle Passivformen. Warum wird hier das Passiv verwendet?
  – Übertrage die unterstrichenen Sätze vom Aktiv ins Passiv.

Sätze vom Aktiv ins Passiv setzen

Aus Verben werden Nomen

1 Formuliere die Sätze um. Mache aus den fett gedruckten Verben Nomen.

    a) Ich **trinke** immer aus einer Mehrwegflasche.

    b) Wenn ich **male**, dann benutze ich Buntstifte aus Holz.

    c) Mein Frühstück **verpacke** ich nicht in Alufolie.

    d) Ich **zeichne** auf Umweltschutzpapier.

    e) Wenn ich Bleistifte **anspitze**, nehme ich meinen Spitzer aus Holz.

    f) Wenn ich **radiere**, benutze ich einen Radiergummi aus Kautschuk.

Ich benutze zum Trinken eine Mehrwegflasche.
Zum Malen benutze ich ...

Aus Verben können Nomen werden (**Nominalisierung**):
Ich trinke immer aus einer Mehrwegflasche.
→ Ich benutze zum <u>Trinken</u> eine Mehrwegflasche.

Es gibt verschiedene Möglichkeiten, aus Verben Nomen zu bilden:
– aus dem Infinitiv (Grundform) des Verbs: trinken → das Trinken,
– Nomen mit der Endung -ung: wandern → die Wander<u>ung</u>.

Du erkennst Nominalisierungen an den Nomen-Signalen (z. B. an den Artikeln: <u>zum</u> (= zu <u>dem</u>) Trinken, <u>die</u> Wanderung).
Nominalisierungen werden großgeschrieben.

➡ *Wie du Nominalisierungen an Signalwörtern erkennen kannst, lernst du in der Werkstatt Rechtschreibung auf Seite 256.*

2 Schaut euch die Grafik an und füllt die Tabelle aus.

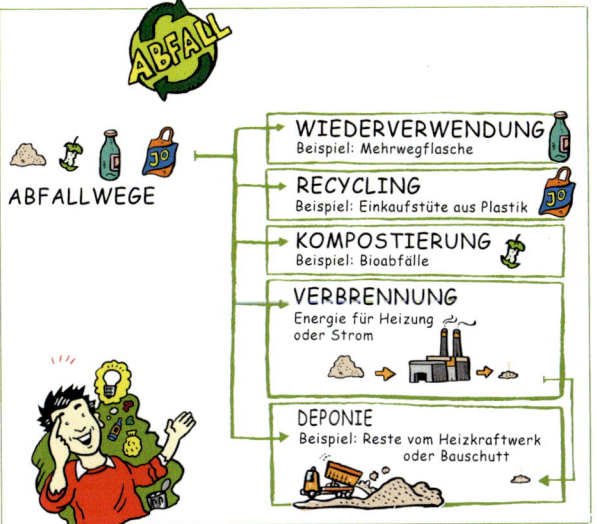

Nomen	Verb
Wiederverwendung	*wiederverwenden*
Recycling	
Kompostierung	
Verbrennung	

3 Erklärt die Grafik. Schreibt dazu die passenden Verben in die Lücken. Benutzt die Verben aus der Tabelle.

Verschiedene Abfallwege

Der größte Teil unseres Abfalls wird nicht einfach weggeworfen, sondern er wird ▢▢▢▢ . Kunststoffe wie Plastiktüten können z. B. ▢▢▢▢ werden. Manche Abfälle säubert man und verwendet sie noch einmal, z. B. die Mehrwegflaschen. Bioabfälle ▢▢▢▢ man. Dadurch entsteht wertvolle Erde. Aus anderen Abfällen gewinnt man Energie, indem man sie ▢▢▢▢ .

4 Sag es kürzer und mache dir Stichpunkte wie im Beispiel. Schreibe in dein Heft. Beispiel:
Die Experten werden befragt. → die Expertenbefragung

a) Die Luft ist verschmutzt.

b) Der Wald stirbt.

c) Die Erde erwärmt sich.

d) Das Klima verändert sich.

e) Wir sparen Energie.

f) Wir trennen den Müll.

g) Wir vermeiden den Müll.

h) Wir schützen die Umwelt.

Zusammensetzungen erklären und bilden

Wohin mit dem ganzen Müll?

Stellt euch mal vor, es gäbe keine Müllabfuhr oder keine Altglas-Container, und die Mülltonnen würden nicht abgeholt. Es würde nicht lange dauern, und wir würden im Müll ersticken. Doch zum Glück kommen die Müllmänner mit ihren großen Müllwagen regelmäßig auch zu euch. Was macht ihr aber mit einer kaputten Play-Station, mit einem alten Sofa oder mit Bauschutt? Dies alles und noch viel mehr nimmt der Recycling-Hof (sprich: „rießeikling") in einer Stadt oder Gemeinde an. In manchen Gemeinden nennt sich dieser Hof auch Abfallwirtschaftsbetrieb oder Restmüllwerk. Das Wort „Recycling" bedeutet, dass etwas wiederverwendet wird. Noch besser ist es natürlich, wenn ihr Abfälle vermeidet. Das fängt schon beim Einkaufen an (z.B. Mehrweg- statt Einwegflaschen kaufen). Was man noch tun kann: Papier aus Altpapier verwenden, Einkaufstaschen statt Plastiktüten, Flohmarkt statt Sperrmüll, Nachfüll-Packs kaufen. 5 10

1 Schreibe alle Zusammensetzungen heraus, in denen „Müll" vorkommt.

> **Zusammengesetzte Nomen** (z. B. Müllmänner) bestehen aus Grund- und Bestimmungswort: Das **Grundwort** (Männer) steht rechts und wird durch das **Bestimmungswort** (Müll) genauer erklärt: Müllmänner sind Männer, die den Müll abtransportieren. In Fachtexten kommen oft Zusammensetzungen vor, weil man mit wenig Worten viele Informationen übermitteln kann. Manchmal enthalten diese Zusammensetzungen auch Fremdwörter (Altglas-Container).

Tipps

Mehr Informationen über Fremdwörter findest du auf Seite 204.

2 Welche Zusammensetzungen aus dem Text sind erklärt?
   a) Glas, das man sammelt, um es wiederzuverwenden.
   b) Flasche, die nur einmal benutzt und dann weggeworfen wird.
   c) Flasche, die aus Plastik hergestellt ist.
   d) Müll, der nicht mehr weiter verwertet werden kann.
   e) Schutt, der beim Abreißen oder Umbau von Gebäuden entsteht.
   f) Verpackungen, die man noch einmal benutzen und nachfüllen kann.

3 Ordne die zusammengesetzten Wörter in einer Tabelle.
Erkläre vorher ihre Bedeutungen.

> Altmetall, Wasserverschmutzung, Energiesparlampe, Windenergie,
> Mülltrennung, Elektroschrottsammlung, Papiertonne, Glascontainer,
> Mehrwegflasche, Verpackungsmüll, Plastikbecher, Abfallvermeidung,
> Wegwerfartikel, Recyclingpapier, Abwasserbelastung,
> Meeresverschmutzung, Sonnenenergie

Altmetall ist Metall, das …

Was die Umwelt belastet …	Was die Umwelt schont …
Luftverschmutzung	*Altpapier*

4 Beim Energiesparmeister-Wettbewerb haben Schüler
unterschiedliche Vorschläge für Umweltprojekte entwickelt.
a) Überlege, welche Projektidee hinter den Zusammensetzungen stecken könnte.

> Energiesparfüchse, Klima-Litfaßsäule, Energieampel,
> Energiesparometer, Energielotsen, Energie-Security, Klima-Woche,
> Energie-Detektiv, Solarfest, Klimatelefon, Energie-Shirt, Klima-
> Theater, Klima-Botschafter, Energiesparpass, Energiespar-Pate,
> Lichtschaltersheriff, Klimakiste

Beim Projekt „Energiesparfüchse"
überlegen Schüler, wie sie an ihrer Schule
…
Beim Projekt „Klima-Litfaßsäule" sam-
meln die Schüler Informationen über …

Beim Projekt Energieampel …

b) Erläutere die Begriffe möglichst anschaulich für eine Wandzeitung
oder ein Plakat.

Adjektivattribute und Relativsätze

1 Lies den Text. Was erfährst du über das Buch „Tom Sawyer"?

Das Buch „Tom Sawyer", das erstmals 1876 erschienen ist, wurde von Mark Twain verfasst. Es gehört zu den bekanntesten Kinderbüchern. Der Autor erzählt eine lustige und spannende Geschichte, die in der Kleinstadt St. Petersburg am Mississippi spielt. Das Buch, das in viele Sprachen übersetzt wurde, wurde 2012 neu verfilmt.

Tipps

Informationen zu Haupt- und Nebensätzen findest du auf Seite 294.

Ein Text wird genauer, wenn wichtige Nomen näher erläutert werden. Solche Erklärungen von Nomen nennt man **Attribute**. Es gibt unterschiedliche Arten von Attributen. Zu den wichtigsten gehören
– **Adjektivattribute:** eine <u>lustige</u> Geschichte.
– **Relativsätze** (Attributsatz): Das Buch, <u>das 1876 erschienen ist</u>.
Der Relativsatz ist ein Nebensatz, der mit einem Relativpronomen eingeleitet wird. Die Relativpronomen stehen in unterschiedlichen Fällen.

2 Nutze die Informationen aus dem Regelkasten.
 – Markiere im Text (Aufgabe 1) Adjektivattribute und Relativsätze mit verschiedenen Farben (Folientechnik).

3 Lies die Buchvorstellung von Christof. Setze die blau gedruckten Adjektive an den passenden Stellen ein, dann wird der Text genauer.

schöne, sympathische, amerikanischen, weite, böse, echt

Das Buch dreht sich um den Jungen Tom Sawyer, der 12 Jahre alt ist. Er wächst bei seiner Tante in einer ▭ Kleinstadt auf. Wenn wir das Buch lesen, erleben wir die ▭ Welt und lernen die ▭ Landschaft am Mississippi kennen. Ich finde auch, dass das Buch lustig und spannend ist. Die Geschichte ist ja schon ziemlich alt, aber immer noch aktuell. Es geht um ▭ Menschen, die wir mögen. Es gibt aber auch ▭ Menschen, die sogar einen Mord begehen. Aber es geht besonders um ▭ Freundschaft.

5

4 Adriana hat in ihrer Buchvorstellung die Hauptfigur „Tom Sawyer" beschrieben.

– Vervollständige ihren Text und füge passende Attribute ein. Vergleicht eure Lösungen.

– Die Nomen, die näher erklärt werden sollen, sind unterstrichen.

> mit dem er befreundet ist   fantasievoller   mutiger
> der ein braver Junge ist   die ihn auslachen
> auf der die Freunde gefährliche Abenteuer erleben
> der keine Eltern mehr hat

Tom Sawyer ist ein <u>Junge</u>, ░░░ . Er lebt deshalb mit seinem Bruder bei seiner Tante Polly. Tom hat nur Unsinn und Abenteuer im Kopf. Deshalb mag die Tante Toms <u>Bruder</u>, ░░░ , lieber. Tom ist eben kein Musterknabe. Tom ist ein ░░░ Junge.

⁵ Er hat immer irgendeine verrückte Idee im Kopf. <u>Mit Huckleberry Finn</u>, ░░░ , erlebt Tom aufregende Tage. Tom ist klug. Einmal soll er einen Zaun streichen und hat keine Lust. Mit einem Trick schafft er es, die anderen <u>Kinder</u>, ░░░ , zum Streichen zu bewegen. Tom ist auch ein ░░░ <u>Junge</u>.

¹⁰ Er fährt mit seinen Freunden mit einem Floß zu einer einsamen <u>Insel</u> , ░░░ .

5 Lies die Informationen zum Film „Tom Sawyer".

– Forme die blau unterlegten Hauptsätze in Relativsätze um. Die Nomen, die durch die Relativsätze näher erklärt werden, sind unterstrichen.

Tom Sawyer wohnt mit seinem Halbbruder Sid bei seiner <u>Tante Polly</u>. Tante Polly bringt er mit seinen dauernden Streichen zur Verzweiflung. Dabei meist treu an seiner Seite ist sein bester ⁵ <u>Kumpel Huck Finn</u>. Huck Finn lebt in einer Tonne am Flussufer. Seit neuestem hat Tom ein Auge auf <u>die schöne Becky</u> geworfen. Die schöne Becky ist die Tochter des neuen Richters. Tom will <u>Becky</u> imponieren. In Becky hat er sich verliebt.

Aufforderungen: bitten, appellieren, befehlen, …

1 Beschriftet die Verbotsschilder.
  – Überlegt euch verschiedene Formulierungen.
  – Vergleicht eure Lösungen.

Die Grundform einer **Aufforderung** ist der Imperativ (Befehlsform):
– Du-Form: Mach das Handy aus! (Singular), Macht das Handy aus!
  (Plural).
– Sie-Form: Machen Sie das Handy aus! (Singular und Plural).
Auffordern kann man aber auch mit anderen Mitteln:
– Modalverben (müssen, sollen, nicht dürfen): Du musst das Handy
  ausmachen.
– Infinitiv: Handy ausschalten.
– Frage: Könnten Sie mal das Handy ausmachen? Würdest du bitte
  das Handy ausmachen?
Alle Aufforderungen wirken höflicher, wenn du Adverbien wie bitte
oder (ein)mal verwendest.

2 Schüler der Klasse 7b haben ein Plakat zum Thema „Umwelt" gestaltet
  und für weitere Plakate Slogans entworfen.
  – Welche Formen der Aufforderungen haben sie verwendet?
  – Gestaltet Plakate mit den Slogans. Hinweise findet ihr auf Seite 274.

Ihr sollt an die Umwelt denken.

Benutzt die Spartaste.

Man darf nicht bei laufender Heizung lüften.

Licht ausschalten –
Umwelt erhalten

Macht mit bei unserer Energiesparaktion!
Mehr Infos erhaltet ihr bei der Klasse 7d.

Das ist dein Müll von einem Tag.

Haltet euren Schulhof sauber!

Kauft recyclebare Flaschen!

3 Auch auf diesen Plakaten wird aufgefordert:
- Schaut euch die Plakate an und lest die Slogans.
- Was soll mit den Plakaten erreicht werden?

> Plakate können **direkt** oder **indirekt** auffordern:
> - Direkte Aufforderungen stehen im Imperativ oder Infinitiv: Zeig Mut!
> - Indirekte Aufforderungen sind oft auch als Aussagesätze, Fragesätze oder Ausrufesätze formuliert. Du musst herausfinden, welcher Appell sich dahinter verbirgt.

4 Nutzt die Abbildungen für ein Plakat. Formuliert direkte und indirekte Aufforderungen.

Sprachliche Mittel der Aufforderung gebrauchen

Begründungen: weil, denn, deshalb, …

Tipps
*Mehr über Lese-scouts findest du auf:
http://www.lesescouts.de/attachments/011_ranandiebuecher.*

Lesescouts sind Schülerinnen und Schüler ab der 7. Klasse, die selbst gern lesen und dies an andere Kinder weitergeben möchten. Gemeinsam mit anderen planen die Lesescouts vielfältige Aktionen.

1 Lies, warum Dirk Lesescout geworden ist.

„Es gibt viele Gründe, warum ich Lesescout bin! Ich möchte fürs Lesen werben, weil ich Büchereileiter unserer Schule bin. Ich bin aber auch aus einem anderen Grund Lesescout: Lesen macht mir Spaß. Mit seinem Buch kann man sich in eine „Traumwelt" hineinversetzen! Ein Buch ist für jeden nämlich sein eigener Film im Kopf! Man braucht einfach viel Fantasie!"

Dirk Grummt

In Diskussionen oder Stellungsnahmen musst du deine Meinung begründen. **Begründungen** kannst du unterschiedlich formulieren.
a) mit Verbindungswörtern (Konjunktionen):
   – in Nebensätzen mit weil: Ich bin Lesescout, <u>weil</u> ich selbst gerne lese.
   – in Hauptsätzen mit deshalb, daher, denn, darum: Ich liebe Bücher. <u>Deshalb</u> bin ich Lesescout.
b) mit Adverbien wie nämlich: Die meisten Kinder lesen <u>nämlich</u> zu wenig.
c) mit Formeln wie: aus diesem Grunde, es gibt viele Gründe, ich möchte das begründen, …

2 Markiere im Text, welche Begründungen Dirk verwendet hat. Nutze dazu den Regelkasten.

3 Die Lesescouts haben Lesetipps erarbeitet und begründen, warum sie die verschiedenen Aktionen gemacht haben. Setze die passenden Begründungswörter ein: *weil, deshalb, nämlich, denn, aus diesem Grunde, …*
Sarah: Ich habe ein Werbeplakat für ein Buch gemacht, ____ *ich die anderen Schüler neugierig machen will.*

Lea und Pia: Wir haben eine Lies-was-Säule gebastelt und auf Rollen gestellt, wir wollen sie ▭ von Klasse zu Klasse schieben.

Julian: Wir haben unser Lieblingsbuch als Foto-Story nachgestellt, ▭ wir wollten uns eine ungewöhnliche Buchvorstellung ausdenken.

Liz und Paul: Wir wollten die Schüler aus der sechsten Klasse überraschen. ▭ haben wir haben eine Stelle aus dem Buch als Theaterszene vorgespielt.

Lili und Dana: Wir wollten wissen, welche Bücher die Schüler eigentlich interessieren. ▭ haben wir eine Umfrage gemacht.

4 Lies die Gründe, warum die Schüler Lesescouts geworden sind.
  – Überarbeite die Beiträge und formuliere Begründungen.
  – Benutze die angegebenen Mittel.

„Es macht Spaß, anderen die Tür in die Bücherwelt zu öffnen!"
(Judith Hammer) (weil)

„Als Lesescout kann ich anderen helfen, sich in Bücher hineinzuträumen."
(Susanne Ehmer) (darum)

Ich lese selbst gerne und denke, dass die meisten Kinder und Jugendlichen viel zu wenig lesen!"
(Simon Dahms) (denn)

„In der heutigen Zeit gibt es zu viele alternative Medien, die das Buch überflüssig machen. Die Kinder und Jugendlichen sitzen eher am PC oder vor dem Fernseher."
(Sarah Schlösser) (nämlich)

„Ich lese gerne. Die Arbeit in der Bücherei macht mir Spaß."
(Jennifer Katschuk) (Aus diesen Gründen)

„Ich bin gerne ‚up to date', wenn es um Büchertipps geht!"
(Kerstin Funke) (deshalb)

Judith Hammer ist Lesescout geworden, **weil** …
Susanne Ehmer …

5 Schreibe einen Beitrag für die Schülerzeitung, mit dem du andere Schüler als Lesescouts anwerben möchtest. Begründe deine Meinung.

Sprachliche Mittel für Begründungen gebrauchen (Kausalsätze)

Ziel und Zweck angeben: damit, um ... zu

Wozu haben Elefanten einen Rüssel?

Der Rüssel ist die Nase des Elefanten. Sie brauchen ihn zum Riechen und zum Atmen. Der Rüssel ist für sie aber auch eine Art Hand, um Dinge aufzuheben oder Obst von Bäumen abzureißen. Elefanten haben den Rüssel aber auch, damit sie trinken können: Sie saugen das Wasser in den Rüssel und spritzen es sich danach in das Maul. Außerdem dient ihnen der Rüssel auch noch zum Tasten, als Alarmtrompete, Waffe, Schwimmschnorchel und sogar als Schlauch, um sich mit Wasser zu bespritzen.

5

1 Wozu haben Elefanten einen Rüssel? Unterstreiche alle Stellen im Text, die auf diese Frage eine Antwort geben.

Wenn man etwas genau beschreiben und erklären möchte, nennt man **Ziel** und **Zweck**. Hierzu kannst du verschiedene sprachliche Mittel verwenden:
– Nebensätze mit der Konjunktion damit: Elefanten haben einen Rüssel, damit sie trinken können.
– Formulierung mit um ... zu (Infinitivsatz): Elefanten haben einen Rüssel, um sich mit Wasser zu bespritzen.
– zum mit Nomen (Nominalisierung): Der Elefant hat den Rüssel zum Atmen.

➡ *Wenn du dich über die Nominalisierung nochmals informieren willst, vgl. Seite 216/217.*

Wozu ist diese Taste da?

Diese Taste musst du drücken, um das Gerät einzuschalten.

2 Wozu haben Zebras Streifen? Wozu ist die Zunge da? Wozu sind Tränen gut? Wähle die passende Information aus und verwende bei deinen Antworten verschiedene sprachliche Mittel.

sie reinigen die Augen   man kann schmecken und sprechen
man erkennt sie nicht so leicht

3 Bringt einen MP3-Player oder ein anderes Gerät mit. Macht ein Rollenspiel: Der Kunde fragt, der Verkäufer erklärt.

Vermutungen ausdrücken

Wie werden die Menschen in fünfzig Jahren leben?

Einkaufen: Supermärkte wird es auch in Zukunft geben. Neu wird allerdings das Angebot sein. Vielleicht gibt es vermehrt Nahrungs-Pellets, kleine zusammengepresste Bällchen? Im Regal stehen dann vermutlich nur noch fettfreie, extragesunde Speisen.

Umwelt: Die Erde soll sich weiter erwärmen. Gletscher und Polkappen werden schmelzen, der
5 Meeresspiegel soll steigen. Einer zieht sich wahrscheinlich aus Europa ganz zurück: der Winter.

1 Was Forscher über die Zukunft sagen, ist ungewiss. Markiere im Text, woran du dies erkennst.

2 Suche im Text jeweils ein Beispiel für die verschiedenen Möglichkeiten, Vermutungen auszudrücken. Nutze dazu den Regelkasten.

Vermutungen kannst du unterschiedlich ausdrücken. Du kannst dabei auch angeben, wie sicher die Annahmen sind.
- **Adverbien** (vielleicht, wahrscheinlich, vermutlich): <u>Wahrscheinlich</u> zieht sich der Winter ganz aus Europa zurück.
- **Modalverben** (können, sollen, müssen): Die Erde <u>soll</u> sich weiter erwärmen.
- **Futur:** Supermärkte <u>wird</u> es auch in Zukunft <u>geben</u>.
- **Wortfeld „vermuten"** (vermuten, annehmen, glauben, erwarten ...): <u>Es ist anzunehmen</u>, dass die Zahl der Unwetter zunimmt.

---

3 Formuliere einen weiteren Abschnitt über das Jahr 2050 aus den Notizen der Zukunftsforscher. Nutze dazu den Regelkasten.

> – Multimediahandy mit Videonachrichten
> – kleine Navigationsgeräte als Wegweiser
> – Telefon in Pullover oder Jacke eingewebt
> – SMS gesprochen, ohne Tastatur
> – intelligentes Handy erkennt sein „Herrchen"
> – Roboter ...

Sprachliche Mittel für Vermutungen gebrauchen (Modalverben, Futur)

Dass-Sätze: Ich behaupte, ich meine, ich hoffe, …

1 Lies den Anfang einer Pro-Kontra-Diskussion aus einem Jugendmagazin.
   a) Über welches Thema wird diskutiert?
   b) Was meinen die Schulleiter Wanda Fox und Bernhard Bueb?

Wanda
Fox

Bernhard
Bueb

Wer immer pünktlich ist und gute Noten schreibt, kann in manchen Schulen Amerikas über 1000 Dollar pro Schuljahr verdienen. Wanda Fox, Schuldirektorin einer Schule in Washington, hat Geld als Belohnung in ihrer Schule eingeführt. Sie behauptet, dass Geld motiviert und viele Schüler besser werden. Ihr deutscher Kollege Bernhard Bueb dagegen bezweifelt, dass dieser Weg sinnvoll ist. Er denkt, dass Geld den Charakter verdirbt. ₅

2 Unterstreiche (Folientechnik), was Wanda Fox behauptet und Bernhard Bueb bezweifelt.

➡ *Weitere Übungen zu dass-Sätzen findest du in der Werkstatt Rechtschreibung auf Seite 248.*

In **dass-Sätzen** steht oft, was eine Person sagt, meint oder denkt:
Direkte Rede: Sie behauptet: „Viele Schüler werden besser."
Indirekte Rede: Sie <u>behauptet</u>, <u>dass</u> viele Schüler besser werden.
Die Konjunktion dass leitet einen Nebensatz ein. Denke daran: Vor dem dass-Satz steht immer ein Komma.

3 Lies zunächst, was Wanda Fox über Schulnoten schreibt. Fasse ihre Meinung zusammen.

Was Wanda Fox wörtlich sagt …	Wie du die Meinung zusammenfassen kannst …
Wir haben ein neues Punktesystem eingeführt. Wir zahlen den Schülern Geld für gute Leistungen. Viele unserer Schüler sind wie ausgewechselt. Die Lehrer vergeben für verschiedene Dinge Punkte. Wer immer pünktlich und anwesend ist, bekommt einen Punkt. Wer schön seine Hausaufgaben macht und gute Noten schreibt, bekommt ebenfalls einen Punkt. Für jeden Punkt gibt es dann zwei Dollar. Alle zwei Wochen ist bei uns Zahltag. Manche kaufen sich für das Geld Kleider, manche unterstützen ihre Eltern. Einige Schüler sparen auch für ihre Ausbildung.	*Wanda Fox berichtet, dass sie ….* *Sie sagt, dass sie den Schülern …* *Wanda Fox meint, dass viele Schüler …* *Sie erklärt, …:* *Wer immer pünktlich und anwesend ist, bekommt einen Punkt. Wer schön seine Hausaufgaben macht und gute Noten schreibt, bekommt ebenfalls einen Punkt. Wanda Fox sagt, dass es für jeden Punkt …* *Sie erzählt, ….* *Zum Schluss teilt sie mit, …*

(Zeilennummerierung: 5, 10, 15)

4 Lies, was Bernhard Bueb entgegnet. Fasse seine Meinung zusammen.

Bernhard Bueb

Wichtige Dinge wie Höflichkeit und Pünktlichkeit lernen Kinder nicht durch Geld. Geld schadet sogar. Kinder werden zu Knechten des Geldes, wenn sie in der Schule zwei Dollar für ihre Hausaufgaben bekommen. Solche Kinder werden sich später nicht anstrengen, einem anderen Menschen zu helfen. Sie wollen nur Geld verdienen.

Bernhard Bueb glaubt dagegen, dass Kinder … Er findet sogar, …

5 Schreibe einen Brief an die Redaktion des Jugendmagazins, in dem du deine persönliche Meinung über „Geld für gute Noten" darlegst. Benutze dazu auch die Wortfelder aus den Kästen.

„Geld für gute Noten?"
Ich habe Ihren Artikel „Geld für gute Noten?" gelesen und möchte einmal meine Meinung als Schüler äußern. Ich glaube, dass …

Verben, die zum Wortfeld „sagen" gehören: sagen, berichten, zeigen, erklären, erzählen, informieren, mitteilen, feststellen …

Verben, die zum Wortfeld „meinen" zählen: meinen, denken, glauben, der Ansicht sein, finden, bezweifeln, hoffen …

Indirekte Rede gebrauchen (dass-Sätze)

Textverweise – Bezüge erkennen

Noch vor der Schule aufs Feld

Pooja lebt in Pushkar (Indien). Wenn die Elfjährige jeden Morgen pünktlich um halb neun in der Schule sitzt, hat sie bereits eine Menge Arbeit hinter sich. Dann ist das Mädchen schon seit zweieinhalb Stunden auf den Beinen und hat seinem Vater auf dem Feld geholfen. Dort sät und erntet Poojas Familie Blumen. Alle machen mit: die Eltern, Poojas kleine Brüder Banti und Nikki und ihre 17-jährige Schwester Sonja. Pooja pflückt die bunten Blüten. Daraus werden kunstvolle Girlanden und anderer Schmuck geflochten. Nach der Schule ist aber zunächst Zeit für andere Dinge: Hausaufgaben machen, Freunde treffen, und der Mutter im Haushalt helfen. Erst am späten Nachmittag hilft Pooja noch einmal auf dem Feld. Danach trifft sich die ganze Familie zum Abendessen. Dann muss Pooja schlafen gehen, denn in ein paar Stunden wird die Sonne wieder aufgehen und das fleißige Kind auf dem Feld erwarten.

1 Worauf beziehen sich die blau markierten Wörter im Text? Übertrage die Tabelle in dein Heft und ergänze sie.

Wort	bezieht sich auf:
die Elfjährige	Pooja
sie	...

2 Suche für die Verweisformen im Regelkasten jeweils ein Beispiel aus deiner Tabelle (Aufgabe 1).

Ein **Text** besteht aus Sätzen, die miteinander verknüpft sind. Achte beim Lesen und Schreiben auf die passenden **Verweise**.
Du kannst
– ein Wort wiederholen: Pushkar ← Pushkar
– ein Nomen durch ein Pronomen ersetzen: Pooja ← sie
– ein Wort mit einer ähnlichen Bedeutung (Synonym) wählen: Pooja ← die Elfjährige
– Verweiswörter verwenden: bunte Blüten ← daraus

Kommas erleichtern das Lesen

1 Lies den folgenden Text über Mossa, einen Jungen aus Algerien, der mitten in der Wüste lebt. Er gehört zu den Tuareg, einem Wüstenvolk. Warum ist es schwer, den Text zu lesen?

Herbert Schmon

Mossa: Ich lebe in der Wüste

Mossa und seine Geschwister kriechen aus ihren Wolldecken wenn es am Morgen hell wird. Die Mutter hat vor dem Haus bereits ein Feuer entfacht an dem sich die Kinder wärmen weil es noch ziemlich kalt ist. Zum Frühstück gibt es Grüntee und Datteln die die Mutter vorher in einem Mörser
5 zerstoßen hat. Nachdem die Kinder noch eine Schüssel heißes Hirsemus gegessen haben werden Hände und Gesicht mit Wasser gewaschen. [...]
Um halb acht steht Mossa mit den anderen Kindern auf dem Schulhof. Die Jungen und Mädchen bilden zwei Reihen sobald einer der Lehrer erscheint. Die Tuaregkinder reden in einer Sprache die ihr Lehrer meist nicht versteht. Sie sprechen wenn sie unter sich sind ihre Sprache: Tama-
10 schek. Die Lehrer sprechen Arabisch.

Zwischen Haupt- und Nebensatz muss ein **Komma** stehen. Kommas gliedern Sätze und sorgen dafür, dass Texte leichter lesbar sind.
Hauptsätze können alleine stehen. Das konjugierte Verb steht an zweiter Stelle: Die Lehrer sprechen Arabisch.
Nebensätze können nie alleine stehen, sie sind immer durch eine Konjunktion oder ein Relativpronomen mit einem Hauptsatz verbunden. In Nebensätzen steht das konjugierte Verb am Ende:
Mossa kriecht aus der Wolldecke, <u>wenn</u> es hell wird.
Wenn Hauptsätze mit und oder oder verbunden werden, braucht kein Komma zu stehen.

2 Unterstreiche (Folientechnik) alle Nebensätze und kreise die dazugehörigen Konjunktionen und Relativpronomen ein. Schreibe den Text anschließend ab und setze die fehlenden Kommas zwischen Haupt- und Nebensätzen ein.

Haupt- und Nebensätze unterscheiden

3 Lies, wie es mit Mossa weitergeht.
– Markiere die Nebensätze farbig (Folientechnik) und setze Kommas.

Wenn die Schule um halb zwölf aus ist ziehen die Kinder andere Kleider an. Dann spielen sie noch eine halbe Stunde. Alle setzen sich sobald das Essen fertig ist in den Sand. Die Mutter stellt die Schüssel in die Mitte. Jede Person hat ihren eigenen Löffel und darf nur auf ihrer Seite in der Schüssel zulangen. Nachmittags gehen die Kinder nochmals zwei Stunden zur Schule. Nachdem sie zu Abend gegessen haben sitzt Mossa am Feuer und hört zu was die Großen reden. Dann bekommen auch die Kinder ein Gläschen starken Tee. Stockdunkel wird es eigentlich nie weil Sterne und Mond genug Licht geben. Mossa und die anderen Kinder können bei Dunkelheit noch draußen spielen.

Nebensätze können an verschiedenen Stellen stehen:
– Steht der Nebensatz nach dem Hauptsatz, steht das Komma vor der Konjunktion:
  Sie sprechen ihre Sprache, wenn sie unter sich sind.
– Steht der Nebensatz vor dem Hauptsatz, steht das Komma am Ende des Nebensatzes:
  Wenn sie unter sich sind, sprechen sie ihre Sprache.
– Wenn der Nebensatz in den Hauptsatz eingeschoben ist, wird er durch zwei Kommas vom Hauptsatz getrennt: Sie sprechen, wenn sie unter sich sind, ihre Sprache.

4 Lies die Fortsetzung der Geschichte Satz für Satz. Überlege dir, wann ein Komma stehen muss. Notiere auf einem Zettel:
Ein Komma steht bei: ❸, … *Ein Komma kann, muss aber nicht stehen bei* ❶, … *Kein Komma darf stehen bei:* ❷, …

5 Diskutiert eure Ergebnisse und begründet sie mithilfe der Regeln auf Seite 231.

Etwa um neun Uhr wird es ruhiger ❶ und die Kinder „gehen ins Bett": Mossa tritt in den Hof ❷ neben dem Haus ❸ zieht seine beiden Wolldecken von der Mauer herunter ❹ und er kuschelt sich in einer Ecke in den Sand – über ihm der Sternenhimmel. Nachts hört er die Schakale heulen ❺ die es auf die Ziegen abgesehen haben. Aber er fürchtet sich nicht ❻ weil die Hunde die Herde gut bewachen. Wenn eines Tages das Futter ❼ für die Ziegen nicht mehr ausreicht ❽ laden die Tuareg ihre Habe auf die Kamele ❾ und ziehen zum nächsten Weideplatz ❿ den der Vater ausgesucht hat.

Über Zeichensetzung sprechen

1 Lies das Rätsel. Warum ist das Lesen schwierig?

Gefangen!

Ein böser Zauberer hat euch gefangen genommen und in einen dunklen Raum verschleppt zwei Türen die nicht verschlossen sind führen nach draußen hinter der ersten Tür ist allerdings eine riesige Lupe angebracht die das Sonnenlicht bündelt und jeden sofort verbrennt der in der Tür erscheint hinter der zweiten Tür wartet ein Drache der Feuer speit wie könnt ihr entfliehen

2 Schreibe den Text in dein Heft ab und setze alle notwendigen Satzzeichen. Überlege, wann ein neuer Satz anfängt und achte auf die Großschreibung.

3 Vergleicht eure Ergebnisse.

4 Lest mit eurem Partner das folgende Rätsel. Erklärt die Zeichensetzung. Achtung! Zwei Kommas sind zu viel!

> *Warum steht hier ein Ausrufezeichen?*

> *Warum steht denn da ein Doppelpunkt?*

Nur keine Panik!

Welch furchtbarer Albtraum: Ihr liegt in der Badewanne, und wollt das Wasser abstellen. Aber das geht nicht! Es plätschert weiter aus dem Hahn, läuft über den Wannenrand, steigt im Badezimmer hoch. Die Tür ist abgeschlossen und so dicht, dass kein Tropfen herauslaufen kann. Das Bad, in dem ihr euch befindet, hat auch keine Fenster. Nach fünf Minuten, steht euch das Wasser bis zur Hüfte. Nachdem weitere fünf Minuten vergangen sind, steht euch das Wasser schon bis zur Nasenspitze. Hilfe! Was macht ihr, um euch zu retten?

Werkstatt Rechtschreibung

In der Werkstatt Rechtschreibung findest du Anregungen und Ideen, wie du Schritt für Schritt sicherer in der Rechtschreibung wirst.

Du lernst
- *Rechtschreibstrategien und*
- *Rechtschreibregeln und –hilfen anzuwenden,*
- *Übungsformen kennen, mit denen du dein Rechtschreibwissen selbstständig wiederholen, erweitern und dir einprägen kannst.*

Rechtschreibgespräche führen – Rechtschreibstrategien nutzen

Worüber wird während eines Rechtschreibgesprächs gesprochen?
Über Wörter, die schwierig zu schreiben sind, könnt ihr ein Rechtschreibgespräch führen – auch über die Rechtschreibvorschläge eines Computerprogramms wie auf Seite 280.

Wie läuft es ab? Wer nimmt am Gespräch teil?
Wer auf eine schwierige Stelle im Wort hinweisen will oder eine Strategie oder Regel kennt, mit der man einen Fehler vermeiden kann, meldet sich zu Wort. Man führt das Gespräch mit der ganzen Klasse, zu zweit oder in kleinen Gruppen. Manchmal leitet die Lehrerin oder der Lehrer das Gespräch.

Wann und wozu findet ein solches Gespräch statt?
Häufig ist es ein kurzes Zwischendurch-Gespräch, um ein aktuelles Problem zu lösen. Manchmal findet es als Korrekturgespräch innerhalb einer Schreibkonferenz statt oder auch während einer Rechtschreibstunde, um eine Rechtschreibregel zu entdecken.
Wichtig: Ihr erfahrt dabei auch, was ihr schon ganz gut könnt und was ihr noch besonders üben solltet. Ihr überprüft in solchen Gesprächen also auch euer Wissen und Können.

1 Vergleicht die Antworten auf die Fragen mit euren Erfahrungen:
  – Wann führt ihr solche Gespräche durch?
  – Wie laufen sie ab, welche Erfahrungen habt ihr dabei gemacht?

Ein Schüler hat den Text „Feuer aus Eis" aus der Werkstatt Rechtschreibung auf Seite 255 mit dem Computer geschrieben. Gemeinsam werden in einem Rechtschreibgespräch die Vorschläge diskutiert, die das Rechtschreibprogramm gemacht hat.

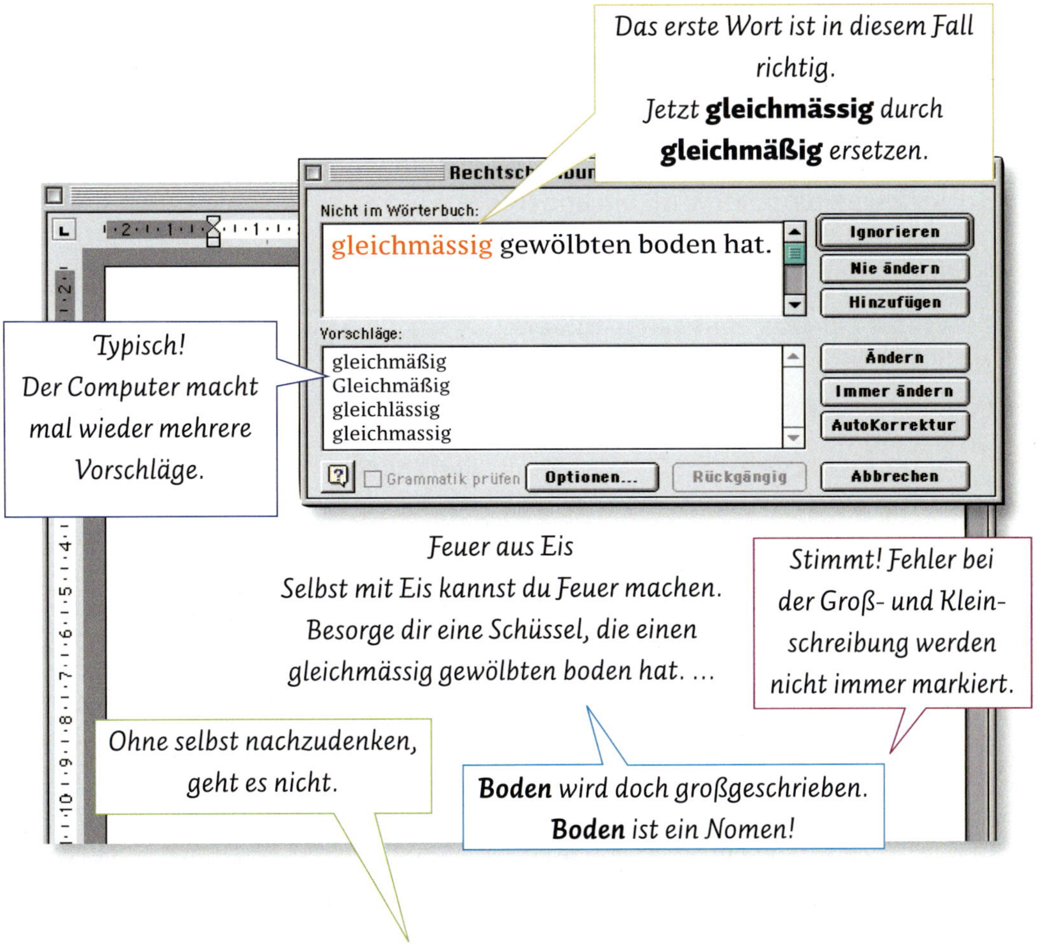

> Das erste Wort ist in diesem Fall richtig.
> Jetzt **gleichmässig** durch **gleichmäßig** ersetzen.

Rechtschreibung

Nicht im Wörterbuch:

gleichmässig gewölbten boden hat.

[Ignorieren] [Nie ändern] [Hinzufügen]

Vorschläge:
gleichmäßig
Gleichmäßig
gleichlässig
gleichmassig

[Ändern] [Immer ändern] [AutoKorrektur]

[?] ☐ Grammatik prüfen [Optionen…] [Rückgängig] [Abbrechen]

> Typisch!
> Der Computer macht mal wieder mehrere Vorschläge.

Feuer aus Eis
Selbst mit Eis kannst du Feuer machen.
Besorge dir eine Schüssel, die einen
gleichmässig gewölbten boden hat. …

> Stimmt! Fehler bei der Groß- und Kleinschreibung werden nicht immer markiert.

> Ohne selbst nachzudenken, geht es nicht.

> **Boden** wird doch großgeschrieben.
> **Boden** ist ein Nomen!

2 Diskutiert die Äußerungen der Schülerinnen und Schüler.

3 Gebt zu zweit typische Fehlerwörter in den Computer ein und lasst sie vom Rechtschreibprogramm überprüfen. Sprecht anschließend über die Lösungsvorschläge des Computers. Wo helfen sie? Wo eher nicht?

➡ *Arbeitet zum Thema „Rechtschreibprogramme nutzen" weiter in der Werkstatt Methoden und Arbeitstechniken auf Seite 280.*

Rechtschreibstrategien nutzen: andere Wortformen suchen

Oft hört man Wörter anders, als sie geschrieben werden. Dann helfen dir die folgenden Strategien weiter, mit denen du die richtige Schreibweise selbst finden kannst. Du kannst natürlich auch in einem Wörterbuch nachschlagen oder jemanden fragen.

Strategie 1: Ein Wort zerlegen

Durch diese Strategie kannst du z. B. herausfinden, warum manchmal ein Buchstabe verdoppelt wird, ein anderes Mal nicht.

Du kannst ein Wort zerlegen in **Silben**

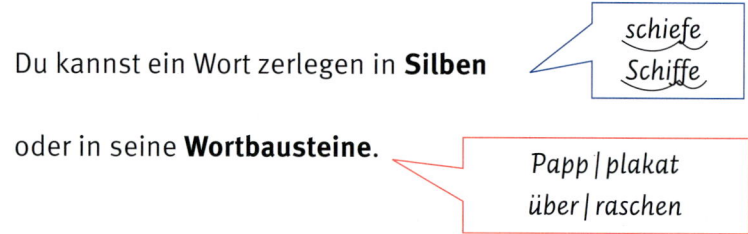

schiefe
Schiffe

oder in seine **Wortbausteine**.

Papp | plakat
über | raschen

Dazu musst du die Wortteile deutlich **sprechen**, die Wortteile **heraushören** und sie aufmerksam **anschauen**.

a) Sprich diese Wörter deutlich und zerlege sie mit Silbenbögen (Folie).
Worauf muss man bei diesen Wörtern achten?
fassen, flattern, die Suppe, die Sonne, raffen, rennen, knurren
Ergänze die Gruppe mit möglichst vielen Reimwörtern.

b) Warum musst du die folgenden Wortpaare besonders kontrollieren?
Schreibe sie auf und unterlege sie mit Silbenbögen:
raten – (die) Ratten, beten – (die) Betten, (die) Düne – dünne,
offen – der Ofen, sie wissen – die Wiesen, wir lassen – wir lasen,
die Masse – die Maße, die Teller – die Täler, wir bitten – wir bieten,
die Mitte – die Miete.
Ergänze: *die Quallen – die Qua…, schlafen – die Schla…, die Hütte – die Hü…*

c) Ergänze die folgenden Sätze mit passenden Wörtern aus b):
Wir <u>wissen</u>, dass wir den Abfall ordentlich entsorgen müssen. Die ? lie-
gen voll Dosen und anderem Unrat. Die Schüler ? gestern abwechselnd
aus ihren Lieblingsbüchern vor. Wir ? uns die Stimmung nicht vermiesen.

d) Suche zu den Verben bitten, fallen, greifen, reiten, treffen mit dem Wörterbuch möglichst viele Vergangenheitsformen. Erkläre die unterschiedliche Schreibweise in einem Rechtschreibgespräch.

e) Warum musst du Wörter wie Gewitterregen und Wochenende besonders
kontrollieren? Zerlege die Wörter in Wortbausteine.

f) Erkläre die markierte Rechtschreibschwierigkeit in den folgenden Wör-
tern. Schreibe die Wörter auf und zerlege sie: *ab | bauen, …*
abbauen, annehmbar, verrechnen, mitteilsam, unnütz, überraschen,
der Flusssand, die Gewinnnummer, der Schlusssatz, die Brennnessel

g) Was haben die folgenden Wörter gemeinsam? Aufgepasst: Drei Wörter
passen nicht dazu!
der Jungenname, die Suppennudeln, die Schirmmütze, vorrechnen, auf-
spannen, forttragen, die Abbildung, selbstständig, die Raststätte, aus-
schlafen, das Fahrrad, entdecken, enttäuscht, die Rennstrecke

h) An manchen Wortbausteinen kannst du die Wortart erkennen:
Gesund<u>heit</u>, herr<u>lich</u>, Bequemlich<u>keit</u>, mut<u>ig</u>, Kreuz<u>ung</u>, Ereign<u>is</u>.
Schreibe mit jedem Baustein mindestens ein weiteres Beispiel auf.

Strategie 2: Ein Wort verlängern

Durch diese Strategie kannst du herausbekommen, wie man ein Wort z. B.
am Ende schreibt: mit *d* oder *t*, mit *b* oder *p, g* oder *k*.

Suche
– zu Nomen den Plural: *der Dieb – die Diebe*
– zu Verben die *wir*-Form: *er bremst – wir bremsen*
– zu Adjektiven ein passendes Nomen: *bunt – der bunte Hund*

a) Bilde zu den Wörtern eine Form, die das *b, d* und *g* erklären kann:
hebt, der Flug, der Gang, gelb, der Herd, der Korb, klingt, der Krieg, lag, das Pferd, rund, sägt, der Dieb, stieg, taub, trabt, trüb, die Wand, wild
Schreibe so: *es hebt (wir heben).*

b) Wie wird der *s*-Laut gesprochen? Wie wird er geschrieben?
bremst, der Fels, das Glas, das Gras, löst, das Moos, der Preis, rast, saust, schmust, speist
Verlängere die Wörter und schreibe sie mit einer Form auf, die das *s* begründet: *bremst (wir bremsen), der Fels …*

c) Bei diesen Wörtern hört man das *h* am Ende nicht: *blüht, glüht, dreht, geht, steht, näht, ruht, sieht, zieht, leiht, weht, mäht.* Verlängere!

d) *l, m, n …* – einfach oder doppelt? Verlängere jedes Wort und schreibe es dann richtig auf.

ff oder *f*?	*das Schi?, er schlie?, schla?, sie tra?, ho?entlich*
ll oder *l*?	*schne?, so?, es kna?t, sie fä?t, sie fie?, der Unfa?*
mm oder *m*?	*schli?, sie schwi?t, es sti?t, sie ko?t, sie ka?, der Ka?*
nn oder *n*	*der Ma?, es ka?, er ke?t, er bega?, dü?, ra?*
pp oder *p*?	*schla?, kna?, er schna?t, er ti?t, er hu?t*
tt oder *t*?	*das Bla?, das Fe?, gla?, pla?, kapu?, er tra?*
rr oder *r*?	*er i?t, es su?t, sie mu?t, der Bä?, sie scha?t*

Strategie 3: Ein Wort ableiten – ein verwandtes Wort suchen

Mit dieser Strategie kannst du herausfinden, ob ein Wort z. B. mit *ä* oder *e*, mit *äu* oder *eu* geschrieben wird.

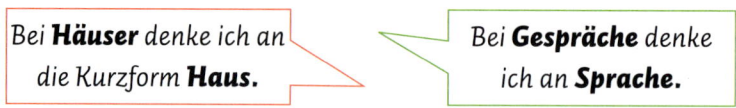

Bei **Häuser** denke ich an die Kurzform **Haus**.

Bei **Gespräche** denke ich an **Sprache**.

a) Viele Nomen haben im Plural ein *ä* oder *äu*, weil das Wort im Singular ein *a* hat: *die Häuser – das Haus, die Länder – das Land, die Gäste – der Gast*. Probiere aus und suche zu den folgenden Wörtern den Singular mit *a* oder *au*: *die Bänder, die Zähne, die Häute, die Sträucher, die Kräuter, die Schläuche, die Gläser, die Bräute, die Hände, die Schäume*.

b) Ordne die Wörter auf den Zetteln richtig zu, Denke an die Herkunft der Wörter: *Bei* **Gespräche** *mit ä denke ich an* **Sprache** *mit a.*

die Gespräche, ändern, gezählt, das Geräusch, schäumen, zuverlässig, sich rächen, säubern, ängstlich, das Schnäuzchen

rauschen, die Angst, anders, die Rache, der Schaum, lassen, die Sprache, sauber, die Zahl, die Schnauze

c) Leite die folgenden Wörter ebenso ab: *kräftig, ständig, glänzend, erklären, hauptsächlich, wählerisch, zuverlässig, häkeln, sorgfältig*

Ableiten hilft z. B. auch zu entscheiden, ob du *end-* oder *ent-* schreiben musst. Die Silbe *end* steht nur, wenn das Wort *Ende* mitgedacht werden kann: *endlich*. Die Silbe *ent* ist eine **Vorsilbe**: *entdecken*.

d) Setze *d* oder *t* ein:

En?gültige En?scheidung En?lich habe ich es geschafft, mich für ein Geburtstaggeschenk für meinen Bruder zu en?scheiden. Anfangs war ich nämlich ziemlich unen?schieden: neue Fische für sein Aquarium oder ein Computerspiel? Ich dachte en?los darüber nach. Schließlich wollte ich ihn nicht en?täuschen. Ich war schon fast en?mutigt, da hatte ich en?lich die rettende Idee: ein Computerkurs für Aquariumfreunde!

Strategie 4: Regelwissen nutzen und anwenden

a) Nutze dein Regelwissen: Schreibe wichtige Regeln in Kurzform auf Zettel oder Kärtchen. Nutze dazu dein eigenes Rechtschreibwissen und die Angaben in den Regelkästen dieser Werkstatt und in „Wissen und Können" auf S. 296–298.

Ob ein Wort großgeschrieben wird, erkennt man an seinem Begleiter: der, die, das, ein, eine, dein … oder beim, zum…	*Die Konjunktion dass steht häufig nach meinen, denken, wünschen, glauben, sagen …*	*Wörter mit ä haben meistens Wortverwandte mit a.*

b) Nutze die Regelkarten zum Rechtschreiblesen. Dies ist eine besonders gute Methode, auf mögliche Fehler im eigenen Text aufmerksam zu werden. Ihr könnt es zu zweit oder auch in kleinen Gruppen durchführen.

> Die Regelkarten liegen für alle gut lesbar auf dem Tisch.
> Der erste Satz des Textes wird laut vorgelesen.
> Jeder, der möchte, nennt ein Wort oder eine Wortgruppe und begründet, welche Schwierigkeit er beim Schreiben sieht. Diese Stelle wird markiert.
> Mithilfe der Regelkarten wird untersucht, ob hier richtig oder falsch geschrieben wurde.
> So wird der Text Satz für Satz durchgegangen.

c) Übt das Rechtschreiblesen mit vorbereiteten Regelkarten am folgenden Text. Findet und berichtigt Fehler.

Wenn ich in den Spiegel sehe
Wenn ich mich so im spiegel ansehe, kann ich nicht viel gutes an mir enddecken. Meine haare fende ich lockich und dunkel schöner, meine Nase ist zu schmall.
Außerdem wünsche ich mir, das meine zahnspange entlich verschwindet. Ich weiß überhaupt nicht, warum Julian mich in der letzten zeit so komisch ansiet, als würde ich ihm gefalen.

Auswählen und üben, das Wörterbuch dabei nutzen

Ü 1 Überlege, welche Wortform den unterstrichenen Buchstaben begründet. Schreibe sie in Klammern dazu: *der Er*d*teil – (die Erde)...*
   a) *der Er*d*teil, schä*d*lich, bieg*s*am, schwei*g*sam, liebli*ch,*
      *der Stau*b*sauger*
   b) *der Brem*s*weg, der Fel*ss*palt, die Krei*s*fläche, le*s*bar, die Prei*s*tafel*
   c) *der Dre*h*wurm, die Schu*h*größe, die Dro*h*gebärde,*
      *der Frü*h*aufsteher*
   d) *Du*mm*kopf, bre*nn*bar, die Pa*pp*nase, die I*rr*fahrt, der Sti*ll*stand*

Ü2 Schreibe Wörter mit den Silben *end/End* und *ent/Ent* auf Kartei-
karten. Nutze dazu ein Wörterbuch. Mache damit ein Eigendiktat:
halblaut lesen, genau hinschauen, mitdenken, Karte umdrehen und
schreiben, schließlich kontrollieren.

Ü3 In jedem der folgenden Wörter ist eine Rechtschreibschwierigkeit
markiert. Überlege, wie du einen Fehler an diesen Stellen vermeiden
kannst. Wähle eine passende Rechtschreibstrategie aus.
*abbrechen, das Abgas, ängstlich, die Anfänge, auffüllen,
die Ausbildung, das Betttuch, die Bissstelle, (es) bläst, (sie) bleibt,
die Fälle, die Kennnummer, mitteilen, (er) rät, (er) sagt, säubern,
schärfer, träumen, vielleicht, der Vorrat, weggehen*

Ü4 In dem kurzen Text auf dem
Zettel sind einige Fehler
markiert.
– Erkläre, wie der erste
 Fehler berichtigt wurde.
– Berichtige die übrigen
 Fehler auf ähnliche Wei-
 se. Sprich mit jemandem
 über deine Berichtigung.

> *Jeder kent das Müllproblem auf unserem Schulhof. Wie
> bekomt man es in den Grif? Unsere Vorschläge sollten
> wir sammeln und an einer Stelwand veröffentlichen.*
>
> **Berichtigung:**
> a) kennt – (wir) kennen
> b) Er kennt ihn sofort wieder.
> c) kennen, kannte, gekannt
> d) bekennen, kenntlich, Kennwort
> e) kennen, rennen, brennen

Ü5 Finde im Text die Rechtschreibfehler und berichtige sie.

> *Hallo Cedrik, aus dem Ferienlager auf
> Norderney hertzliche grüße. Dein
> Ruksack leistet mir gut dienste. Ich freue
> mich schon auf die wattwanderungen.
> Damit du dir ein Bild von der Insel und
> dem Lagerleben machen kanst, mußt du
> mich unbedingt besuchen kommen, am
> besten Sonntags. Ich würde dir gerne viel
> interessantes zeigen.
> Bis bald! Alex*

Überprüfe dein Wissen und Können:

Fehlerquellen entdecken – Übungsschwerpunkte finden

Wenn du testen und einschätzen willst, was du schon ganz gut kannst und wo du noch unsicher bist, gehe so vor:

▶▶ **Ein Partnerdiktat durchführen**

Suche dir eine Partnerin oder einen Partner. Diktiert euch dann jeweils abwechselnd den Text. Beachte beim Schreiben:

- Lass immer eine Zeile für die Korrektur frei.
- Sprich beim Schreiben in Murmelstimme mit.
- Bei einer Unsicherheit notiere in Klammern Schreibweisen, die du für möglich hältst.

> Gestern war wirklich nicht mein Tag. Als wir nach der Erdkundestunde vor dem Musikraum warten mussten, hatte ich gleich Angst, dass sich ein paar aus meiner Klasse wieder etwas ausdenken könnten, um mich zu ärgern. Und wirklich: Ich wollte mich gerade möglichst unauffällig neben die Tür stellen, als ich an Vina vorbeikam. Sofort riss sie mir meinen Schal vom Hals. Ich wusste zuerst gar nicht, was ich machen sollte, aber plötzlich stieg die Wut in mir hoch. Vina rannte weg und schlug Haken. „Mensch, gib endlich den Schal zurück", konnte ich gerade noch herausbringen. Da merkte ich auch schon wieder diesen bescheuerten Kloß im Hals. Jetzt bloß nicht losheulen, das wollen die doch nur! Da sehe ich, dass mir Marlene den Schal entgegenhält. Endlich hat dieses blöde Spiel ein Ende.

- Überprüfe nach dem Diktat die Rechtschreibung zunächst ganz allein. Nutze dazu die Korrekturstrategie: vorwärts-rückwärts-vorwärts-lesen. Hinweise dazu findest du auf Seite 295.
- Streiche die Falschschreibungen durch, die du beim Korrekturlesen entdeckst und korrigiere sie in der Korrekturzeile.
- Kontrolliert nun eure Texte gegenseitig und markiert mögliche Fehlerwörter.

▶▶ Fehler verstehen und berichtigen

Besprecht in einem Rechtschreibgespräch jedes Fehlerwort und haltet es in einem Fehlerbogen fest. Hinweise dazu gibt es in „Wissen und Können" auf Seite 295.

▶▶ Herausfinden, was du besonders üben solltest:

– In der folgenden Tabelle findest du einige Problembereiche der Rechtschreibung. Übertrage die Tabelle in dein Heft. Du kannst die Tabelle so ändern (erweitern, kürzen, umformulieren), dass sie für dich passend ist.

groß oder klein:	*wirklich, Angst, ein paar …*	( )
s-Laut: s, ss oder ß:	*riss …*	( )
Das Wörtchen dass:	*Ich möchte, dass es klappt…*	( )
ck oder k, tz oder z?:	…	( )
m, n, l … einfach oder doppelt:	…	( )
Merkwörter :	…	( )

– Ordne deine berichtigten Wörter in die Tabelle ein.
– Sammle darin eine Zeit lang alle Wörter, die du häufig falsch schreibst. Markiere jeweils, wo du den Fehler gemacht hast.
– Schätze dich ein und finde heraus, was du besonders üben solltest:
  (+) *Das kann ich schon ganz gut.*   (–) *Das sollte ich üben.*

– Wähle Texte aus, mit denen du den Erfolg deiner Rechtschreibübungen zeigen kannst. Begründe deine Auswahl.

„Meine Auswahl, Meine Begründung, Eure Rückmeldung"

▶▶ Regelmäßig üben – regelmäßig überprüfen

Übe zu deinem Problembereich regelmäßig, am besten täglich!
→ Du kannst in dieser Werkstatt üben und Aufgaben auswählen.
→ Du kannst Übungsaufgaben in „Wissen und Können" auf Seite 296/297 wählen.
→ Überprüfe regelmäßig, was du hinzugelernt hast. Nutze dazu Wortlisten, Sätze oder kleine Texte der Übungsseiten für ein Partnerdiktat. Besprich den Erfolg und wie es weitergehen soll.

Mit ck oder k? Mit tz oder z? – Regeln nutzen

> Warum schreibt man **putzen** und **Tatze** mit **tz**, **purzeln** und **tanzen** aber mit **z**?

> Warum **Brezel** und **duzen** mit **z**, **quaken** und **quieken** mit **k**?

> Warum schreibt man **necken** und **Zacken** mit **ck**, **denken** und **zanken** aber mit **k**?

Lisa und andere Schüler antworten in einem Rechtschreibgespräch so:

Lisa: *Purzeln* nur *z* und *denken* nur *k* weil nach *l, n, r* nie ein *tz* und ein *ck* folgt, sondern immer nur *z* und *k*.

Lennart: *putzen* mit *tz*, weil *putzen*. Das *t* schließt die betonte Silbe. Das *u* wird darin kurz gesprochen. Wir würden sonst *puzen* lesen.

Benedikt: *Necken* mit *ck*, weil *necken* und nicht *neken*. Das *c* schließt die Silbe. Der Vokal davor wird kurz gesprochen.

Maike: *quaken* mit *k* und *Brezel* mit *z*, weil *quaken* und *Brezel*. Die Silben enden mit einem Vokalbuchstaben. Der Vokal wird lang gesprochen. Sonst hieße es ja *quacken* und *Bretzel*.

1 Wie ist das mit *Tatze* und *tanzen*, mit *Zacken* und *zanken*? Wie ist das mit *duzen* und *quieken*? Führt das Rechtschreibgespräch weiter.

Regelwissen nutzen

2 Ergänze in den folgenden Wörtern die fehlenden Buchstaben. Begründe die Schreibweise in Klammern (*Rücken*) oder durch Markierungen: *blinken*.

k oder *ck*? *der Rü?en, blin?en, pa?en, die Wol?e, die Glo?e, der Kor?en,*

z oder *tz*? *die Mü?e, schni?en, scher?en, kra?en, die Fra?e, glän?en, die Pil?e,*

z oder *tz*? *die Schnau?e, die Pfü?e, der Wei?en, se?en, hei?en, du?en, he?en,*

k oder *ck*? *qua?en, pflü?en, der Ha?en, lec?en, die Lü?e, quie?en*

Suche zu einigen Wörtern Reimwörter und schreibe sie dazu.

3 Begründe das *z* und *tz*, das *k* und *ck* in den folgenden einsilbigen Wörtern, indem du sie verlängerst oder eine verwandte Wortform suchst: *spitz – ein spitzer Bleistift, das Glück – glücken*

a) *das Glück, er guckt, der Schreck, der Stock, sie nickt …*
b) *krank, der Park, welk, das Werk, der Fink …*
c) *es spukt, es hakt, er heizt, er quakt …*
d) *spitz, das Netz, der Platz, der Fleck, er putzt, der Witz …*
e) *stolz, er tanzt, kurz, das Herz, schwarz, das Gewürz …*
f) *sie heizt, er schnauzt …*

Suche zu den Übungswörtern Reimwörter und ergänze damit die Wortreihen.

Wörter verlängern

4 Schreibe die Regeln zu Ende:
*Wörter wie **Tatze** oder **decken** mit **tz** oder **ck**, weil …*
*Wörter wie **purzeln** oder **denken** mit **z** oder **k**, weil …*
*Wörter wie **Schnauze** oder **Haken** mit **z** oder **k**, weil …*

ü1 Ergänze in den folgenden Wörtern die fehlenden Buchstaben.
k oder *ck*? *der Rü?en, fun?eln, flin?, der Fle?, der Spu?, das Stü?*
z oder *tz*? *ä?end, stür?en, stol?, der Pil?, die Hei?ung, glo?en, kreu?en*

Auswählen und üben, das Wörterbuch dabei nutzen

ü2 Suche zu folgenden Zusammensetzungen eine Wortform, die das *z, tz* und das *k, ck* begründen kann: *der Ecktisch – Eck – die Ecke*
der Ecktisch, das Strickgarn, die Spukgeschichte, das Streikrecht, der Putzlappen, der Blitzableiter, die Heizkraft, der Schnauzbart

ü3 Schreibe mit einigen Reimwörtern eine lustige Geschichte, vielleicht wird auch ein Gedicht daraus:
Vor dem Haus sitzt meine Katze am liebsten auf der Decke
im Schatten der Hecke. Sieht sie einen Spatz, macht sie einen Satz …

ü4 Wähle ein Übungswort aus und bilde mit ihm möglichst viele Zusammensetzungen und Ableitungen. Markiere die Buchstabenverbindungen:
spitz: spitzwinklig, der Spitzbart, ein Spitzenkönner, die Spitzengeschwindigkeit …

Rechtschreibstrategien anwenden: Wörter verlängern, Regelwissen nutzen

Stimmloses s – mit ss oder ß? – Regeln nutzen

1 Damit man weiß, wie man den *s*-Laut schreiben soll, muss man überprüfen, ob er *stimmhaft* (summend) oder *stimmlos* (nicht summend) gesprochen wird.
Probiere es selber aus und ordne dazu die Wörter:
der Fuß, einsam, groß, der Spaß, böse, der Rüssel, die Nase, die Rose, die Tasse, lesen, reisen, die Straße. Markiere jeweils den *s*-Laut.
– stimmlos: *der Fuß, …*
– stimmhaft: *einsam …*

2 Suche für beide Reihen weitere Beispiele und ergänze: *Der stimmhafte s-Laut wird mit … geschrieben, der stimmlose s-Laut aber mit … oder …*

Wörter verlängern

3 Lies die folgenden zweisilbigen Wörter, sie haben alle ein stimmloses *s*:
besser, fließen, gießen, fassen, fressen, grüßen, die Klasse, lassen, draußen, die Straße, das Messer, stoßen, müssen, heißen, schließen, der Schlüssel

4 Wann schreibst du *ss*, wann *ß*? Finde eine Antwort:
– Unterlege dazu die Wörter mit Silbenbögen (Folie) und sprich sie dabei mit.
– Untersuche: Womit endet die betonte Silbe? Wie wird der Vokal gesprochen?
– Vervollständige nun die folgende Regel und schreibe sie auf:
Ein ß steht, wenn die betonte Silbe mit … endet: fraßen, draußen.
Der Vokal wird dann … gesprochen.
Ein ss steht immer dann, wenn die betonte Silbe mit … endet: fressen.
Der Vokal wird dann … gesprochen.

5 Ergänze die folgenden Wörtern mit *ss* oder *ß*. Beachte dabei die Regel.
die Grö?e, die Schlö?er, die So?e, die Fä?er, die Flü?e,
die Stra?e, la?en, schlie?en, me?en, mü?en.

6 Lies die Wörter der beiden Wörterreihen. Sie haben etwas Gemeinsames:

Wörter verlängern

a) *der Biss, der Riss, der Fluss, du isst, es passt*

b) *das Floß, der Fuß, das Maß, der Gruß*

Begründe die Schreibung mit *ss oder ß*. Verlängere dazu die Wörter und schreibe sie so auf: *der Biss – die Bisse, das Floß – die Flöße, …*

Ü1 Stelle mit einigen Übungswörtern Reimwörter zusammen:

Auswählen und üben, das Wörterbuch dabei nutzen

der Kuss – …, reißen – …, pressen – …, schließen – … fassen – … der Fuß – …, …

Ü2 *ss* oder *ß*? Ergänze: *Fä?er – Fa?, schie?en – der Schie?stand, die Schlö?er – das Schlo?, wi?en – die Wi?enschaft, spa?en – der Spa?macher, die Pre?e – die Pre?luft, die Grö?e – die Gro?stadt*

Ü3 Bilde zu den Verben *beißen, fressen, schließen, messen* vier Wortfamilien mit den folgenden Wörtern:

beißt, frisst, schließt, misst, das Maß, geschlossen, der Biss, fraß, schloss, gefressen, gebissen, messbar, schließbar, fressbar, bissig, die Messbarkeit

Ü4 Vervollständige die Wörter der folgenden Wortreihen:

a) *verge?en – vergi?t – verga?, verge?lich, die Verge?lichkeit*

b) *flie?en – flie?t – flo?en – flo? – geflo?en, das Flie?band, flie?end*

c) *genie?en – genie?t – geno?en – geno?, die Genu?sucht, der Genie?er*

d) *e?en – i?t – a?en – a? – gege?en, das E?zimmer, die E?kastanie, e?bar*

e) *gie?en – gie?t – go?en – go? – gego?en, die Gie?kanne, die Gie?erei*

Ü5 Ergänze in den Wörtern der folgenden Sätze *ss* oder *ß*:

a) *Das Fa? hat einen Ri?.*

b) *Er a? in Ma?en, aber mit Genu?*

c) *Den letzten Bi?en sollten wir auch noch genie?en.*

d) *Beim Spiel ging es hei? her.*

e) *Bei Spä?en kann man viel verge?en.*

Ü6 Bilde mit den Übungswörtern kurze Sätze wie in Ü 5 für ein Partnerdiktat.

Das Wörtchen „dass"

1 Lies und bearbeite zunächst die Seiten „Dass-Sätze: Ich behaupte, ich meine, ich hoffe … " in der Werkstatt Sprache (S. 228).

2 Schreibe alle Aussagen von der Pinnwand in dein Heft und unterstreiche die Verben, nach denen hier die Konjunktion *dass* steht.

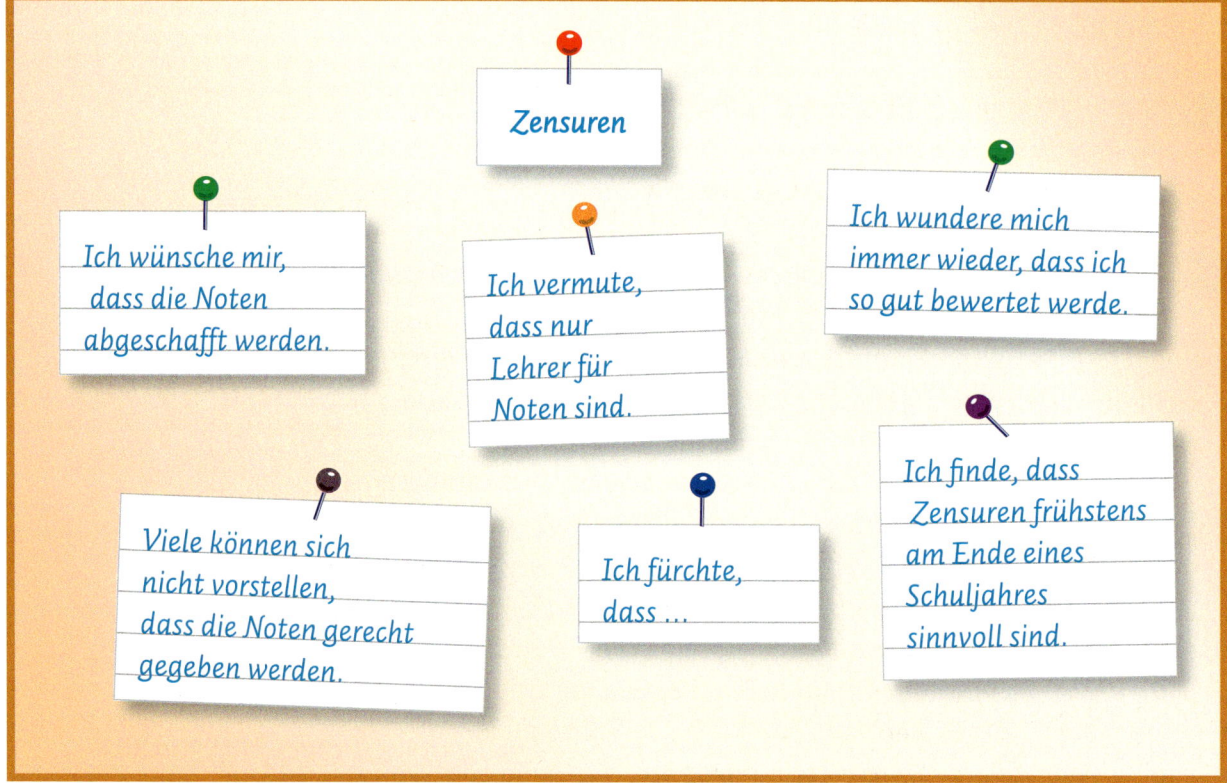

Zensuren

Ich wünsche mir, dass die Noten abgeschafft werden.

Ich vermute, dass nur Lehrer für Noten sind.

Ich wundere mich immer wieder, dass ich so gut bewertet werde.

Viele können sich nicht vorstellen, dass die Noten gerecht gegeben werden.

Ich fürchte, dass …

Ich finde, dass Zensuren frühstens am Ende eines Schuljahres sinnvoll sind.

3 Ergänze mithilfe der folgenden Wörter, was du über Zensuren weißt oder vermutest. Wähle dazu Verben, nach denen die Konjunktion *dass* häufig gebraucht wird:

bedauern   befürchten   behaupten   bitten   damit rechnen
denken   darauf achten   erwarten   feststellen   sagen   schreiben
sich vorstellen   sich wundern   vermuten   wissen   wünschen

4 Überprüfe in einem Rechtschreibgespräch deine Sätze. Beachte dabei die Angaben im Regelkasten in der Werkstatt Sprache auf Seite 228.

Rechtschreibstrategien anwenden: Satzmuster nutzen

5 Suche dir ein anderes Thema aus (z.B. Umwelt, Klassenfahrt …) und schreibe auf, was du weißt, vermutest, denkst oder wünschst, davon erwartest oder befürchtest. Die Sätze sollen so anfangen, dass sich ein *dass*-Satz anschließt.

Ü1 Bilde mit den Sprechblasen und den Aussagen, die dazwischen stehen, *dass*-Sätze. Unterstreiche das *dass* und die dazugehörenden Verben. Vergiss nicht, die Kommas zu setzen.

Auswählen und üben, das Wörterbuch dabei nutzen

Ich weiß, dass, …

Fliegenpilze sind giftig.

Hast du gewusst, dass …

Zucker schadet den Zähnen.

Der Seeadler ist der größte Greifvogel bei uns.

Duftstoffe spielen bei der Verständigung im Tierreich eine große Rolle.

Weißt du, dass …?

Ich denke, dass …

Das Wasserschwein ist nicht mit den Schweinen verwandt.

Drei Viertel der Erdoberfläche sind von Wasser bedeckt.

…

Ich vermute, dass …

Zebras können sich an ihrem persönlichen Fellmuster erkennen.

Viele machen sich für den Tierschutz stark.

Ü2 Formuliere weitere Aussagen. Nimm ein Sachbuch zu Hilfe. Ein Mitschüler oder eine Mitschülerin soll die Aussagen wie in Ü 1 mit *dass*-Sätzen verknüpfen.

Ü3 Formuliere einige Sätze der Ü 1 so um, dass der *dass*-Satz vorangestellt ist. Vergiss nicht, das Komma zu setzen: *Dass Fliegenpilze giftig sind, weiß ich.*

Mit Merkwörtern üben – Schreibbesonderheiten merken

Für die schwierige Stelle in manchen Wörtern gibt es keine Regel oder Strategie, mit der sich die Schreibweise erklären lässt. Du musst dir die schwierige Stelle merken. Auch Wörter, die man häufig falsch schreibt, können dazu gehören.

1 Lies die Wörter auf den Zetteln. Schreibe sie ab und markiere die schwierige Stelle, die man sich merken muss.

Langes i wird fast immer ie geschrieben. Bei dieser Wortliste ist das anders:
die Apfelsine, das Benzin, wir, mir, dir, die Musik, die Primel, der Tiger, der Liter, der Igel, widerlich …

In diesen Wörtern wird der lange Vokal durch Buchstabenverdoppelung (aa, ee, oo) gekennzeichnet:
der Aal, die Beere, das Beet, das Boot, der Schnee, doof, die Fee, das Haar, der Klee, leer, dass Meer, das Moos, das Paar, die Saat, der See, der Staat, der Tee, der Teer, der Zoo …

In einigen Wörtern wird v wie w, in anderen wie f gesprochen:
*bevor, der Vetter, brav, davon, der Vater, das Veilchen, viel, vier, der Verein, der Verkäufer, der Verkehr, der Vogel, das Volk, vorm, von, vor, vorne …
der Advent, das Revier, die Vase, die Violine, die Kurve, der November, der Pullover, …*

Wörter mit Dehnungs-h:
belohnen, zehn, allmählich, der Verkehr, das Ohr, ohne, ehrlich, wahr, sehr, die Bahn, berühmt, bezahlen, erzählen, die Zahl, fahren, wohl, wählen, Fehler, fühlen, die Gefahr, ihm, ungefähr, ihn, die Uhr, ihr, das Jahr, mehr, stehlen, wohnen, nehmen, der Stuhl, der Zahn, …

Wörter mit s, die sich nicht verlängern lassen:
am besten, daraus, deshalb, fest, fast (beinahe), die meisten, meistens, niemals, raus, anders, besonders, bis, du bist, …

Wörter mit …

2 Lege weitere Zettel mit eigenen Merkwörtern an.

3 Übe die Merkwörter auf den Zetteln von Seite 250 besonders:
- Wähle eine Merkwörtergruppe aus.
- Wähle aus den folgenden Übungen aus.

Ü1 Lies die Wörter. Was hörst du, wie schreibst du? Suche weitere Wörter im Wörterbuch oder in deiner Wörtersammlung mit der gleichen Merkstelle.

Ü2 Schreibe die Wörter alphabetisch auf. Dabei musst du besonders auf die Buchstabenfolge achten.

Ü3 Wähle ein Wort aus. Schreibe es auf und suche weitere Wörter mit dem gleichen Wortstamm. Nutze das Wörterbuch.

Ü4 Bilde mit einzelnen Wörtern Wortzusammensetzungen.

Ü5 Bilde (wenn möglich) verschiedene Formen:
- zu Nomen den Plural,
- zu Verben die *er-, sie-* oder *es*-Form,
- zu Adjektiven eine Steigerungsform.

Ü6 Verwende möglichst viele Wörter einer Merkwörtergruppe in kurzen Sätzen.

Ü7 Lass dir Merkwörter diktieren oder mache ein Eigendiktat.

Ü8 Spiele mit einem Partner: Ein Wort passt nicht: Du schreibst fünf Wörter auf. Vier haben die gleiche Merkstelle. Dein Partner soll das Wort heraussuchen, das nicht passt: *Fuchs, Luchs, Lachs, Keks, sechs.*
Danach stellt er eine ähnliche Aufgabe, die du lösen musst.

Rechtschreibstrategien nutzen: ableiten, Merkhilfen nutzen

Fremdwörter richtig schreiben – Schreibbesonderheiten merken

Auch Fremdwörter gehören zu den Merkwörtern. Sie haben schwierige Stellen, für die es keine Regel gibt.

1 Lies und bearbeite zunächst die Seite „Fremdwörter gehören zum Wortschatz" in der Werkstatt Sprache (S. 204).

Sätze aus einem Schulbuch

Werbung kann zur Information über ein Produkt beitragen. Sie soll aber in erster Linie die Motivation zum Kaufen fördern. Bei der Demonstration der Produkteigenschaften wird deshalb oft stark übertrieben. Das führt allerdings zur Diskussion bei Verbraucherschützern. Eine Reklamation wegen falscher Werbeversprechen ist nämlich wenig sinnvoll.

---

2 Markiere im Text die Fremdwörter. Schreibe sie untereinander in dein Heft.

→ *Hinweise zur Arbeit mit dem Thesaurus findest du in der Werkstatt Methoden und Arbeitstechniken auf Seite 278.*

3 Suche mit dem Thesaurus oder im Wörterbuch ihre Bedeutung heraus und schreibe sie daneben: *Information: Mitteilung, Auskunft, …*

4 Fremdwörter trennt man wie deutsche Wörter nach Sprechsilben. Markiere die Trennung der Fremdwörter in deiner Liste durch einen senkrechten Strich. Wenn du unsicher bist, schlage im Wörterbuch nach: *In|for|ma|tion.*

Auch in Fremdwörtern gibt es Wortbausteine und Schreibbesonderheiten, die immer wieder auftauchen. Wenn du sie dir einprägst, kannst du viele Wörter richtig schreiben und Fehler vermeiden.

Wörter zerlegen

5 Markiere den gemeinsamen Wortbaustein in deiner Wörterliste zur Aufgabe 3.
  – Wie wird er gesprochen?
  – Wie wird er geschrieben?
  – Formuliere nun eine Schreibhilfe:
  Wörter wie Information, Motivation … schreibt man mit …

6 Suche zu den Nomen der Wortliste verwandte Verben. Schreibe so:
die Information – informieren, ...

7 Bilde auch zu den folgenden Nomen verwandte Verben.
die Garantie, die Reform, die Nummer, die Fantasie, das Training, das Diktat. Schreibe so: *die Garantie – garantieren, ...*

8 Ergänze die folgende Schreibhilfe und notiere sie mit einigen Beispielwörtern: *Wörter, die auf –ieren enden, schreibt man mit ... Beispiele: ...*

9 Ordne die folgenden Fremdwörter nach ihren Endungen in Gruppen. Schreibe sie mit Artikel und ihrer Bedeutung ins Heft:
Praline, Fabrik, Geometrie, Biologie, Chemie, Kantine, Mathematik, Physik, Technik, Apfelsine, Fotografie, Akademie, Fantasie, Plastik, Musik, Margarine, Aktion, Pazifik, Mandarine

10 Formuliere eine Schreibhilfe zu den Wörtergruppen der Aufgabe 8 und suche weitere Wörter in Texten aus Biologie-, Physik- und Technikbüchern.

Addition, Adresse, Blamage, Argument, Diskussion, Division, Experiment, Fantasie, Fotografie, Funktion, Interesse, Operation, Multiplikation, Nummer, Produktion, Reparatur, Subtraktion

Ü1 Suche die Mathematik-Fachwörter mit Artikel vom blauen Zettel heraus und markiere die besondere Rechtschreibschwierigkeit (Folie).

Auswählen und üben, das Wörterbuch dabei nutzen

Ü2 Schreibe die Wörter nach dem Alphabet geordnet auf. Achte dabei besonders auf die Buchstabenfolgen.

Ü3 Schreibe zu jedem Wort eine Kurzerklärung:
die Addition: Hinzufügung, Zusammenzählung. Nutze Thesaurus oder ein anderes Wörterbuch.

Ü4 Suche zu möglichst vielen Nomen des Zettels ein passendes Verb:
Addition – addieren, ...

Groß oder klein?
Auf den Begleiter achten

1 Suche im Text alle Nomen mit ihren Begleitern und markiere sie (Folie).

2 Schreibe die Nomen mit ihren Begleitern geordnet auf.

Ein bestohlener wird zum dieb

Ein diebstahlopfer ist gestern in einem einkaufszentrum in der innenstadt von der polizei ertappt worden – als er selbst zum langfinger wurde. Die polizei teilte mit, dass der mann am morgen noch selbst eine anzeige erstattet habe, weil ihm der rucksack gestohlen worden war. Am nachmittag kam er erneut ins polizeigebäude. Diesmal jedoch unfreiwillig, da er vorm einkaufszentrum ein fahrrad klauen wollte und dabei von einer passantin ertappt wurde.

➡ *Bearbeite in der Werkstatt Sprache auch die Seite 202: Nomen, Verben, Adjektive ... Wortarten wiederholen*

bestimmter Artikel + Nomen	unbestimmter Artikel + Nomen	versteckter Artikel + Nomen
der Innenstadt	ein Bestohlener	zum Dieb

3 Schreibe den Bericht jetzt richtig in dein Heft.

1. Oft steht ein **Artikel** als Begleiter vor den Nomen: *das Glas*, *ein Versuch*.
2. Manchmal verbindet sich der **Artikel** mit einer **Präposition**: *beim (bei dem) Versuch*, *am (an dem) Anfang ...*
3. Auch **Pronomen** können Begleiter sein und auf ein Nomen aufmerksam machen: *mein Versuch*, *dieses Glas*.
4. Auch **Adjektive** sind Erkennungszeichen für Nomen: *spannende Versuche*, *große Freude*.
5. Manchmal fehlt ein Erkennungswort. Du kannst es dann in Gedanken ergänzen: *Er hat (große) Bedenken.*

4 Schreibe den folgenden Text richtig in dein Heft. Lass jeweils eine Zeile frei. Du kannst dazu den Computer nutzen.

> **Feuer aus Eis**
>
> Selbst mit eis kannst du feuer machen. Besorge dir eine schüssel, die einen gleichmäßig gewölbten boden hat. Koche wasser ab und fülle es in die schüssel, sodass der boden gut bedeckt ist. Lass das wasser abkühlen und stelle die schüssel anschließend in ein gefrierfach. Sobald das wasser gefroren ist, kannst du die eisscheibe herausnehmen. Poliere sie blank und du hast ein brennglas. Damit kannst du das licht der sonne gebündelt auf ein dünnes papier lenken. Wenn die sonne stark genug scheint, kannst du damit das papier in brand setzen. Wichtig: du musst dein brennglas ganz ruhig halten und eine längere zeit genau auf eine stelle des papiers zielen.

5 Gib an, woran du erkannt hast, dass ein Wort großgeschrieben wird.
 – Schreibe die Ziffer der passenden Schreibhilfe von S. 254 dazu.
 – Bei einigen Nomen fehlt ein Erkennungswort. Ergänze es.

6 Lege dir eine Tabelle an und fülle sie mit Nomen.

> Wörter mit den **Wortbausteinen** *-ung, -heit, -keit, -schaft, -nis, -tum* am Ende sind **Nomen** und werden immer groß geschrieben.

7 Der Baustein *-nis* am Ende eines Nomens wird im Plural zu „*-nisse*": *das Ergebnis – die Ergebnisse*. Schreibe weitere Beispiele auf.

8 Übt zu zweit: Jeder schreibt sechs Nomen mit den Endungen *-heit, -keit, -ung, -nis, -schaft* auf und vertauscht sie dabei: *Faulnis, Eitelung, Ausbildschaft, Meisterkeit, Alterheit*. Tauscht eure Wortbildungen aus und schreibt sie richtig auf.

-heit	-keit	-schaft	-ung	-nis
Gesundheit	Ehrlichkeit			

Verben können zu Nomen werden

➡ *Bearbeite in der Werkstatt Sprache auch die Seite 216: Aus Verben werden Nomen.*

1 In den folgenden Satzpaaren des Chats kommt das gleiche Wort einmal als Verb und zum anderen Mal als Nomen vor:
  – Unterstreiche das Verb und das Verb, das als Nomen gebraucht wird (Folie).
  – Besprecht während eines Rechtschreibgesprächs, warum es beim Schreiben in diesen Fällen besonders leicht zu Fehlern kommen kann.

Auf Begleiter achten

Hi, was kann man alles für die Umwelt tun? Ich freue mich auf Antworten!

a) Beim Einkaufen auf die Verpackung achten, häufiger Getränke in Mehrwegflaschen einkaufen, Pausenfrühstück in Butterbrotdosen einpacken, das Einpacken in Plastiktüten vermeiden und zum Einpacken von Geschenken Zeitungspapier nutzen.

b) Das Kaufen von Bioprodukten bevorzugen, Müll vermeiden und kein unnützes Zeug kaufen, das man doch nur wegschmeißt.

c) Sich das Verwenden der Stand-by-Schaltungen an Elektrogeräten abgewöhnen und dafür Mehrfachsteckdosen verwenden, mit denen man alles auf einmal ausschalten kann.

d) Weniger Fleisch essen und sein Essen stärker auf andere Nahrungsmittel umstellen.

e) Darüber hinaus gibt es viele Vereine, in denen man mitmachen kann; deine Mitwirkung wird z. B. von Robin Wood, Greenpeace etc. gewünscht.

2 Schreibe die Verben, die als Nomen gebraucht werden, mit ihren Begleitern auf und ordne sie in die folgende Tabelle ein.

Artikel + Nomen	versteckter Artikel + Nomen	Pronomen + Nomen
…	*beim (bei dem) Einkaufen*	*sein Essen*

3 Ergänze die Rechtschreibhilfe und notiere sie mit einem Beispiel.
Wird ein Verb wie ein Nomen gebraucht, wird es … Man erkennt es an …

4 Klein oder groß?
  - Schreibe jeweils beide Sätze richtig auf.
  - Markiere das zu einem Nomen verwandelte Verb mit seinem Begleiter besonders.

a) Die beiden Freunde wollen im Kletterwald KLETTERN. – Die beiden Freunde gehen zum KLETTERN in den Kletterwald.
b) Am Nachmittag hole ich dich zum SCHWIMMEN ab. In unbekannten Gewässern zu SCHWIMMEN, ist verboten.
c) Wir ESSEN und KOCHEN gerne zusammen. Beim ESSEN unterhalten wir uns gern über das gemeinsame KOCHEN.
d) Wenn ich beim LESEN gestört werde, finde ich das zum HEULEN. Wenn ich LESE, sollte mich keiner STÖREN.
e) Im FALLEN konnte er sich gerade noch abstützen. Als er FIEL, konnte er sich gerade noch ABSTÜTZEN.

Ü1 Ergänze, was alles in der Schule erlaubt oder verboten ist.
Es ist verboten, Probleme mit Gewalt zu lösen, Tiere mitzubringen…
Es ist erlaubt, während der Pausen zu trinken und zu essen, Musik zu hören …

> Auswählen und üben, das Wörterbuch dabei nutzen

Ü2 Formuliere die Sätze der Ü 1 nun so um, dass die Verben zu Nomen werden und großgeschrieben werden müssen:
Verboten ist das Lösen von Problemen mit Gewalt, …
Erlaubt ist das Trinken und Essen während der Pausen, …

Ü3 Setze die Reihe mit den Angaben auf dem Zettel fort:
Das darf nicht sein: das mutwillige Ableiten von Abwasser, das unüberlegte W…

> Abwasser ableiten *(mutwillig)*, Papier wegwerfen *(unüberlegt)*, Boden düngen *(übermäßig)*, Hausmüll abladen *(ungesetzlich)*, Giftstoffe ins Meer ablassen *(unverantwortlich)*, Kunststofftüten ausgeben *(unnötig)*

Ü4 Bildet selbst ähnliche Beispiele wie in Ü 3 zu einem anderen Thema. Tauscht sie untereinander aus und überprüft die Rechtschreibung.

Adjektive können zu Nomen werden

Auf Begleiter achten

das Grün ins Schwarze das Rot das Kalte zum Guten das Warme
die Neue aufs Neue der Letzte die Kranke der Klügere ein Schlauer

1 Auf dem Zettel findest du Adjektive mit ihren Begleitwörtern, die zu Nomen geworden sind. Ordne sie so:
  – *mit Artikel: das Grün, …*
  – *mit verstecktem Artikel: ins (in das) Schwarze …*

2 Bilde Sätze mit möglichst vielen Ausdrücken: *Das Grün steht dir gut.*

> Wenn die **Mengenwörter** wie *alles, wenig, genug, viel, nichts, etwas, allerlei* vor **Adjektiven** stehen, werden aus Adjektiven **Nomen**. Sie erhalten dann als Endungen ein *-es* oder *-e*. Wenn die Endung fehlt, schreibt man klein.
> *Sie erfindet viel Neues. Sie erfindet viel neu.*
> *Er wünscht alles Gute. Er wünscht, dass alles gut wird.*

Betreff: *Alles Gute!*

Hi Benedikt,
ich wünsche dir alles Gute zu deinem Geburtstag. Hoffentlich hast du viel Nützliches geschenkt bekommen und nichts Überflüssiges. Aus dem Ferienlager auf Norderney gibt es manches Neue zu berichten. Aber ich möchte noch nichts Genaueres verraten. Natürlich werde ich dir auch noch etwas Besonderes mitbringen.
Angelika

3 Welche Adjektive in Angelikas E-Mail sind zu Nomen geworden und großgeschrieben? Nutze für deine Antwort die Angaben im Regelkasten.

Ü1 Mal groß – mal klein: Setze in die Lücken die Adjektive, die in Klammern in Großbuchstaben stehen, in der richtigen Schreibweise ein. Schreibe die Sätze ins Heft.

a) Das (GUTE) daran ist, dass es nichts kostet. Es ist (Gut), dass du da bist. In vielen Filmen siegen die (GUTEN) über die (BÖSEN). Dies ist eine (GUTE) Erfindung.

b) Im (ÜBRIGEN) bin ich dafür, ein neues Fahrrad zu kaufen. Die (ÜBRIGEN) Fahrräder können wir verkaufen.

c) Bist du dir im (KLAREN), was du willst? Gib eine (KLARE) Stellungnahme ab.

d) Heute bist du (WESENTLICH) früher als gestern. Im (WESENTLICHEN) ist alles gesagt.

Ü2 Mal groß – mal klein: Setze auch in die folgenden Satzlücken die Adjektive, die in den Klammern stehen, in der richtigen Schreibweise ein. Manchmal musst du eine Endung anfügen.

a) Auf dem Markt kauft er sich alles (MÖGLICH). Das ist (MÖGLICH).

b) Zum Geburtstag wünsche ich dir alles (GUT). Nach dem Unfall kann sie wieder (GUT) gehen.

c) Rede nicht (SCHLECHT) über andere. Sage nichts (SCHLECHT) über andere.

d) Ich habe nichts (NEU) erfahren. Das ist nicht (NEU).

e) Er besuchte ein (FREMD) Land und erlebte allerlei (FREMD).

Unterstreiche zur Kontrolle die Mengenwörter und die Endungen der Adjektive, die als Nomen gebraucht werden.

Ü3 Schreibe die folgenden Kurzsätze in richtiger Groß- und Kleinschreibung auf.

a) DER KLÜGERE GIBT NACH.

b) ES GIBT KUCHEN UND KAKAO – ALLES VOM FEINSTEN!

c) ZUM GEBURTSTAG ALLES GUTE UND SCHÖNE!

d) ES GIBT VIEL INTERESSANTES UND ÜBERRASCHENDES!

e) ALLES IST BIS INS KLEINSTE GEPLANT. KOMMT ZAHLREICH!

Ü4 Schreibe ähnliche Kurzsätze wie in Ü 1. Jeder soll mindestens ein Adjektiv enthalten, das zu einem Nomen geworden ist.

Zeitangaben – groß oder klein?

MORGENS   AM SONNTAG   GESTERN   GEGEN MORGEN   ABENDS
DER SONNTAG   HALB ZEHN   MITTAGS   JEDEN ABEND
DREI NACH ZWÖLF   ÜBERMORGEN   SAMSTAGS   MORGEN MITTAG
DIENSTAG   VORGESTERN NACHT   VIERTEL VOR ZEHN

1 Ordne die Zeitangaben auf dem Zettel nach der Groß- und Kleinschreibung. Notiere auch wichtige Begleiter. Nutze dazu die folgende Tabelle.

Zeitangaben – großgeschrieben	Zeitangaben – kleingeschrieben
am Sonntag	morgens
…	…

2 Erkläre die Groß- und Kleinschreibung möglichst vieler Zeitangaben in der Tabelle mithilfe der Angaben im Regelkasten in einem Rechtschreibgespräch.

a) Nomen, die einen Wochentag oder eine Tageszeit angeben, schreibt man groß. Man erkennt sie oft an ihren Begleitern: *der Sonntag, am Sonntag, der Mittag, am Mittag, der Sonntagnachmittag.*

b) Adverbien, die eine Zeit angeben, schreibt man klein: *heute, gestern, morgen, abends, nachts…*

c) Stehen zwei Zeitangaben direkt hintereinander, wird die erste kleingeschrieben (Adverb) und die zweite großgeschrieben (Nomen): *heute Abend, gestern Morgen…*
Ausnahme: *heute früh, gestern früh, morgen früh …*

e) Uhrzeitangaben werden kleingeschrieben: *halb zwölf, um halb zwölf*

Regelwissen nutzen

3 Schreibe die Sätze richtig auf. Schreibe in Klammern den Buchstaben der passenden Regel dazu.

Mein Tag: Ich bin HEUTE MORGEN früh aufgestanden, um den Schulbus nicht zu verpassen. Denn MORGENS mag ich keine Hektik. Der VORMITTAG in der Schule ist schnell vergangen. Am MONTAG gibt es in der Mensa immer mein Lieblingsessen, also HEUTE auch. Und NACHMITTAGS bin ich immer in meiner Musikgruppe und im wöchentlichen Förderkurs. Außerdem besuche ich MONTAGNACH- MITTAGS noch einen Kurs für Ersthelfer. Als ich am späten NACH- MITTAG nach Hause kam, spielte ich zuerst mit unserem Hund Bello. Dann, am frühen ABEND, sah ich mir im Fernsehen meine Lieblingsserie an. Ich ging HEUTE früh ins Bett und habe die ganze NACHT gut ge- schlafen.

> **Auswählen und üben, das Wörterbuch dabei nutzen**

Ü1 Unterscheide: *sonntags – am Sonntag – eines Sonntags – Sonntagabend*. Suche das passende Nomen auch zu folgenden Adverbien: *dienstags, mittwochs, morgens, nachmittags, abends, nachts*.

Ü2 Schreibe den folgenden Text richtig auf:

Ich bin am MORGEN meistens noch müde. Erst gegen VORMIT-TAG werde ich richtig wach. Richtig in Fahrt komme ich MITTAGS. Am NACHMITTAG werde ich dann noch einmal schlapp. Deshalb mache ich die Schulaufgaben am liebsten gegen ABEND. Das gefällt meiner Mutter nicht, weil sie meint, man müsste sie immer MITTAGS machen. Aber ich fühle mich nun einmal ABENDS fit. Dafür spiele ich NACHMITTAGS gern Volleyball. So um NEUN UHR am ABEND schlafe ich meistens ein. Allerdings wird es MOR-GEN ABEND später werden. Da haben wir ein Match, das geht bis spät in den ABEND hinein.

Ü3 Schreibe den Text zur Ü 3 noch einmal auf. Tausche dabei, wo es möglich ist, die großgeschriebenen durch kleinzuschreibende Zeit-angaben aus und umgekehrt: *Ich bin morgens meistens noch müde …*

Ü4 Schreibe auf, was du gerne in einer Woche alles machen möchtest. Benutze möglichst viele Zeitangaben. Vermeide dabei genaue Uhr-zeiten.

Getrennt oder zusammen?

Nomen kombiniert mit Verben werden normalerweise getrennt geschrieben: *Lärm machen, Rad fahren, Unglück bringen.* In solchen Verbindungen sind die Nomen nicht so leicht zu erkennen, weil sie oft kein Erkennungswort haben. Du kannst es in Gedanken ergänzen: z. B. *(großen) Lärm machen.* Das Adjektiv als Nomenbegleiter bekommt dann immer eine Endung: *-en, -e* oder *-es.*

Lärm machen, Rad fahren, Klavier spielen, Spaß haben, Bescheid sagen, Langeweile verspüren, Kontakt aufnehmen, Fantasie haben, Radio hören, Geld verdienen, Schlittschuh laufen, Eis essen …

1 Ergänze die Sammlung mit weiteren Wortpaaren aus Nomen und Verb. Suche auch in Texten dieses Buches, einer Zeitung oder Zeitschrift.

Regelwissen nutzen

2 Schreibe eine kurze E-Mail, in der möglichst viele der Übungswörter aus dem Wörterzettel oben vorkommen:
Hallo Maike, heute sollten wir mal wieder Eis essen … Gruß Hanne.

3 Bilde kurze Sätze: Nomen und Verb sollen wie im Regelkasten mit Wörtern wie *zum, bei, im* oder *vom* verwendet werden.

Wenn man die **Ausdrücke aus Nomen und Verben** mit einem Artikel oder mit Wörtern wie *zum, beim, im* oder *vom* verwendet, so schreibt man sie groß und zusammen. Beispiel: *Zum Lärmmachen …*.

4 Einige Kombinationen werden zusammengeschrieben: *eislaufen – sie läuft eis, kopfstehen – sie steht kopf, stattfinden – es findet statt, teilnehmen – er nimmt daran teil, leidtun – es tut ihm leid, standhalten – er hält stand.*
Bilde mit diesen Ausdrücken Sätze und schreibe sie in verschiedenen Zeitformen auf: *Wir werden morgen eislaufen. Wir laufen morgen eis. …*

Getrennt oder zusammen?

Verbindungen aus zwei Verben werden getrennt geschrieben.
Beispiel: *Wir haben ihn in die Schule gehen lassen.*
Nur wenn eine übertragene Bedeutung vorliegt, ist bei Verbindungen
mit *bleiben* und *lassen* auch Zusammenschreibung möglich:
Du sollst dich beim Essen nicht so gehen lassen/gehenlassen

1 Erkläre die unterschiedliche Bedeutung der blau gedruckten Ausdrücke:

    a) Sie befürchtet, dass sie beim Vortrag stecken bleibt. – Das Auto wird im tiefen Schnee stecken bleiben.

    b) Sie hat sich seit zwei Wochen nicht mehr bei ihm sehen lassen. – Seine Leistung kann sich sehen lassen.

    c) Am liebsten wäre ich heute Morgen liegen geblieben. – Die Arbeit wird am Wochenende liegen bleiben.

Regelwissen nutzen

2 Welche Ausdrücke darf man auch zusammenschreiben, welche nur getrennt? Suche die Fälle mithilfe der Regel heraus und schreibe sie so auf:

Verb+Verb nur getrennt	Verb+Verb getrennt oder zusammen
Sie ist aus Höflichkeit nicht einfach sitzen geblieben.	*Wir haben die Bücher nicht verkauft, wir sind leider auf ihnen sitzen geblieben / sitzengeblieben.*

3 Verbindungen aus Verben werden zusammen- und großgeschrieben, wenn sie wie Nomen gebraucht werden. Wandle einige der folgenden Wortverbindungen auf dem Zettel in Nomen um:
liegen lassen – das Liegenlassen

liegen lassen	fallen lassen	stecken bleiben	sitzen bleiben
baden gehen	lesen üben	schätzen lernen	spazieren gehen

4 Bilde mit den Verbverbindungen der Aufgabe 3 Sätze. Schreibe so:
Wir werden den Müll nicht einfach liegen lassen.
Das Liegenlassen des Mülls ist verboten.

Verbindungen mit *sein* werden immer getrennt geschrieben:
zusammen sein, da sein, übrig sein. Wenn diese Verbindungen als Nomen gebraucht werden, schreibt man sie groß: *das Dasein, das Zusammensein.*

---

5 Ergänze die beiden Wörterreihen a) und b) mit einigen Beispielen. Beachte die Angaben im Regelkasten:
   a) *da sein, beisammen sein …*
   b) *das Dasein, vom Beisammensein …*
   Bilde mit einigen Verbindungen aus a) und b) kurze Sätze:
   Wir werden pünktlich da sein. Ich bedanke mich herzlich für euer Dasein.

Auswählen und üben, das Wörterbuch dabei nutzen

Ü1 Die Verbindungen aus Verben sind in allen Sätzen a)–f) richtig geschrieben. Begründe das mit der Regel.
   a) *Viele werden auch das Fach Mathematik später **schätzen lernen**.*
   b) *Morgen werden wir unsere neue Klassenlehrerin **kennen lernen**.*
   c) *Anna hat irgendwann ihre Brille **liegen gelassen**.*
   d) *Wir werden im Silbersee **baden gehen**.*
   e) *Keiner möchte in der Schule gerne **sitzen bleiben**.*
   f) *Mit seiner schlaffen Einstellung wird er **baden gehen**.*

Ü2 Notiere die Sätze zu Ü 1, die man auch zusammenschreiben kann. Begründe es mit der Regel.

Ü3 Forme die Sätze a)–f) der Ü 1 ins Perfekt um. Entscheide dich für eine Schreibweise: *Mit seiner gleichgültigen Einstellung ist er badengegangen.*

Ü4 Ein Schüler meint: „Ich schreibe Verbindungen aus zwei Verben einfach immer getrennt. Dann kann ich keinen Fehler machen." Diskutiert diese Ansicht.

Mit dem Wörterbuch arbeiten

Kein Mensch kann sich die Schreibung aller Wörter merken. Deswegen ist es zweckmäßig, wenn man beim Schreiben immer ein Wörterbuch auf dem Tisch liegen hat.

1 Benutze dein Wörterbuch und schreibe den folgenden Text richtig ab. Notiere in Klammern die Seitenzahl, auf der du das Wort gefunden hast. Manchmal findest du im Wörterbuch mehrere Möglichkeiten. Besprich deine Lösung mit einer Partnerin oder einem Partner.

Der Auftritt

Mit einer strahlenden Siegermine/Siegermiene steht der neue Superstar/super Star am Rand der riesigen Zuschauertribüne/Zuschauertribühne. Die Augen der 65 000 Fans sind auf ihn gerichtet. Er hält kurz inne, blickt stolz in die ausverkaufte Zuschauerkulisse/Zuschauer Kulisse, genießt die Atmosphäre/Athmosphäre, diesen Augenblick des Triumphs/Triumpfs. Sekunden später greift er zum Mikrofon/Mikrophon. Auch gegen Ende der Show von Erschöpfung keine Spur/Spuhr. Im Gegenteil: Der Star ist in hoch Form/Hochform. Übermütig wie selten sprintet er in seinem cognacbraunen Lederoutfit über die Bühne, vollführt spektakuläre/specktakulere Luftsprünge. Nach über drei Stunden endet die Show mit einem gigantischen/giganntischen Feuerwerk.

2 Überlege, mit welchen Buchstaben (*c, ch* oder *k*) die Wörter beginnen könnten. Schlage im Wörterbuch nach, notiere das richtige Wort mit der Seitenzahl und einer Kurzerklärung: *das Café (S. ...): Kaffeehaus.*

das ?afé   die ?ronik   der ?ajak   das ?amping   der ?lown
das ?aos   die ?lique   der ?rist   das ?omeback   das ?rom

Werkstatt Methoden und Arbeitstechniken

In dieser Werkstatt lernt ihr weitere Methoden und Arbeitstechniken kennen, die euch helfen, selbstständig zu lernen und zu arbeiten. Selbstständig lernen macht Spaß und ist oft besonders erfolgreich.

Ihr lernt,
- *Arbeit aufzuteilen und gemeinsam Informationen zu gewinnen,*
- *ein Plakat anzufertigen, um damit auf ein Anliegen aufmerksam zu machen,*
- *Arbeitsergebnisse vorzustellen, um den besonderen Lernerfolg aufzuzeigen,*
- *den Computer für das Überarbeiten und Gestalten von Texten zu nutzen.*

Sich gegenseitig informieren – ein Partnerpuzzle durchführen

Oft sollt ihr aus zwei oder mehreren Texten Informationen entnehmen. Dazu eignet sich das Partnerpuzzle. Dabei arbeitet ihr in Gruppen.

Schritt 1: Gruppen bilden, Texte auswählen

Bildet Gruppen aus vier Schülerinnen und Schülern. In jeder Gruppe werden zwei Texte bearbeitet. Wenn es mehr Texte zur Auswahl gibt, müsst ihr euch auf zwei einigen.

Schritt 2: Nachdenken in Einzelarbeit

Die zwei Schüler, die sich gegenübersitzen, bekommen jeweils den gleichen Text. Jeder bearbeitet nun seinen Text zunächst allein. Hilfen zur Texterarbeitung bekommt ihr in „Wissen und Können" auf Seite 290.

Schritt 3: Sich austauschen

Die beiden Schüler mit demselben Text sprechen nach einer vereinbarten Zeit über den Inhalt des Textes. Sie klären Fragen, sprechen über das Thema des Textes, über die Textsorte und darüber, was er bezwecken soll.
Dabei helfen oder korrigieren sie sich gegenseitig. So werden beide Experten für das Thema ihres Textes.

Schritt 4: Die Informationsweitergabe vorbereiten

Besprecht, wie ihr die beiden anderen in eurer Tischgruppe über den Inhalt eures Textes informieren wollt:
– Was wollt ihr weitergeben?
– Wie wollt ihr es weitergeben: auf einem Stichwortzettel, als Mindmap oder als Tabelle, im Gespräch oder in einem Kurzvortrag?

Schritt 5: Informationen weitergeben

Die Schulterpartner, die nebeneinander sitzen, stellen sich mithilfe ihrer Vorbereitungen den Inhalt ihrer Texte vor. So lernen beide Partner voneinander. Jeder ist einmal Experte und einmal Zuhörer.

1 Probiert diese Methode an unterschiedlichen Stellen im Buch aus.
Bearbeitet dazu z. B. die Texte auf Seite 144/145.

2 Vergleicht den Ablauf dieser Methode mit der Ich-Du-Wir-Methode in „Wissen und Können" auf Seite 298. Was ist ähnlich, worin unterscheiden sich beide Arbeitsweisen?

3 Überlegt, wobei ihr diese Methoden im Unterricht einsetzen könnt.

Einen Sachtext in einem Partnerpuzzle erarbeiten

Selbstständig lernen – Ideen und Anregungen aufgreifen

An vielen Stellen des Buches könnt ihr auswählen, wie ihr weiterarbeiten möchtet („Ideen und Anregungen"). Ihr könnt zu einer Idee allein, mit einem Partner, einer Partnerin oder mit mehreren zusammen in einer Gruppe arbeiten.

Schritt 1: Aus einem Angebot auswählen – Sich entscheiden

Welches Thema kommt für mich in Frage? Was weiß ich schon darüber?

Schritt 2: Ideen zum Thema sammeln

– Einen Cluster, einen Stichwortzettel mit möglichen Ideen anlegen

Schritt 3: Die einzelnen Arbeitsschritte festlegen und ordnen

– Aus einem Angebot von Ideen aus Arbeitsschritt 2 auswählen
– Die Arbeitsschritte in einem Plan festhalten

Schritt 4: Das Vorhaben durchführen

– Die in Schritt 3 geplanten Arbeiten nacheinander durchführen
– Auswählen, was präsentiert werden soll

Schritt 5: Den Ablauf der Präsentation vorbereiten

– Die Form (Vortrag, Galeriegang, …) wählen
– Die Präsentation proben

Schritt 6: Die Ergebnisse anderen präsentieren

Schritt 7: Über den Erfolg der Arbeit nachdenken und sprechen

– Überlegen, was man selbst gelernt hat, was andere lernen konnten

Sich über Abläufe eines Vorhabens informieren

Zum Thema „Im Blickpunkt: Stars und Werbung" arbeiten zwei Gruppen.
Eine Gruppe erfindet Spaßgeräte für den täglichen Gebrauch in der Schule,
eine andere Gruppe erarbeitet eine Werbeanzeige für Trinkpäckchen mit
Kakao.

1 Macht euch die einzelnen Arbeitsschritte klar.
Nutzt dazu die Fotoreihen.
  – Welche der Arbeitsschritte 1-7 sind dargestellt?
  – Welche einzelnen Arbeiten werden durchgeführt?

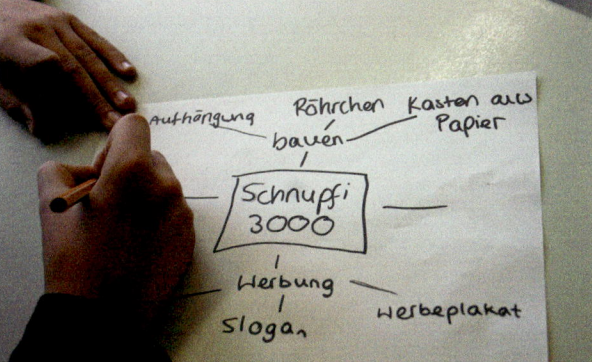
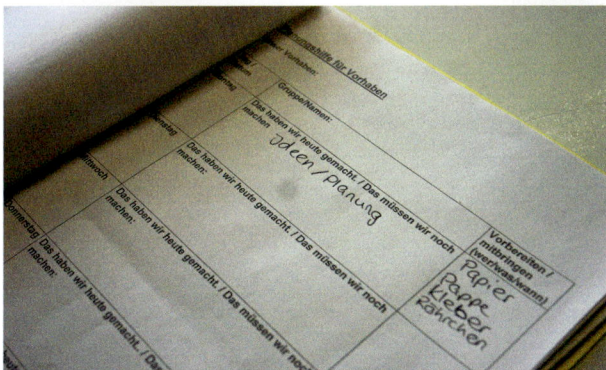

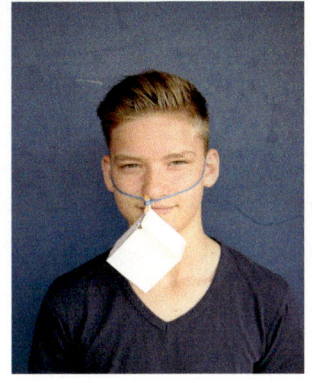

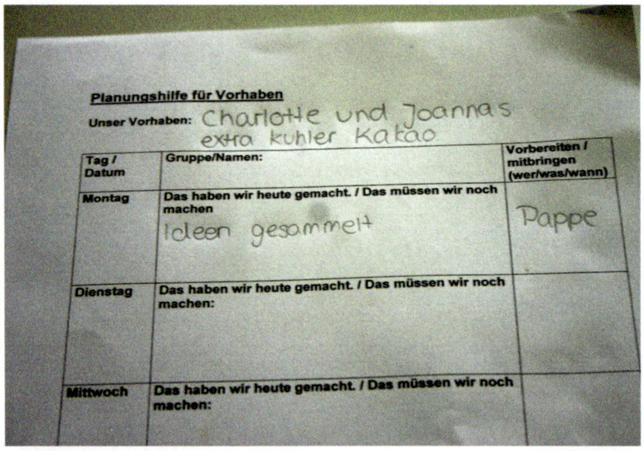

Planungshilfe für Vorhaben

Unser Vorhaben: Charlotte und Joannas extra kuhler Kakao

Tag / Datum	Gruppe/Namen:	Vorbereiten / mitbringen (wer/was/wann)
Montag	Das haben wir heute gemacht. / Das müssen wir noch machen: Ideen gesammelt	Pappe
Dienstag	Das haben wir heute gemacht. / Das müssen wir noch machen:	
Mittwoch	Das haben wir heute gemacht. / Das müssen wir noch machen:	

2 Bei der Planung der Arbeit ist es gut, wenn man sich die Arbeitsschritte übersichtlich aufschreibt (siehe Schritt 3). Ergänzt einige Arbeitsschritte mithilfe der Fotos. Nutzt dazu eine der folgenden Formen a), b) oder c).

a) auf einer Zeitleiste:
   Eine Werbeanzeige für Trinkpäckchen mit Kakao entwerfen

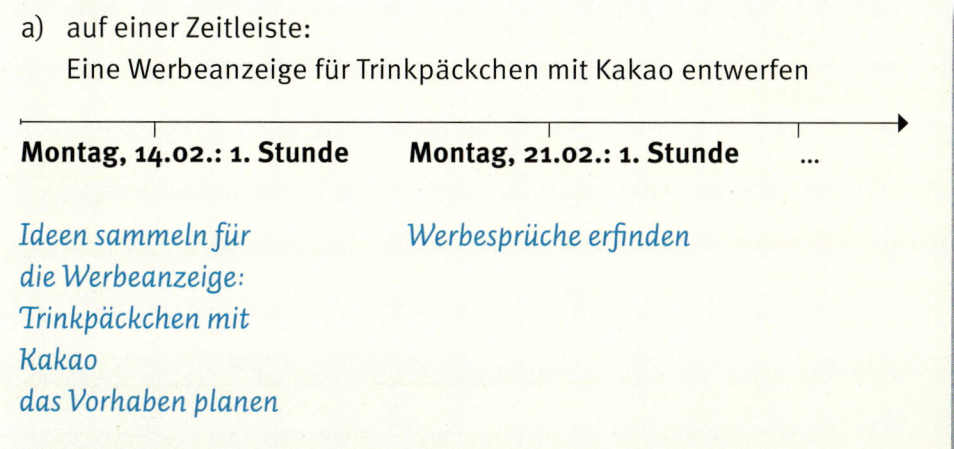

Montag, 14.02.: 1. Stunde   **Montag, 21.02.: 1. Stunde**   ...

Ideen sammeln für   *Werbesprüche erfinden*
die Werbeanzeige:
Trinkpäckchen mit
Kakao
das Vorhaben planen

b) für jeden Arbeitsschritt einen Zettel:
   Eine Werbeanzeige für Trinkpäckchen mit Kakao entwerfen

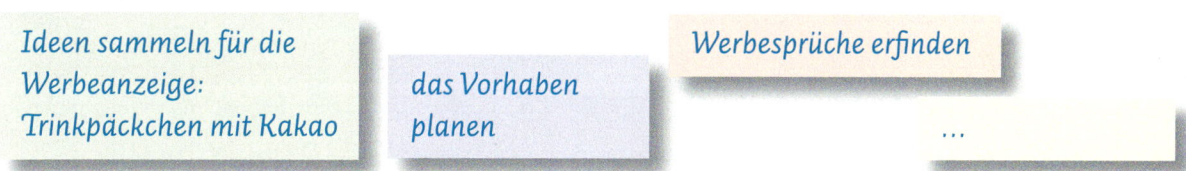

Ideen sammeln für die Werbeanzeige: Trinkpäckchen mit Kakao

das Vorhaben planen

Werbesprüche erfinden

...

c) den Ablauf zeichnerisch darstellen:
   Eine Werbeanzeige für Trinkpäckchen mit Kakao entwerfen

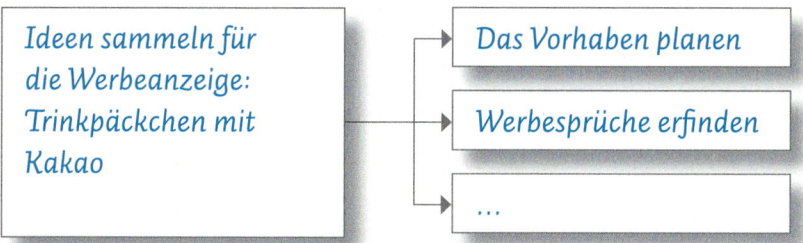

Ideen sammeln für die Werbeanzeige: Trinkpäckchen mit Kakao

Das Vorhaben planen

Werbesprüche erfinden

...

3 Überlegt gemeinsam:
   – Welche Unterschiede seht ihr bei den drei Formen?
     Was ist bei allen gleich?
   – Welche Vorteile hat es, wenn ihr die Planung aufschreibt?

Sich gegenseitig informieren – einen Galeriegang durchführen

Wenn ihr ein Plakat gestaltet habt, um damit z. B. Informationen nach einer Gruppenarbeit weiterzugeben oder für eine Idee zu werben, dann könnt ihr es in einem Galeriegang anderen vorstellen.

Regeln zum Ablauf eines Galerieganges:

→ Nach einer Gruppenarbeit gibt jede Kleingruppe nacheinander ihr Arbeitsergebnis an andere Kleingruppen weiter. Dabei wandert jede Gruppe von Tisch zu Tisch.

→ Das Kleingruppenergebnis wird von einem Mitglied der Gruppe in einem Kurzvortrag vorgestellt.
Dabei kann eine Tabelle, eine Mindmap, ein Plakat oder auch ein Stichwortzettel helfen.

So könnt ihr vorgehen:

– Begrüßt die Zuhörer und nennt ihnen das Thema.

– Teilt den Zuhörern die Gliederung des Kurzvortrags mit.

– Darauf solltet ihr beim Vortrag besonders achten:
  – langsam sprechen und Pausen einlegen,
  – schwierige Fachbegriffe besonders erklären und Beispiele verwenden,
  – den Zuhörern die Möglichkeit zu geben, Nachfragen zu stellen,
  – den Vortrag im Stehen halten.

→ Nach jedem Vortrag übernimmt ein anderer die Aufgabe, das Gruppenergebnis zu erläutern.

→ Die Zuhörer können Ergebnisse als Stichpunkte auf einem Stichwortzettel, geordnet in einer Mindmap oder in einer Tabelle festhalten.

1 Im Buch könnt ihr die Methode z. B. anwenden auf S. 100, S. 124 und S. 154/155.

2 Besprecht nach jedem Galeriegang, was gelungen ist und was ihr vielleicht ändern wollt.

Jemanden für etwas gewinnen – Ein Plakat erstellen

Wenn ihr ein Plakat gestalten wollt, um auf ein Anliegen aufmerksam zu machen, dann helfen euch die folgenden vier Schritte. Anlässe für ein Plakat findet ihr zu verschieden Themen im Buch (S. 38, 71,110, 222).

Schritt 1: Das Plakat planen

– Was ist für das Thema wichtig?
– Was soll auf dem Plakat stehen?
– An wen wollt ihr euch wenden?
– Was interessiert den Betrachter oder die Betrachterin?
– Wie könnt ihr Aufmerksamkeit erzielen?

Schritt 2: Texte und Abbildungen sammeln, erstellen und auswählen

– Welche Texte wollt ihr z. B. aus Büchern oder dem Internet übernehmen?
– Welche Texte wollt ihr selbst erstellen?
– Welche Überschrift (Headline) wollt ihr verwenden?
– Welche bildlichen Mittel (Fotos, Diagramme, Logo ...) wollt ihr einsetzen?

Schritt 3: Das Plakat entwerfen

– Überschriften und Texte sorgfältig schreiben
– Texte und Abbildungen anordnen und hin- und herschieben und dabei überlegen: Ist alles gut lesbar? Ist Wichtiges hervorgehoben? Ist die Anordnung übersichtlich? Sollte etwas ergänzt oder weggelassen werden?

Schritt 4: Das Plakat beschriften und bekleben

– Alle Einzelteile nach dem Entwurf festkleben
– Das fertige Plakat mit einer Checkliste noch einmal überprüfen

*Lea und Jakob wollen mit einem Plakat zu einer Mitmachaktion zum Säu-
bern der Grünanlagen rund um die Schule aufrufen, die in einem katas-
trophalen Zustand sind. Sie finden, dass der Aufenthalt in einer sauberen
Umgebung zu einem besseren Schulklima beiträgt. Für die Herstellung des
Plakats wollen sie die Möglichkeiten des Schreibprogramms ihres Computers nutzen.*

– Aktion saubere Anlagen
– So geht das nicht weiter
– Papier und Unrat aufsammeln
– gemeinsame Aktion am 14.03. um 14:00 Uhr
– Treffpunkt: am Haupteingang
– ...

---

1 Fertigt unterschiedliche Entwürfe am Computer an.
Nutzt dazu
  – die Schritte 1 – 4 auf Seite 274,
  – die Angaben im Ideenspeicher und eure eigenen Ideen,
  – die Möglichkeiten des Schreibprogramms eures Computers,

  – die Hinweise auf Seite 282: „Einen Text mit dem Computer
    gestalten".

2 Erstellt Entwürfe für ein solches Plakat.

3 Entscheidet, welche Entwürfe am besten gelungen sind. Begründet die
Entscheidung mit den Antworten auf die Fragen im Schritt 3.

4 Überlegt, ob das Plakat am besten geeignet ist, andere für die gemeinsame Sache zu gewinnen, oder ob man lieber einen Handzettel vertei-
len sollte.
  – Besprecht die Vor- und Nachteile.
  – Was könnte sich ändern am Text und an der Gestaltung des Plakats?
    Macht am besten einen Entwurf.

Lernleistungen zu einem Thema dokumentieren

Deine Lernleistungen kannst du auch in einem Portfolio nachweisen. Was hineingehört und die vier Schritte, wie ein Portfolio entsteht, hast du schon in wortstark 6 kennengelernt.

„Meine Auswahl, Meine Begründung, Eure Rückmeldung"

Schritt 1: Wähle einige Texte, Zeichnungen usw. aus, die du während der Beschäftigung mit einem Thema gesammelt hast. Sie sollen deine besonderen Lernleistungen dokumentieren. Nutze dazu jeweils die Hinweise in „Überprüfe dein Wissen und Können" in den Themenkapiteln.

Schritt 2: Kommentiere in wenigen Sätzen nacheinander jede Seite, warum du gerade diese Seite ausgewählt hast. Nutze dazu die Formulierungen aus dem Wortspeicher.
Du kannst die Begründung auch mündlich während einer Präsentation vortragen. Dann bereite dazu einen Stichwortzettel vor. Nutze dazu auch den Wortspeicher.

Schritt 3: Lege die einzelnen Seiten mit deiner Kommentierung in eine Mappe. Zu den fertigen Seiten fertige ein Deckblatt mit Namen, Datum, Fach und einem Inhaltsverzeichnis an. Nutze die Muster und die Checkliste auf Seite 277.

Schritt 4: Deine Mitschüler und Lehrer formulieren zu deinem Portfolio ihre Eindrücke nach ihrer Durchsicht oder deiner mündlichen Präsentation. Am besten nutzen sie dazu einen Rückmeldebogen, wie er auf der nächsten Seite steht.

1 Diskutiert die folgenden Vorschläge. Ändert und ergänzt sie gegebenenfalls.

Muster für eine Deckblattgestaltung und ein Inhaltsverzeichnis

Portfolio zu

von:
Klasse:
Fach: Deutsch
Schuljahr: …

Inhaltsverzeichnis

	Seite
Inhalt der Kiste	1
2. So bin ich vorgegangen – ein Bericht	2+3

Formulierungen, die du für die Kommentierung nutzen kannst:

Gelungen ist mir … Ich musste die Informationen aus … auswählen
Gelernt habe ich dabei 1. …, 2. … Spaß gemacht hat mir besonders …

Checkliste
zur Überprüfung der äußeren Form der Mappe:

– Alle Angaben auf dem Deckblatt: Name, Thema, Fach, Datum?
– Inhaltsverzeichnis mit Seitenüberschriften und
  Seitenangabe?
– Alle im Inhaltsverzeichnis angekündigten Materialien in der Mappe?
– Jedes Material nummeriert?
– Kurze, verständliche Kommentierung zur Auswahl der einzelnen
  Materialien?
– Lesbare Schrift und sorgfältige Gestaltung?

Rückmeldebogen

Eindrücke zu deinem Portfolio
Von: … Datum: …
Ich habe … angeschaut/ gelesen/angehört.
– Besonders gefällt mir …
– Weniger gut gefällt mir …
– Ich kann daraus lernen …
– Ein Tipp für dich …

Einen Text mit dem Computer überarbeiten – den Thesaurus nutzen

Immer wenn du für deinen Text einen Ausdruck suchst, kann dir dabei ein Synonymwörterbuch weiterhelfen. Der Thesaurus ist ein Synonymwörterbuch, das zu den meisten Textverarbeitungsprogrammen gehört. Dort kann man aus einer Vorschlagsliste passende Wörter auswählen.

Schritt 1: Das Wort markieren, das man ersetzen möchte.

Schritt 2: Den Thesaurus öffnen.

Dazu mit Cursor das Wort im Text mit der linken Maustaste anklicken.

Schritt 3: Im Thesaurus recherchieren:

Mit der Maustaste durch das Wörterangebot „wandern" und sich für einen passenden Ausdruck entscheiden.

Schritt 4: Mit der Klangprobe überprüfen, welcher Ausdruck passt.

Die „Roten Engel" sind gut sichtbar, unterscheidbar, auffallend, wahrnehmbar, erkennbar, für die anderen Kinder durch Westen mit dem Emblem „Kinder helfen Kindern".

Hinweise zur Klangprobe findest du auf Seite 201 und Seite 291.

Schritt 5: Das Wort im Text ersetzen

1 Übe den Einsatz des Thesaurus. Wähle dazu aus:

▶▶ Hier hat jemand Ausdrücke genutzt, ohne richtig nachzudenken. Schreibe sie am Computer neu und nutze den Thesaurus für einen treffenderen Ausdruck:

SMS aus dem Urlaub:
a) *Ich schleiche gerade auf einen Berg.*
b) *Ich hüpfe gerade am Strand entlang.*
c) *Ich flitze gerade ins Bett.*
d) *Ich eile gerade durch die malerische Altstadt.*

Einladungen zum Essen per SMS:
a) Vater an Tochter:
   Lass uns doch heute Abend beim Italiener essen.
b) Junge an Klassenkameraden:
   Lass uns doch heute Abend beim Italiener essen.
c) Ritter an sein Edelfräulein:
   Lass uns doch heute Abend beim Italiener essen.

▶▶ Entwirf zur Übung ähnliche Sätze. Jemand anders soll sie mit Thesaurus bearbeiten.

2 Eine Klasse möchte während ihres mehrtägigen Ausfluges die Museumswerft im Ort besuchen und fragt an, ob das möglich ist:

> Hi, Herr Laske! Nächste Woche ist unsere Klasse im Landschulheim. Da kommen wir mal vorbei und gucken uns die Museumswerft an. Echt cool, wenn wir auf die alten Kähne darauf könnten, die bei Ihnen so rumstehen. Wann können wir aufkreuzen? Mittwoch oder Donnerstag? Schicken Sie uns eine E-Mail zurück, aber möglichst bis morgen! Bis dahin!
> Klasse 7b

Überlege mit einem Partner oder einer Partnerin, was unpassend ist und geändert werden muss. Wo könnt ihr den Theasurus nutzen? Wo hilft er nicht?

Einen Text überarbeiten – das Rechtschreibprogramm eines Textverarbeitungsprogrammes nutzen

Dein Textverarbeitungsprogramm macht dich mit einer roten Welle auf das Wort, das du falsch geschrieben hast, aufmerksam. Du kannst so deinen Tipp- oder Rechtschreibfehler sofort verbessern.

Wenn du die Rechtschreibung eines Textes, den du mit einem Textverarbeitungsprogramm geschrieben hast, prüfen willst, gehe so vor:

Schritt 1: Setze den Eingabecursor an die Stelle, wo die Rechtschreibprüfung beginnen soll.

Schritt 2: Klicke in der Menüleiste **„Überprüfen"** auf die Funktion **„Rechtschreibung und Grammatik"**

Schritt 3: Das Programm prüft, ob die Wörter des Textes in dem Wörterbuch, das zum Programm gehört, enthalten sind. Zu einem fehlerhaften Wort wird ein Vorschlag gemacht.

Schritt 4:

a) Markiere den richtigen Vorschlag und klicke auf **„Ändern"**.
b) Klicke auf **„Ignorieren"**, wenn du sicher bist, dass ein markiertes Wort richtig geschrieben ist, Damit wird die Fehlersuche fortgesetzt, ohne das Wort zu ändern.
c) Klicke auf **„Zum Wörterbuch hinzufügen"**, wenn es das Wort noch nicht im Wörterbuch gibt, und du sicher bist, dass es richtig geschrieben wird. Sonst klicke auf „Ignorieren". Die Fehlersuche geht dann weiter.

Janine hat mit dem Schreibprogramms ihres Computers eine Geschichte geschrieben. Sie hat anschließend den Text mit einem Rechtschreibprogramm überprüft: Fehler, die das Rechtschreibprogramm gefunden hat, sind rot unterschlängelt. Fehler, die das Programm nicht gefunden hat, sind blau unterstrichen.

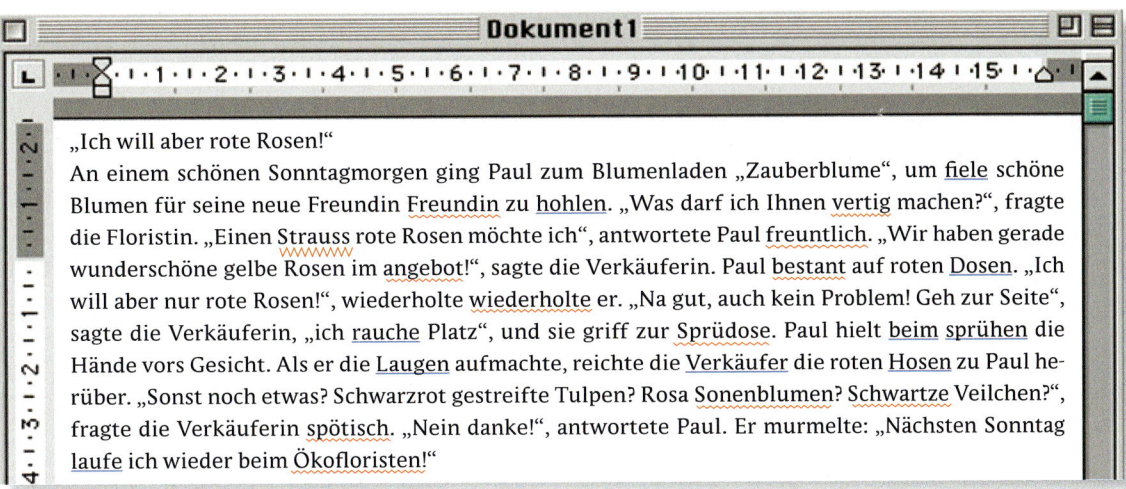

Dokument1

„Ich will aber rote Rosen!"

An einem schönen Sonntagmorgen ging Paul zum Blumenladen „Zauberblume", um fiele schöne Blumen für seine neue Freundin Freundin zu hohlen. „Was darf ich Ihnen vertig machen?", fragte die Floristin. „Einen Strauss rote Rosen möchte ich", antwortete Paul freuntlich. „Wir haben gerade wunderschöne gelbe Rosen im angebot!", sagte die Verkäuferin. Paul bestant auf roten Dosen. „Ich will aber nur rote Rosen!", wiederholte wiederholte er. „Na gut, auch kein Problem! Geh zur Seite", sagte die Verkäuferin, „ich rauche Platz", und sie griff zur Sprüdose. Paul hielt beim sprühen die Hände vors Gesicht. Als er die Laugen aufmachte, reichte die Verkäufer die roten Hosen zu Paul herüber. „Sonst noch etwas? Schwarzrot gestreifte Tulpen? Rosa Sonenblumen? Schwartze Veilchen?", fragte die Verkäuferin spötisch. „Nein danke!", antwortete Paul. Er murmelte: „Nächsten Sonntag laufe ich wieder beim Ökofloristen!"

1 Berichtige alle markierten Wörter:
- Nutze dazu zunächst die Rechtschreibstrategien auf S. 236-241.
- Schlage im Zweifelsfall im Wörterbuch nach.
- Schreibe die Wörter richtig auf.

2 Untersucht am besten zu zweit die markierten Wörter genauer:
- Welche Fehler findet das Programm?
- Welche Fehler kann es nicht erkennen?
- Was ist fälschlicherweise als Fehler markiert? Warum passiert das?

3 Vergleicht eure Ergebnisse mit folgenden Ergebnissen einer Klasse 7:
   a) Ein Rechtschreibprogramm findet viele Fehler.
   b) Manche Fehler findet es nicht.
   c) Das Programm kann Wörter, die unsinnig sind, nicht erkennen.
   d) Manchmal werden auch richtige Wörter angestrichen.

4 Schreibe den Text von Janine richtig in dein Heft.

Einen Text mit dem Computer gestalten

Du kannst ein Textverarbeitungsprogramm auch einsetzen, um deutlich zu machen, wie du z. B. ein Gedicht verstehst.

Schritt 1: Den Text eingeben und verstehen
– Nach der Eingabe überprüfe immer die Richtigkeit und Vollständigkeit.
– Lies den Text mehrere Male. Füge Betonungszeichen ein.

1 Lies die folgende Notiz. Gib dann den Text so ein, wie er auf dem Zettel steht.

*Eine Düne auf ihr einsam ein Haus
draußen Regen ich am Fenster
hinter mir tiktak eine Uhr meine
Stirn gegen die Scheibe nichts
alles vorbei grau der Himmel grau
die See und grau das Herz*

2 Setze als Verständnishilfen Schrägstriche, die Sinnabschnitte markieren:
Eine Düne / auf ihr einsam ein Haus /

3 Stell dir vor, jemand schaut aus dem Fenster und beschreibt, was er sieht, hört und empfindet. Lies den Text noch einmal und versuche dich in seine Stimmung hineinzufühlen.

Schritt 2: Andere Möglichkeiten der Textanordnung ausprobieren

4 Hebe die Wörter hervor, die dir wichtig sind. Ändere dazu die Textanordnung. Auf diese Weise entsteht ein modernes Gedicht.
*Eine Düne
Auf ihr
Einsam
Ein Haus
Draußen Regen …*

Schritt 3: Zusätzliche Möglichkeiten der Darstellung einsetzen

– Wörter die dir wichtig sind, durch Schriftgröße, Schriftart, Schriftfarbe, Ausrichtung (zentriert, links-/rechtsbündig) hervorheben
– Abbildungen (Bilder, Fotos) zur Illustration hinzufügen
– Kommentare (z. B. Gedanken in Sprechblasen) einfügen

5 Probiere auch andere Möglichkeiten der Textdarstellung aus. Nutze dazu die Möglichkeiten deines Programms. Stelle die Änderungen anderen vor und diskutiere sie mit ihnen.

> **Tipp**
> *Wenn du die Wirkung einzelner Wörter verstärken willst, kannst du sie auch wiederholen. Erprobe die Wirkung solcher Wiederholungen, indem du den Text sprichst.*

Schritt 4: Eure Texte mit dem Originaltext vergleichen

Was ist ähnlich oder sogar gleich? Was ist ganz anders und warum wohl?

6 Vergleicht eure Texte zum Schluss mit dem Originaltext (Seite 284).

Im Original ist der folgende Text von Juliane Kühne als Gedicht in Versen und Strophen angeordnet, aber ohne Reime. Hier sind die Zeilen fortlaufend geschrieben, außerdem fehlen die Überschrift und der Schluss. Achte besonders auf den Anfang: Das erste Wort ist kein Nomen, sondern ein Verb!

> *Fliegen können jetzt sich aus dem Fenster schwingen zu den Baumwipfeln empor in den blauen Himmel gedankenleer und voll wahnsinniger Freiheit Trauer und verrückt unendlicher Jubel ich erwache noch benommen von meinem Traum ich öffne das Fenster und atme tief in die Nacht niemals werde ich fliegen können denke ich doch dann schwinge ich mit hinaus weich und sanft schwebe ich zu den Baumwipfeln empor dem Himmel entgegen und ...*

→ *Im „Gedichte"-Kapitel (Seite 186) kannst du weitere Gedichte zum Umgestalten und Nachgestalten mit dem Computer auswählen.*

7 Schreibe den Text mit dem Computer so auf, dass ein Gedicht mit einzelnen Versen und Strophen entsteht. Überlege dir auch eine passende Überschrift und füge am Schluss noch mindestens ein Wort hinzu.

8 Vergleicht eure Texte untereinander und mit dem Originaltext. Sprecht vor allem über den Titel des Originalgedichts.

Originaltexte zu „Einen Text mit dem Computer anordnen":

Arno Holz
Eine Düne

Auf ihr
Einsam
Ein Haus,
Draußen Regen,
5 Ich am Fenster.

Hinter mir
Tiktak,
Eine Uhr,
Meine Stirn
10 Gegen die Scheibe.

Nichts.
Alles vorbei!

Grau der Himmel,
Grau der See,
15 Und grau
Das Herz.

Juliane Kühne
Liebe

Fliegen können
jetzt
sich aus dem Fenster schwingen
zu den Baumwipfeln empor
in den blauen Himmel 5

gedankenleer und voll wahnsinniger Freiheit
Trauer und verrückt unendlicher Jubel

ich erwache
noch benommen von meinem Traum
ich öffne die Fenster und 10
atme tief in die Nacht
niemals werde ich fliegen können, denke ich

doch dann schwinge ich hinaus
weich und sanft schwebe ich
zu den Baumwipfeln empor 15
dem Himmel entgegen

und fliege …

Wissen und Können

Sprechen und Zuhören

Sich an einer Diskussion beteiligen

Mögliche Ziele einer Diskussion sind: die eigene Meinung verdeutlichen, andere Meinungen kennenlernen, andere von der eigenen Meinung überzeugen oder sich mit anderen zu einigen.

Bereite dich vor:

Überlege, welchen Standpunkt du vertrittst. Sammle Argumente, die den Standpunkt gut begründen.

Beteilige dich und melde dich zu Wort:

Begründe den Standpunkt mit Argumenten. Höre zu und beziehe dich auf andere. Lass andere ausreden. Bleibe beim Thema. Frage nach, wenn du etwas nicht verstehst.

Lasst das Gesprächsverhalten beobachten und wertet es aus:

Wie ist der Redeanteil der Beteiligten? Werden die Standpunkte deutlich? Wie werden die Meinungen begründet? Wie sind Umgangston und Ausdrucksweise? Wie verfolgen die Teilnehmer ihr Ziel?

Einen Kurzvortrag vorbereiten und halten

– Überlege dir eine Einleitung: Nenne darin das Thema, die Quellen für deine Informationen zum Thema und die Unterthemen, auf die du näher eingehen möchtest.

– Für den Hauptteil notiere auf einzelnen Zetteln zu den Unterthemen wichtige Informationen.

– Sortiere deine Zettel und lege die Reihenfolge der Unterthemen fest.

– Plane den Schluss und notiere, mit welcher Formulierung du enden willst.

– Bereite zu einzelnen Unterthemen Zeichnungen, Bilder … zur Verdeutlichung vor.

– Probiere den Kurzvortrag aus.

Darauf solltest du beim Vortragen besonders achten:

– Mache die Zuhörer auf das Thema neugierig.

– Sieh die Zuhörer beim Vortrag an.

– Sprich verständlich und deutlich.

– Nutze Bilder, Zeichnungen, Plakate zur Verdeutlichung.

– Beantworte die Fragen der Zuhörer.

Einen Text betont vortragen

Durch betontes Sprechen und durch Mimik, Gestik, Körperhaltung und Bewegung kannst du ausdrücken, wie du einen Text verstehst. Bereite den Text mit Vorlesezeichen vor:

Vortrags-/Vorlesezeichen	
___	= besonders betonen
/	= kurze Pause
//	= längere Pause
‹	= lauter werden
›	= leiser werden
⌣	= ohne Pause weiterlesen

▸▸ Erstelle eine Checkliste mit einzelnen Punkten, die dir besonders wichtig sind und auf die du bei deinen Diskussionsbeiträgen, Kurzreferaten, Kurzvorträgen besonders achten möchtest. Ein Mitschüler oder eine Mitschülerin kann dir damit eine Rückmeldung geben: *++ besonders gut / + gut / o fehlt, verbessern, weiter üben.*

Schreiben

Schreibanlässe und Schreibziele

Du schreibst aus ganz verschiedenen Anlässen und kannst mit deinen Texten unterschiedliche Adressaten und Ziele erreichen:

(1) Du notierst für dich selbst oder für eine andere Person Gedanken und Gefühle in einem **Tagebuch** (→ S. 106) oder drückst sie in einem Gedicht aus (→ Parallelgedichte schreiben, → S. 144/145).

(2) Du wendest dich an jemanden **mit einer bestimmten Absicht**:

a) Du schreibst jemandem einen Brief (z. B. an deine Mitschüler), um sie mit Argumenten von deiner Meinung zu überzeugen (→ S. 20 – 23). Mache dir dabei klar, an wen du deine Stellungnahme richtest, damit du den Adressaten richtig ansprechen und ihn überzeugen kannst. (→ Checkliste für die Überarbeitung einer Stellungnahme, S. 22).

b) Du schreibst einen **Bericht**, um über gemeinsame Schulaktionen oder auch über Streitfälle in der Schule zu informieren. Immer geht es beim Berichten darum, sachlich und genau, ohne Gefühle und Bewertungen zu informieren (→ Checkliste zur Überarbeitung eines Berichts, S. 93).

(3) Du schreibst einen **Interpretationstext**, z. B. zu Balladen, in dem du formulierst, was du herausgefunden hast, von wem die Ballade stammt, welches Thema aus welcher Zeit aufgegriffen wird, was darin passiert, du erklärst die Absicht des Autors und stellst deine Meinung dazu dar (→ S. 166). Du schreibst einen **Nachdenktext** zu einer Geschichte und formulierst deine Gedanken und Ideen (→ S. 56). Du untersuchst und bewertest z. B. Werbeanzeigen und stellst dar, an wen sich die Werbeanzeige wendet, was sie erreichen will und wie gut es gelingt und warum (→ S. 147 – 150).

(4) Du gibst den **Inhalt** von Texten und Büchern in ganz unterschiedlicher Form **wieder**, manchmal reichen Stichwortsätze aus, ein anderes Mal informierst du in einem zusammenhängenden Text (→ S. 126 – 130). Immer geht es darum Texte zu kürzen und mit eigenen Worten **zusammenzufassen**. (→ S. 126 – 130).

(5) Du schreibst Erzähltexte aus der Jugend- und Kinderliteratur um, schreibst aus der Perspektive von Textfiguren (→ S. 52/53). Du gestaltest die Texte um (→ eine Geschichte zu einem Theaterstück, S. 192 – 195). Du denkst über ein Gedicht nach und lässt dich anregen, Gedichte nach demselben Muster zu schreiben (→ z. B. S. 177, 180).

Schreibprozess

Beim Schreiben all dieser Texte kannst du folgende „Faustregel" beachten:

– Überlege genau, was im Schreibauftrag von dir verlangt wird.

– Vor dem Schreiben solltest du deinen Text planen und entwerfen.

– Es ist nützlich, wenn du deinen Text überarbeitest.
– Erst dann solltest du die Reinschrift anfertigen und abgeben.

Schreibvorbereitung: den **Schreibauftrag** sorgfältig lesen:
– Der Schreibauftrag weist auf das Thema hin, zu dem du schreiben sollst.
– Er gibt dir an, warum du den Text schreiben sollst.
– Er weist auf einen möglichen Adressaten hin, an den dein Text gerichtet sein soll.
– Er weist auf die Art und Weise hin, wie du schreiben sollst.

Schreibideen sammeln und ordnen:
– Notiere alle Ideen, die dir dazu einfallen, in Stichpunkten oder kurzen Sätzen. Ein Cluster kann dir helfen, eine erste Ordnung in deine Gedanken zu bringen.
– Wenn dein Wissen und deine Ideen zu dem Thema nicht ausreichen, sammle weitere Anregungen, z.B. aus Nachschlagewerken, Fachtexten, Internetquellen und in Gesprächen mit Mitschülern.
– Ordne deine Informationen und Ideen: Was gehört an den Anfang, wie geht es im Hauptteil weiter und was gehört an den Schluss?

Formuliere einen ersten **Textentwurf**. Schreibe ganze Sätze. Ein Text entsteht durch das ständige Erproben von Formulierungen und Einarbeiten von neuen Ideen:
– Trifft die gefundene Formulierung das von mir Gemeinte und das Schreibziel?
– Muss ich etwas ergänzen, weglassen, umstellen oder ganz neu schreiben?

Einen **Text überarbeiten:**
– Habe ich wirklich geschrieben, was ich meine und mitteilen will oder soll? Trifft es die Sache, gehört es zum Thema?
– Ist der Text sinnvoll aufgebaut oder sollte man Textteile oder Sätze umstellen?
– Kann der Leser mich verstehen oder muss ich Ausdrücke, Formulierungen oder Sätze umformulieren oder austauschen?
– Habe ich die passenden Wörter gewählt, sind die Sätze vollständig und habe ich Rechtschreibfehler vermieden? (→ S. 201)

Nach der Überarbeitung fertigst du die **Reinschrift** an. Die Form der Reinschrift ist abhängig von der geforderten Darstellungsweise. Für einen Brief oder eine E-Mail zum Beispiel gelten andere Regeln als für ein Plakat, eine Computer-Präsentation oder einen Vortragstext. Immer aber geht es darum, dass dein Text „leserfreundlich" ist.

Lesen – Texte und Medien

Literarische Texte

Zu den literarischen Texten zählen **Romane** (z.B. Jugendbücher), **Erzählungen, Balladen, Gedichte oder Theaterstücke**. Literarische Texte sind von einem Autor oder einer Autorin verfasst worden, um uns zu unterhalten oder zum Nachdenken zu bringen.
Zu literarischen Texten werden dir Fragen gestellt, die du dann schriftlich beantworten musst. Dabei kannst du so vorgehen:
– Überfliege den Text und versuche herauszufinden, worum es geht. Welche Hauptfiguren

kommen vor, in welcher Situation sind sie? Wo und wann spielt die Geschichte? Suche und markiere im Text alle Stellen, an denen du Hinweise zu diesen Fragen bekommst.

– Lies die Geschichte jetzt noch einmal genauer und denke über Personen und Handlung nach. Wie würdest du die Personen charakterisieren? Wie verhalten sie sich? Wie fühlen sie sich? Warum verhalten sie sich so? Wie stehen die Personen zueinander? Gibt es Spannungen und Konflikte? Warum?

– Oft sind Gefühle und Spannungen nicht direkt ausgedrückt, sondern du musst „zwischen den Zeilen" lesen. Markiere wichtige Stellen. Versetze dich in die Personen und mache dir klar, was in ihnen vorgeht. Schreibe ihre Gedanken auf („Gedankenblase").

Kinder – und Jugendbücher

Um Geschichten zu verstehen, musst du nicht nur wiedergeben können, was passiert, du musst dich auch in die Personen hineinversetzen und herausfinden, was sie denken und fühlen. Dazu kannst du die Perspektive wechseln und aus der Sicht einer Figur erzählen, Geschichten verändern oder diese um- und weiterschreiben.

▶▶ Lies die Geschichte „Allein in der Wildnis" von Gary Paulsen (→ S. 131):

– Was schreibt Brian nach der Notlandung abends in sein Tagebuch?

– Was könnte Brian noch erleben? Schreibe eine Fortsetzung der Geschichte.

Gedichte

Gedichte sind in Versen oder Zeilen geschrieben, die oft in Strophen stehen. Wenn ein Satz nicht mit einer Zeile endet, sondern noch in die nächste Zeile „springt", nennt man dies Zeilensprung. Die Verse/Zeilen können sich jeweils am Ende reimen. Wenn zwei aufeinander folgende Verse sich reimen, spricht man von einem Paarreim (*aabb*); ein anderer beliebter Reim ist der Kreuzreim (*abab*). Wenn du ein Gedicht untersuchst, willst du verstehen, welche Stimmungen, Gefühle und Gedanken der Dichter vermittelt. Achte auf besondere Wörter und Formulierungen, sprich dir das Gedicht laut vor oder male ein Bild dazu.

▶▶ Lies das Gedicht „Der Stein" von Joachim Ringelnatz (→ S.184):

– Nach welcher „Spielregel" ist dieses Gedicht verfasst? Bestimme auch die Reimform.

– Welches Bild enthält das Gedicht?

– Welchen Gedanken drückt der Autor mit diesem Bild aus?

Balladen

Balladen sind Gedichte, in denen eine Geschichte erzählt wird. Sie haben also Strophen und Verse. Viele Balladen sind auch gereimt. Die Personen einer Ballade befinden sich oft in einer dramatischen und bedrohlichen Lebenssituation. Auch Zauberei und unerklärliche Vorgänge sind häufig Themen von Balladen.

▶▶ Welche Balladenmerkmale enthält „Die Loreley" von Heinrich Heine (→ S.168)?

Mit Texten weiterarbeiten

Literarische Texte bringen uns zum Nachdenken und entwickeln unsere Fantasie. Sie geben Hinweise, wie sich Menschen zueinander verhalten und wie Probleme und Konflikte entstehen. Es gibt verschiedene Möglichkeiten, wie du diese Besonderheiten literarischer Texte herausfinden und darstellen kannst (vgl. auch die Ideen auf S. 134, 137):

– eine **Lesekiste** gestalten (→ S.123 – 125),

– den **Inhalt wiedergeben** (→ S.126 – 133),

– **sich in Textfiguren hineinversetzen** (**Perspektivenwechsel**) und mit ihnen **Kontakt aufnehmen**, z. B. einen Brief oder eine E-Mail schreiben (→ S.106, 108, 111 – 115),
– **Texte weiter-** oder **umschreiben** (→ S.134 – 136),
– **Texte vergleichen** (→ S.42 – 45),
– Figuren und Handlungen **szenisch darstellen** oder ein **Rollenspiel machen** (→ S.188 – 199),
– ein **Bild** malen oder **Text-Bild-Collagen** erstellen (→ S.178, 183, 186 – 187),
– ein **Lesetagebuch** führen (→ S.140 – 141).
In einem **Lesetagebuch** kannst du notieren, was du zu welcher Zeit gelesen hast, zu jedem Kapitel etwas schreiben oder zeichnen, den Inhalt von wichtigen Kapiteln zusammenfassen (→ S.126 – 133), wichtige Textstellen aufschreiben, Buchfiguren zeichnen oder Steckbriefe entwerfen, aufschreiben, was dir gut oder nicht so gut gefällt, aus einzelnen Textstellen Bildergeschichten oder Comics machen, mit einer Buchfigur Kontakt aufnehmen, z. B. in einem Brief, Gespräch oder Interview (→ S.106, 108, 111 – 115), aufschreiben, was die Buchfiguren wohl denken und fühlen könnten (→ S.113), etwas so schreiben, als ob man selbst eine Buchfigur wäre (→ S.117).

Sprachliche Besonderheiten

Zu den sprachlichen Besonderheiten, die literarische Texte enthalten, zählen z. B.
– **Wiederholungen:** Wiederholungen von Wörtern oder Sätzen illustrieren z. B. die Eintönigkeit des Geschehens oder dienen der Verstärkung (z. B. → S.187, 86):

tür auf
einer raus
einer rein
...
tür auf
einer raus
einer rein
usw.

– **Sprachbilder** (Vergleiche und Metaphern): Oft haben Wörter auch eine übertragene, bildliche Bedeutung (z. B. → S.14 *Türen öffnen sich wie Schleusen*).
– **Personifizierungen:** Tiere, Pflanzen oder Gegenstände werden wie Menschen dargestellt und dadurch lebendiger und anschaulicher (Personifizierung) (z. B. → S.103 *Meine Stimme lacht*).
– **Wortbildungen:** In Gedichten kommen häufig ungewöhnliche Wörter vor, die du über die Wortbildung entschlüsseln musst (z. B. → S.181 *Zwiftgerg*).

Sachtexte und Medientexte

Zu den **Sachtexten** gehören z. B. Lexikonartikel (→ S. 30), Auszüge aus Zeitschriften und Magazinen (→ S. 72/73), Zeitungsmeldungen (→ S. 147), Interviews (→ S. 16 – 18), Reportagen (→ S. 32 – 37), Werbeanzeigen (→ S. 147), Karikaturen (→ S. 69) oder auch Texte aus dem Internet (→ S. 144); diese findest du mit einer Kindersuchmaschine, z. B. *www. kindernetz.de* oder *www.blindekuh. de*. Sachtexte enthalten häufig auch Abbildungen, Karten (→ S. 30), Tabellen und Diagramme (→ S. 26), um Informationen kurz und übersichtlich darzustellen.

Sachtexte lesen und verstehen

- Was erwartest du, wenn du Überschrift und Abbildungen siehst?
- Überfliege den Text und erfasse dabei das Wichtigste.
- Finde Zwischenüberschriften. So verschaffst du dir einen Überblick.
- Suche Informationen mit *W*-Fragen: *Wer? Was? Wie? Wann? Wo? Warum?*
- Denke nach dem Lesen über das Gelesene nach und beurteile es.
▶▶ Bearbeite den Text „Schrauben für den Führerschein" (→ S.145) Schritt für Schritt.

Abbildungen (z. B. Diagramme) lesen und verstehen

- Stelle fest, um welches Thema es geht. Dabei helfen Überschriften oder Kurztexte.
- Mache dir klar, was die Zahlen, Farben und Balken bedeuten. Dabei hilft dir oft eine Legende (Zeichenerklärung).
- Suche aus dem Diagramm einzelne Informationen heraus und fasse sie in Worte.
- Bewerte die Informationen: Halte fest, was dir besonders auffällt.
▶▶ Bearbeite das Diagramm (→ S.145).

Wortbedeutungen entschlüsseln

Oft fällt es dir als Leser schwer, unbekannte Wörter, Fremdwörter oder Fachwörter zu verstehen. Beachte folgende Tipps:

- Achte auf den Textzusammenhang. Lies die Sätze, die vor und nach dem schwer verständlichen Wort stehen, noch einmal ganz genau.
- Achte auf Hinweise im Text (auf Doppelpunkte, Klammern oder Formulierungen wie *z. B., dies bedeutet, darunter versteht man* usw.).
- Manche Wörter musst du in ihre Bestandteile

zerlegen, um sie zu verstehen (→ Zusammensetzungen erklären S. 218/219).
- Versuche, das unbekannte Wort durch ein Wort mit der gleichen oder einer ähnlichen Bedeutung zu ersetzen (Synonym).
- Wenn du immer noch unsicher bist, dann schlage die Bedeutung des unbekannten Wortes im Lexikon oder Wörterbuch nach.
▶▶ Erkläre die Bedeutungen der schwierigen Wörter aus dem Text (→ S.144).

Textinformationen zur Weiterarbeit nutzen

Lesen ist kein Selbstzweck. Es ist nützlich, wenn du die Textinformationen weiter nutzen kannst, um z. B.

- das Gelesene zu präsentieren, z. B. in einer Wandzeitung (→ S.31),
- Stellungnahmen zu verfassen (→ S.19 – 22),
- eine Zeitungsmeldung zu schreiben/zu vervollständigen (→ S.36),
- einen Aufruf zu entwerfen (→ S. 71),
- einen Tagebucheintrag zu verfassen (→ S.34),
- eine Geschichte (weiter) zu schreiben (→ S.100),
- eine Werbeanzeige zu entwerfen (→ S.154),
- Texte miteinander zu vergleichen (→ S.42 – 45).

Sprache

Sprache als Mittel der Verständigung

Wenn du über Sprache Bescheid weißt, kannst du Texte besser verstehen, dich in Gesprächen besser ausdrücken, Texte angemessener formulieren und Fehler vermeiden.

Mit Proben Texte schreiben und überarbeiten

- **Umstellprobe:** Wörter und Satzglieder kannst du im Satz umstellen. Dadurch vermeidest du Wiederholungen oder kannst Wichtiges an den Satzanfang stellen (du kannst z. B. den Zeitpunkt betonen: *In den Schulferien hilft der Junge seinem Vater gerne in der Werkstatt*).
- **Erweiterungsprobe:** Du kannst Satzteile durch weitere Informationen ergänzen. Verben lassen sich durch Adverbien oder adverbiale Bestimmungen (des Ortes, der Zeit, der Art und Weise) präzisieren und Nomen werden durch Adjektive genauer bestimmt (z. B. *Auf den Straßen fahren viele alte Autos*).
- **Ersatzprobe:** Innerhalb eines Satzes kannst du bestimmte Wörter oder Satzglieder durch sinnverwandte Wörter oder Wortgruppen ersetzen. Dadurch machst du deine Texte abwechslungsreicher oder genauer (z. B. *Auf den Straßen fahren viele alte Autos. Der Junge repariert oft verbeulte und klapprige Fahrzeuge*).
- **Klangprobe:** Mit der Klangprobe kannst du herauszufinden, ob deine Sätze sich gut anhören. Probiere verschiedene Möglichkeiten aus und lies dir die Sätze laut vor. Welche Formulierung klingt besser?
  → Texte mit Proben überarbeiten S. 200/201

Wortschatz und Wörterbuch

Wörterbücher sind nach dem Abc geordnet, sodass du die Wörter und ihre Erklärungen schnell finden kannst. Im Wörterbuch stehen vor allem Worterklärungen und Beispielsätze. Es gibt unterschiedliche Wörterbücher, die du beim Schreiben nutzen kannst: Synonymwörterbücher, Fremdwörterbücher (→ S.204), Redensartenwörterbücher, Wörterbücher der Jugendsprache oder Rechtschreibwörterbücher (→ S. 265).
→ Fremdwörter, S. 204
→ Jugendsprache, S. 206/207
→ Schimpfwörter, S. 209
→ Werbesprache, S. 205, 222/223

Wortnetz/Wortfeld

Die Wörter einer Sprache sind miteinander „verwandt". Es gibt dabei unterschiedliche **Wortverwandtschaften**:

- Wörter sind **synonym** (bedeutungsähnlich oder bedeutungsgleich), wenn sie eine ähnliche oder gleiche Bedeutung haben (z. B. *Müll* und *Abfall*),
- Wörter haben **entgegengesetzte Bedeutungen** (z. B. *sauber* und *verschmutzt*),
- Wörter sind **über-** und **untergeordnet**: z. B. *Flasche: Mehrwegflasche – Einwegflasche* Man unterscheidet dabei den **Oberbegriff** (z. B. *Flasche*) vom **Unterbegriff** (*Einwegflasche*, *Mehrwegflasche*).

Redensarten bestehen aus mehreren Wörtern (z. B. *jemandem einen Bären aufbinden*).
Die Bedeutung einer Redensart ergibt sich nicht aus der Bedeutung der einzelnen Wörter.
Jemanden einen Bären aufbinden bedeutet z. B. *jemandem etwas erzählen, das nicht stimmt*.

Mehrdeutigkeiten von Wörtern (Polysemie)

Manche Wörter haben mehrere Bedeutungen, z. B. *Blatt:* 1. Bedeutung: *Teil einer Pflanze*; 2. Bedeutung: *Stück Papier*.

Wortbildung

Es gibt zwei Hauptarten der Wortbildung:
(a) Eine **Wortzusammensetzung** (Kompositum) ist

aus mehreren selbstständigen Wörtern zusammengesetzt: *Müll + Auto = Müllauto*. Zusammensetzungen bestehen aus einem **Grundwort** (hier *Auto*) und einem **Bestimmungswort** (hier: *Müll*).

Das Grundwort wird durch das Bestimmungswort näher beschrieben: *Müllauto, Polizeiauto, Feuerwehrauto*.

▶▶ Markiere alle Zusammensetzungen. Erkläre sie.
An vielen Schulen werden unterschiedliche Möglichkeiten des Energiesparens erprobt. Energielotsen sind im Einsatz, Schüler sind als Energielotsen oder Energiedetektive unterwegs und stellen Ernergiesparpässe aus.
(Hilfen → S.218/219)

(b) Eine **Wortableitung** (Derivation) besteht aus mehreren Wortbausteinen (*Freund-in*). Wortbausteine vor dem Wortstamm (Vorsilbe, Präfix) geben oft Bedeutungshinweise (z. B. *un*freundlich = Gegenteil von *freundlich*). An den Wortbausteinen nach dem Wortstamm (Nachsilbe, Suffix) erkennst du oft die Wortart (z. B. *–in* = weibliche Person: *Lehrerin*; *-schaft* = Nomen: *Landschaft*; *-lich* = Adjektiv: *freundlich*). Wortzusammensetzungen und Ableitungen lassen sich zu allen Wortarten bilden.
Wörter mit dem gleichen Wortstamm bilden eine **Wortfamilie** (*Freund/Freundin, Freundchen, sich anfreunden, (un)freundlich, befreundet, Freundschaft*).

Nominalisierung (→ S.216/217)
Wenn ein Nomen aus einem Verb gebildet wird, nennt man dies Nominalisierung: aus dem Infinitiv des Verbs *trinken* → *das Trinken*, aus *trennen* → *Trennung*. Die Nominalisierung kann man wieder verbalisieren (Verbalisierung): *Wir benutzen*

zum Trinken eine Mehrwegflasche → *Wir benutzen eine Mehrwegflasche, um zu trinken*.

▶▶ Verbalisiere folgende Überschrift: *Gefährdung vieler Tierarten durch Entzug der Lebensgrundlage, Rodung der Wälder und Verschmutzung der Meere.*

Grammatische Formen kennen und gebrauchen

Wortarten unterscheiden
Nomen kommen in der Einzahl und Mehrzahl vor und werden dekliniert: *der Mensch – die Menschen*.
Verben werden konjugiert: Sie stehen in verschiedenen Personalformen: *ich frage, du fragst, er/sie/es fragt, wir fragen, ihr fragt, sie fragen*.
Adjektive (→ S.205, 208, 220) können vor Nomen stehen und werden dann dekliniert: *Die schöne Geschichte*. Steht das Adjektiv mit dem Verb *sein*, dann wird es nicht dekliniert: *Die Geschichte ist schön*.
Artikel stehen vor den Nomen und werden auch dekliniert: *Der Junge repariert einen Wagen*.
Pronomen können Nomen ersetzen: *Der Junge repariert ein altes Auto. Er repariert es*.
Adverbien (auch: freie Adverbiale → S.211) geben an, wann, wo oder wie etwas geschieht: *Später macht er den Führerschein* (Frage: wann?).
Präpositionen geben Hinweise auf Ort und Richtung, Zeit, Grund oder Art und Weise: *Lebensmittel, die auf dem Teller landen, …*
Konjunktionen (→ 224 – 226) verbinden Sätze miteinander: *Ich bin Lesescout, weil ich selbst gern lese*.

▶▶ Bestimme die Wortarten: *Der Junge präsentiert seine neue Lesekiste in der Klasse.*

→ Wortarten wiederholen, S. 202/203

Die vier Fälle unterscheiden

Nomen, Artikel und Pronomen verändern sich in Sätzen. Sie werden dekliniert: sie stehen in den vier Fällen **Nominativ** (*Wer*-Fall), **Genitiv** (*Wessen*-Fall), **Akkusativ** (*Wen*-Fall) und **Dativ** (*Wem*-Fall). Auch Adjektive werden dekliniert, wenn sie direkt beim Nomen stehen.

Verben und Zeiten verwenden

– Das **Präsens** benutzt du, wenn du wiedergibst, was gerade passiert (z. B. *Es donnert*), was immer so ist (z. B. *Die Erde dreht sich*) oder was in der Zukunft geschieht (z. B. *Das Klima erwärmt sich*).

– Um über Vergangenes zu berichten oder zu erzählen, gebrauchst du in schriftlichen Texten das **Präteritum** (z. B. *Früher verbrauchte man weniger Wasser*).

– Wird über ein Ereignis berichtet, das zuvor stattgefunden hat, steht das **Plusquamperfekt** (z. B. *Nachdem die Sonne untergegangen war, machten wir uns auf den Rückweg*).

– Wenn du Vergangenes mündlich erzählst, benutzt du oft das **Perfekt** (*Ich sage dir, ich habe das Licht ausgemacht*).

– Mit dem **Futur** wird eine Prognose, eine Vermutung oder ein Versprechen in der Zukunft ausgedrückt (*Vermutlich wird es bald noch mehr Autos geben*).

▶▶ Lies den Text „Fischsterben in der Bottwar" (S. 69). Bestimme die Zeitformen der Verben.

Konjunktiv

Verben können im Indikativ (Wirklichkeitsform) oder im Konjunktiv stehen. Die indirekte Rede steht oft im Konjunktiv.
Indikativ: *Noten sind überflüssig.*
Konjunktiv: *Er meint, Noten seien überflüssig.*

oder *Er meint, dass Noten überflüssig seien.*
Bei der indirekten Rede in einem *dass*-Satz kann das Verb auch im Indikativ stehen: *Er meint, dass Noten überflüssig sind.*

Aktiv/Passiv

Sätze stehen im **Aktiv**, wenn betont wird, wer etwas tut (*Biologen erforschen die Arktis*).
Wenn unwichtig oder klar ist, wer eine Handlung durchführt und der Vorgang betont werden soll, steht das **Passiv** (*Auf der Forschungsstation wird gearbeitet*).
Das Passiv steht in verschiedenen Zeiten:
Präsens: *Das Klima wird erforscht.*
Präteritum: *Das Klima wurde erforscht.*
Perfekt: *Das Klima ist erforscht worden.*
Plusquamperfekt: *Das Klima war erforscht worden.*
Futur: *Das Klima wird erforscht werden.*

Dieses ***werden*-Passiv** nennt man auch **Vorgangspassiv**. Wenn man das Ergebnis des Vorgangs betonen will, steht das **Zustandspassiv:**
Präsens: *Das Klima ist erforscht.*
Präteritum: *Das Klima war erforscht.*
Futur: *Das Klima wird erforscht werden.*
→ Passivgebrauch, S. 212 – 215

Satzglieder unterscheiden

Sätze bestehen aus verschiedenen Satzgliedern.
Subjekt und Prädikat kommen in jedem Satz vor (***Der Junge*** arbeitet). Das Subjekt des Satzes steht im **Nominativ** (*Der Junge*). Sätze können außerdem ein **Akkusativ-Objekt** (*Er repariert das Rad*), ein **Dativ-Objekt** (*Er hilft seinem Vater*) oder ein **Präpositionalobjekt** (*Er freut sich auf den Feierabend*) haben. Ein **Genitiv-Objekt** (*Er rühmte sich seiner Fahrkünste*) kommt selten vor. Sätze können zudem durch **adverbiale Bestimmungen** erweitert

werden (*Der Junge arbeitet jeden Tag in der Werkstatt*).

Bei den Verben *sein*, *werden* oder *heißen* steht ein zweiter Nominativ (Gleichsetzungsnominativ): *Der Junge wird Mechaniker.*

→ Satzglieder wiederholen, S. 210

▶▶ Bestimme die Satzglieder: *Der Junge repariert ein zerbeultes Auto. Er hilft seinem Vater jeden Tag von morgens bis abends in der Werkstatt. Er träumt vom Führerschein.*

Adverbiale Bestimmungen geben Informationen über Ort und Zeit des Geschehens, über dessen Ursachen und Gründe oder über die Art und Weise. Sie geben Antwort auf die Fragen: *Wann? Seit wann? Wie lange? Wo? Wohin? Warum? Wie?*

→ Adverbiale Bestimmungen, S. 211

Attribute beziehen sich immer auf ein Nomen. Es gibt verschiedene Arten von Attributen:

– Adjektive, die vor einem Nomen stehen und es näher erläutern (*das dicke Buch* → S. 205, 208, 220)

– Wortgruppen mit Präposition nach einem Nomen (*ein Buch mit vielen Bildern*)

– Relativsätze (*Ein Buch, das man in einem Zug liest.* → S. 220)

Satzarten

Es gibt verschiedene Arten von Sätzen: Im Aussagesatz stellst du etwas fest (*Das Buch ist dick*), mit einem Fragesatz willst du etwas wissen (*Hast du das Buch gelesen?*), mit einem Befehlssatz forderst du jemanden auf (*Lies es doch!*), mit einem Ausrufesatz kannst du dein Erstaunen ausdrücken (*Ein tolles Buch!*).

Mit einem Aussagesatz kannst du aber auch andere Absichten ausdrücken: Du kannst jemanden auf-

fordern (*Ich habe Hunger*), du kannst dich erkundigen (*Ich will zum Bus*).

▶▶ Bestimme im Text „Bio find ich kuhl" (S.204) alle Aufforderungs- und Fragesätze.

Hauptsatz und Nebensatz

– In **Hauptsätzen** steht das konjugierte Verb an zweiter Stelle. Hauptsätze können alleine stehen (*Auf den Straßen fahren viele Autos*).

– In **Nebensätzen** steht das konjugierte Verb am Ende. Nebensätze können nie allein stehen, sondern sind den Hauptsätzen untergeordnet. Der Nebensatz ist durch eine **Konjunktion** mit dem Hauptsatz verbunden. (*Auf Gehwegen laufen viele Ameisen, weil sie dort Nahrung finden.*)

Es gibt verschiedene **Konjunktionen**. Beigeordnete Konjunktionen verbinden Hauptsätze (*und, aber, oder, denn*), untergeordnete Konjunktionen einen Nebensatz mit einem Hauptsatz. Es gibt unterschiedliche Unterordnungen:

– Temporalsatz (Zeitangabe): *als, während, nachdem,*

– Kausalsatz (Begründung): *weil, da* (→ S. 224/225),

– Konditionalsatz (Bedingung): *wenn,*

– Konzessivsatz (Gegensatz): *obwohl,*

– Finalsatz (Zweck): *damit* (→ S. 226),

– *dass*-Sätze (→ S. 228/229),

→ Haupt- und Nebensätze S. 231/232.

Relativsätze sind Nebensätze, die ein vorhergehendes Nomen näher bestimmen (*Das Buch, das ich gerade lese, ist spannend*). Relativsätze werden durch Relativpronomen eingeleitet (*der, die, das*).

→ Gebrauch von Relativsätzen, S. 220/221

Satzzeichen

Satzzeichen helfen dir, Sätze und Texte besser zu verstehen und auch besser vorzulesen:

– Nach einem **Satzschlusszeichen** (. ! ?) wird das erste Wort des neuen Satzes großgeschrieben.
– Das **Komma** steht bei Aufzählungen (*Es ist ein dickes, spannendes, lustiges Buch*) und zwischen **Haupt-** und Nebensätzen (**Ich bin Lesescout**, *weil mir das Lesen Spaß macht*) (→ S. 231–233).
– Satzzeichen bei **wörtlicher Rede**:
Das, was eine Person wörtlich sagt, steht in wörtlicher Rede zwischen Anführungszeichen („…“).

Redewiedergabe

Wenn du wiedergibst, was ein anderer sagt oder denkt, gibt es unterschiedliche Möglichkeiten:

– Du zitierst, was jemand gesagt hat. Dies ist die wörtliche oder direkte Rede:
Marko meint: „Noten sind überflüssig.“
– Du sagst in eigenen Worten, was jemand gesagt hat. Dies ist die indirekte Rede: *Marco meint, dass Noten überflüssig seien/sind.*

→ **Konjunktiv**
→ indirekte Rede mit Hilfe von dass-Sätzen, S. 228/229.

Rechtschreibung

Fehlerquellen entdecken – Einen Fehlerbogen führen

▸▸ Sammle Wörter, die du häufig falsch schreibst und versuche sie zu verstehen. Nutze dazu die Tabelle:

– Schreibe die Wörter berichtigt in die erste Spalte und markiere die Fehlerstelle.
– Überlege, was du tun kannst, um den Fehler zu vermeiden. Rechtschreibhilfen und -strategien helfen dir dabei. Notiere sie als Tipps in der zweiten Spalte.

Fehlerwort	Was kann man tun, um diesen Fehler zu vermeiden?
Angst	*Einen Begleiter ergänzen (die/ große) Angst*
…	

Fehler entdecken und korrigieren

Um Zeichensetzungs- und Rechtschreibfehler zu entdecken, lies deinen Text am besten dreimal. Damit du dich besser auf das Geschriebene konzentrieren kannst, benutze eine Kontrollkarte.

1. Lese- und Korrekturschritt: Lies den Text Satz für Satz von oben nach unten:
Habe ich Wörter weggelassen? Habe ich alle Punkte und Kommas gesetzt? …
2. Lese- und Korrekturschritt: Nun lies den Text umgekehrt, von hinten nach vorne. Nur das Wort, das du gerade liest, soll sichtbar sein. Die anderen Wörter decke am besten ab. Lies jedes Wort Silbe für Silbe. Lies, was da steht:
Fehlen Buchstaben? Habe ich Buchstaben vertauscht?
3. Lese- und Korrekturschritt: Zum Schluss überprüfe den Text nochmals wie im ersten Schritt von oben nach unten. Dabei achte auf ein Rechtschreibproblem, das du von dir kennst:
Groß oder klein? ss oder ß? …

Ideenspeicher A

1) Wörter **nach dem Abc ordnen**
2) Wörter nach der Anzahl der Silben ordnen:
   – Wörter mit einer Silbe: *bunt, das Gras, nass …*
   – Wörter mit zwei Silben: *die Hütte, der Ofen, gelbe*
   – Wörter mit mehreren Silben
3) Wörter **nach Wortbausteinen ordnen**:
   – Wörter mit vor-/Vor-: *vorlaufen, vorlesen, die Vorfahren*
   – Wörter mit ver-/Ver-: *verlaufen, verlesen, die Verwandten*
   – Wörter mit der Endung –heit, -keit, -ung, -nis, - schaft

Ideenspeicher B

1) Zu einsilbigen Wörtern zweisilbige bilden: Hut – Hüte, schlaff – schlaffer. Die zweisilbigen **mit Silbenbögen unterlegen**
2) Zu einem Wort ein verwandtes Wort suchen und **Wortfamilien bilden:** *fahren: fährt, fuhr, gefahren, der Fahrer …*
3) **Reimwörter bilden:** *nennen, kennen …*
4) Ein Wort mit einem anderen zusammenfügen: z.B. *Baum: Baumhaus, Baumkrone …*
5) **Wortzusammensetzungen zerlegen:** Zwergkaninchen: *Zwerg+Kaninchen*
6) Mit Wortbausteinen neue Wörter bilden: *fahren: anfahren, verfahren, wegfahren …*

Regelmäßig üben – am besten täglich eine Viertelstunde

▸▸ Führe dazu einen persönlichen Übungsplan. Übernimm darin für jede Übungsphase aus jedem Ideenspeicher **A, B** und **C** wenigstens eine Aufgabe.

Aufgabe	Wie?	Datum	Kontrolliert
A b); …	*allein*	*14.02.*	

Regeln aus wortstark 5 und 6, weitere lernst du in der Werkstatt Rechtschreibung (S. 234) kennen:

Wann steht ein silbentrennendes h?

Wenn die betonte Silbe mit einem langen Vokal (auch ie) endet und die zweite mit einem Vokal beginnt, dann setzt man meistens ein h dazwischen. Dieses h zwischen zwei Vokalen nennt man **silbentrennendes h.**

– Das **h** bleibt in anderen Formen erhalten: *sieht, der Zeh, es zieht, der Flohzirkus.*
– Wörter mit au, äu und eu haben niemals ein silbentrennendes h: *sauer, freuen*

– Einige Wörter mit ei haben ein silbentrennendes h, andere nicht: *die Reihe, schneien.*

Wann steht ein Dehnungs-h?

In manchen Wörtern mit einem langen Vokal steht ein Dehnungs-h. Dieses h kommt aber nur vor den Buchstaben l, m, n und r: *fehlen, berühmt, ohne, sehr.* Beginnt ein Wort mit t/T, mit sch/Sch, mit sp/Sp, mit Kr/kr oder qu/Qu kommt ein Dehnungs-h nie vor: *Tor, Schule, Sport, Krone, quälen.*

Wann schreibt man Wörter mit ie?

– Das **lange i** wird in der betonten Silbe meistens ie geschrieben: Die Silbe vor dem i-Laut ist offen: *gießen*, *spielen*, die *Ziege* .
– Das **kurze i** wird in der betonten Silbe mit **i** geschrieben. Die Silbe ist geschlossen: die *Bilder* , die *Kinder* .
– Wörter mit einer Silbe muss man verlängern. Dann kann man ie oder i erklären: *biegt* mit *ie*, weil wir *biegen* , *Bild* mit *i*, weil die *Bilder* .

Ideenspeicher C

1) Mit Übungswörtern e**in Eigendiktat durchführen**
2) Sich Wörter **diktieren lassen** und **gemeinsam kontrollieren**
3) Mit Übungswörtern **kurze Sätze bilden**: *Unser Fernseher steht im Fernsehzimmer.*
4) Möglichst viele **Übungswörter in einem Satz** unterbringen: *Viele liebe Tiere liegen auf der Wiese.*
5) Mit Übungswörtern **lustige Sätze bilden**: *Schliefen Riesen und sieben Wieselkinder auf der Wiese?*

m, n, l ... einfach oder doppelt?

– Bei Wörtern wie *die Mutter* und *löffeln* ist die betonte Silbe geschlossen. Der Buchstabe für den Konsonanten wird in der Mitte verdoppelt, damit der Vokal kurz gesprochen wird: *die Mutter* und nicht *die Muter*, *löffeln* und nicht *löfeln*.
– Bei Wörtern wie *der Name* und *der Bruder* ist die betonte Silbe offen. Der Buchstabe in der Mitte wird nicht verdoppelt, damit der Vokal lang gesprochen wird: *der Name* und nicht *der Namme*, *der Bruder* und nicht *der Brudder*.
– Um zu entscheiden, ob in einem einsilbigen Wort wie *bellt* der Buchstabe für den Konsonanten verdoppelt werden muss, verlängert man das Wort um eine Silbe: *bellt* mit *ll*, weil *wir bellen* und nicht *wir belen*.

S-Laute mit s, ss oder ß

Manchmal klingt der s-Laut wie das Summen einer Biene. Man nennt ihn dann **stimmhaftes s**: *Sahne,*

Hose, Besen.
Der s-Laut kann auch wie das Zischen einer Schlange klingen. Man nennt ihn dann **stimmloses s**: *Tasse, Kasten, heißen*.

– Das **stimmhafte s** wird immer mit dem Buchstaben **s** geschrieben: *Rose, Besen*.
– Das **stimmlose s** kann mit den Buchstaben **s**, **ss** oder **ß** geschrieben werden. Hier muss man die folgenden Regeln und Strategien beachten:

1. Bei einsilbigen Wörtern mit einem s-Laut hört man am Wortende ein stimmloses s: *der Fels*, *heiß*. Um herauszufinden, ob man s oder ß schreibt, muss man das einsilbige Wort um eine Silbe verlängern: *der Fels–die Felsen*, *heiß–ein heißer* Tag. Hörst du in der zweisilbigen Wortform ein stimmhaftes s, dann schreibst du auch in der einsilbigen Wortform ein s.
2. Ist die betonte Silbe offen und wird der Vokal lang gesprochen, schreibt man ß: *grüßen*, *Späße*, *gießen*.
3. Ist die betonte Silbe geschlossen und wird der Vokal kurz gesprochen, schreibt man ss: *Küsse*, *fassen*, *Wasser*.

Groß oder klein? – Auf Begleiter und Wortbausteine achten

Nomen werden **großgeschrieben**. Man erkennt Nomen daran, dass vor ihnen besondere **Begleiter** stehen: **Artikel (der, ein)** oder **Pronomen (mein, dies)**. Manchmal ist der Artikel in einem anderen Wort verborgen, z. B. in **beim** (*= bei dem*) oder **im** (*= in dem*). Wenn ein Begleiter fehlt, kannst du es zur Probe einsetzen. So erkennst du, ob ein Wort ein Nomen ist.
Verben werden zu Nomen (nominalisierte Verben), wenn vor ihnen ein Begleiter steht (*der, die, das, mein, dies, beim, zum ...*): *das Lesen, beim lauten*

Vorlesen.

Auch **Adjektive werden zu Nomen** (nominalisierte Adjektive) wenn vor ihnen ein Begleiter steht: *das Bunte*, *das Grün*.

Begleiter für Nomen können auch Mengenangaben wie *alles, viel, wenig, nichts, etwas, alles, einiges, allerlei* sein. Die nominalisierten Adjektive enden dann mit *-es* oder *-e*: *alles Gute*, *nichts Neues*.
Manche Nomen erkennst du an besonderen **Wortbausteinen**: *-heit, -keit, -ung, -nis, -schaft*: *die Herrschaft*, *das Gefängnis*, *die Haltung*, *die Sauberkeit*, *die Gesundheit*.

Die **Trennung von Wörtern am Zeilenende** erfolgt nach Sprechsilben: *Wör-ter tren-nen.*
Besondere Trennregeln sind:
– Folgen in einem Wortteil mehrere Konsonanten hintereinander, schreibst du den letzten auf die nächste Zeile: *schimp-fen, Förs-ter, Wes-pe*.
– *ch* und *sch* werden als Einheit gesehen und nicht getrennt: *knir-schen, su-chen*.
– Wörter mit *ck* trenne so: *Zu-cker, Ho-cker*.
– Einzelne Buchstaben am Wortanfang oder Wortende werden nicht abgetrennt: *Ele-fant, Kleie*.
▶▶ Mit den Regeln kannst du deine persönliche Regelsammlung in einem Regelheft anlegen. Ergänze sie nach und nach mit weiteren aus der Werkstatt Rechtschreiben.

Gemeinsam lernen

Viele Aufgaben lassen sich besonders erfolgreich gemeinsam mit anderen lösen. Dazu findet ihr hier einige Methoden, die ihr schon aus dem letzten Schuljahr kennt. So könnt ihr hier nachlesen, wenn ihr euch nicht mehr genau erinnert und Hilfen braucht. Sprecht nach der Arbeit mit einer Methode immer auch darüber, was geklappt hat und was man beim nächsten Mal ändern sollte.

▶▶ **Ich-Du-Wir-Methode**

1. Jeder löst zunächst in Einzelarbeit die gestellte Aufgabe.
2. Anschließend vergleicht jeder sein Ergebnis mit einem Partner oder einer Partnerin.
3. Beide einigen sich im Gespräch auf ein gemeinsames Ergebnis.
4. Die Partner tragen ihr Ergebnis in der Klasse vor. Sie lernen die Ergebnisse der anderen kennen.
5. Sie vergleichen noch einmal ihr Ergebnis mit dem der anderen.
6. Falsche Ergebnisse werden berichtigt, unvollständige ergänzt und unverständliche umformuliert.

▶▶ **Ein Karusselgespräch führen (Doppelkreis)**

1. Bildet einen Innen- und Außenkreis. Jeweils ein Schüler aus dem Innenkreis und sein Gegenüber im Außenkreis sind Gesprächspartner.
2. Der Partner aus dem Außenkreis stellt seinem Gegenüber im Innenkreis seine Fragen. Der Partner im Innenkreis beantwortet sie.
3. Die Gesprächspartner wechseln, indem die Teilnehmer im Innenkreis auf ein Zeichen einen oder mehrere Plätze weiterrücken. Jetzt stellt der Partner im Innenkreis die Fragen, sein Gegenüber antwortet.
4. Der Platz- und Rollenwechsel wird zwei-bis dreimal wiederholt.

▶▶ **Theater spielen ohne Worte – ein Standbild bauen**

1. Wählt eine Textstelle aus.
2. Bestimmt einen Regisseur. Es können auch mehrere sein.
3. Der Regisseur stellt die Personen an eine bestimmte Stelle des Klassenraums.
4. Er bewegt ihre Körper in passende Stellungen und regt zu einem bestimmten Gesichtsausdruck an.
5. Wenn das Standbild fertig ist, bleiben die Spieler für ca. eine Minute stehen, ohne sich zu bewegen und den Gesichtsausdruck zu ändern.
6. Die Beobachter lassen das Bild auf sich wirken, stellen Fragen, sagen ihre Meinung, machen Vorschläge zur Veränderung und beziehen sich dabei immer auf die Textstelle.

▶▶ **Einen längeren Text in Partnerarbeit lesen**

1. Setzt euch zu zweit zusammen: ein geübter Leser (Lesetrainer) und ein ungeübter Leser (Lesesportler).
2. Der Lesetrainer liest den Text laut, der Lesesportler liest mit.
3. Der Lesetrainer liest den Text laut. Wenn der Lesesportler lesen möchte, gibt er ein Klopfzeichen und übernimmt einige Stellen.
4. Der Lesetrainer liest vor, und der Lesesportler erzählt mit eigenen Worten, was er gehört hat. Der Lesesportler sucht sich 2–3 Stellen aus und liest diese vor.

▶▶ **Sachtexte in Gruppen erschließen**

1. Bildet am besten Vierergruppen.
2. Alle Schüler lesen den ersten Abschnitt still durch.
3. Jetzt erhält jeder eine spezielle Rolle:
   Schüler/in 1 stellt Fragen zum ersten Abschnitt.

Die anderen antworten.
Schüler/in 2 konzentriert sich auf schwierige Wörter und Textstellen und fragt nach, wie die anderen sie verstanden haben.
Schüler/in 3 fasst den Textabschnitt mündlich mit eigenen Worten zusammen.
Schüler/in 4 äußert Erwartungen, was im folgenden Abschnitt stehen könnte.
4. Bei den nächsten Abschnitten wechseln die Rollen im Uhrzeigersinn.

▶▶ **Ein Gedicht auswendig lernen**

1. Sprich das Gedicht mehrmals. Stell dir dabei alles genau vor.
2. Lernt zu zweit: Der Lerner spricht laut, der andere ist, wie im Theater, der Souffleur oder die Souffleuse (der Vorflüsterer). Er hilft aus, wenn der Lerner stecken bleibt.
3. Wenn das Gedicht der Klasse vorgetragen wird, sitzt der Souffleur dicht beim vortragenden Schüler und sagt vor, wenn dieser nicht mehr weiterweiß.

▶▶ **Ein Rollenspiel entwickeln**

1. Legt eure Spielidee auf Rollenkarten fest: die Rollen, die Spielszene.
2. Gebt den Zuschauern Beobachtungsaufgaben.
3. Spielt die Szene.
4. Wertet die Spielszene aus:
   – Wie haben sich die Spieler in ihrer Rolle gefühlt?
   – Was war nach Meinung der Zuschauer gelungen?
   – Was könnte verbessert werden? Tipp: Manchmal kann man seine Vorschläge besser vermitteln, indem man sie vorspielt.
5. Macht mehrere Spielversuche und berücksichtigt dabei eure Auswertung.

▶▶ Sich einigen

1. Bildet Kleingruppen und wählt in jeder Gruppe einen Diskussionsleiter.
2. Sammelt eure Vorschläge und schreibt sie auf Kärtchen.
3. Jeder versucht, die anderen von einer der Ideen zu überzeugen.
4. Am Ende der Diskussion lässt der Diskussionsleiter über die einzelnen Vorschläge mit Handzeichen abstimmen.
5. Die Idee mit den meisten Stimmen ist der Vorschlag, der der Klasse gemacht wird.
6. Die Vorschläge der einzelnen Gruppen werden an der Tafel gesammelt.
7. Die Diskussionsleiter der Gruppen diskutieren vor der Klasse die Vorschläge. Sie versuchen, für ihren Vorschlag eine Mehrheit zu finden.
8. Am Ende stimmt die ganze Klasse über die Vorschläge ab. Jeder darf neu abstimmen. Das Ergebnis wird an der Tafel festgehalten.

▶▶ Vortragen – Zuhören – Ergänzen

1. Bildet Partnergruppen.
2. Einer hält den Vortrag, der andere hört zu.
3. Der Zuhörer gibt eine Rückmeldung, ob er etwas vermisst.
4. Wechselt anschließend die Rollen.

▶▶ Ein Partnerinterview führen

1. Bildet Paare.
2. Interviewt euch gegenseitig, erst einer, dann der andere.
3. Schreibt auf, was euer Partner gesagt hat.
4. Teilt der Gruppe mit, was ihr erfahren habt.

▶▶ Gallery Tour- Gedankenaustausch mit anderen

1. Nach einer Gruppenarbeit zu dritt oder viert

(Stammgruppe) bekommt jedes Gruppenmitglied eine Nummer.

2. Alle Nummern 1 bilden nun eine neue Gruppe, alle Nummern 2 eine andere usw.
3. Jedes Gruppenmitglied erklärt den anderen die Arbeitsergebnisse seiner Stammgruppe. Die anderen Gruppenmitglieder hören zu und geben anschließend eine Rückmeldung (ein Feedback).
4. Alle Gruppenmitglieder gehen in ihre Stammgruppe zurück. Sie informieren sich über die Rückmeldungen und diskutieren sie.

▶▶ Eine mündliche Schreibkonferenz durchführen

1. Bildet Gruppen und stellt den Text oder die Schreibidee vor, hört aufmerksam zu.
2. Sprecht gemeinsam über die Textidee oder den Text.
3. Gebt euch reihum Anregungen, was ergänzt, gestrichen, ausgetauscht oder umgestellt werden sollte.
4. Nutzt die Anregungen zum Schreiben und für Überarbeitungen.

▶▶ Eine schriftliche Schreibkonferenz durchführen – mit einer Textlupe arbeiten

1. Bildet Gruppen – am besten zu dritt oder viert.
2. Gebt den Text an den linken Banknachbarn und lest den Text am besten mehrere Male.
3. Gebt eine Rückmeldung und füllt dazu die Textlupe aus. Nutzt dazu die Schreibhinweise und Checklisten aus dem Unterricht.
4. Reicht die Texte und Textlupen so lange weiter, bis der eigene Text mit ausgefüllter Textlupe wieder angekommen ist.
5. Lest die Textlupe und nutzt sie zur Überarbeitung des eigenen Textes.

Autoren- und Quellenverzeichnis

Allens, Susann
Heul doch!   S. 114
Originalbeitrag

Auer, Martin
Kim erzählt eine Geschichte   S. 203
Aus: M. Auer. Was niemand wissen kann. Weinheim/Basel: Beltz&Gelberg 1991.

Bächler, Wolfgang
Im Zug   S. 185
Aus: Mondlicht wächst im Gras. Gedichte für Kinder und alle im Haus. Hrsg. v. Ute Andresen. Ravensburg: Ravensburger Schulbuchverlag 1991.

Biermann, Wolf
Das Märchen vom kleinen Herrn Moritz, der eine Glatze kriegte   S. 63
Aus: G. Middelhauve, G. Loschütz (Hrsg.): Das Einhorn sagt zum Zweihorn. Schriftsteller schreiben für Kinder. München: dtv Verlagsgesellschaft, 1977.

Brecht, Bertolt
Herr Keuner und die Zeichnung seiner Nichte   S. 58
Aus: Das Bertolt Brecht Buch. Zusammengestellt von Karsten Diettrich. Frankfurt/M.: Suhrkamp 1972. S. 516.

Der Rauch   S. 186
Aus: Das Bertolt Brecht Buch. Zusammengestellt von Karsten Diettrich. Frankfurt: Suhrkamp 1972. S. 634.

Brinkmann, Rolf Dieter
Photographie   S. 186
Aus: Echtermeyer: Deutsche Gedichte. Hrsg. v. Elisabeth K. Paefgen zusammen mit Peter Geist. 19. Aufl. Berlin: Cornelsen 2005. S. 693.

Bröger, Achim
Ihr dürft mir nichts tun   S. 97
Aus: Frieden ist mehr als ein Wort. Hrsg. von H. Wohlgemuth. Reinbek bei Hamburg: Rowohlt 1981.

Busch, Wilhelm
Verwunschen   S. 169
Aus: Walter Hansen (Hrsg.): Schaurigschöne Balladen. München: dtv Verlagsgesellschaft, 2010.

Busta, Christine
Merkvers
Aus: Christine Busta: Wenn du das Wappen der Liebe malst … Gedichte. Salzburg: Otto Müller Verlag 1981.

Dickens, Charles
Oliver Twist   S. 134
Aus: Charles Dickens: Oliver Twist. Berlin: Ueberreuter 2012.

Eich, Günter
Japanischer Holzschnitt   S. 187
Echtermeyer. Deutsche Gedichte. 19. Auflage, 1. Druck. Berlin: Cornelsen 2005, S. 582.

Finderup, Mette
Ohne Absender   S. 104
Aus: Mette Finderup. Love cuts. Weinheim / Basel: Beltz&Gelberg 2012.

Fontane, Theodor
John Maynard   S. 158
Aus: T. Fontane. Sämtliche Werke. Bd. 20: Balladen und Gedichte. München: Nymphenburger 1962.

Fritz, Walter Helmut
Der indianische Freund sagt   S. 68
Aus: Walter Helmut Fritz: Gesammelte Gedichte. Hamburg: Hoffmann und Campe Verlag 1979.

Craighead George, Jean
Amaroq, der Wolf   S. 42
Aus: J.C. George. Julie von den Wölfen. München: dtv Verlagsgesellschaft, 1972.

Hacks, Peter
Ballade vom schweren Leben des Ritters Kauz vom Rabensee   S. 167
Aus: Peter Hacks: Der Flohmarkt. Gedichte für Kinder. Berlin: Eulenspiegel Verlag 2001.

Hanisch, Hanna
Meine zweimal geplatzte Haut   S. 103
Aus: Hanna Hanisch: Meine zweimal geplatzte Haut. In: Augenaufmachen. 7. Jahrbuch der Kinderliteratur. Hrsg. von Hans-Joachim Gelberg. Weinheim, Basel: Beltz & Gelberg 1984.

Harsch, Roland
cyber-sprüche   S. 187
Aus: Roland Harsch: Laub und Nadel. Diekirch: éditions de l`Apess (apess@ci.educ.lu) 2000. S. 131.

Havel, Václav
Worte   S. 175
Aus: V. Havel. Das Gartenfest. Übersetzt von August Scholtis, Eva Berkmann und Franz Peter Künzel. Reinbek bei Hamburg: Rowohlt 1967.

Heine, Heinrich
Die Lorelei   S. 168
Aus: Heinrich Heine: Gesammelte Gedichte und Verse. Eurobooks 2001.

Hohler, Franz
Die Reinigung   S. 47
Aus: F. Hohler: Ein eigenartiger Tag. Frankfurt a. M.: Luchterhand 1989.

Die Kleider des Herrn Zogg   S. 54
Aus: F. Hohler. Der Granitblock im Kino. Darmstadt/Neuwied: Luchterhand 1981.

Eine dumme Geschichte   S. 57
Aus: Franz Hohler, Nikolaus Heidelbach: Der Riese und die Erdbeerkonfitüre. Ravensburg: Ravensburger Verlag 1993.

Holz, Arno
Eine Düne   S. 284
Aus: Moderner Musen-Almanach auf das Jahr 1893. Hrsg. von Otto Julius Bierbaum. München. S. 74.

jandl, ernst
fünfter sein   S. 187
Aus: E. Jandl. Der künstliche Baum. Neuwied: Luchterhand 1970.

Kaschnitz, Marie-Luise
Das letzte Buch   S. 59
Aus: Marie Luise Kaschnitz: Steht noch dahin. Neue Prosa. Frankfurt a. M.: Insel Verlag 1970.

Kilian, Susanne
Der hat`s gut   S. 52
Aus: Kilian, Susanne: Kinderkram: Kinder-Gedanken-Buch; Erzählungen & Texte. Weinheim/Basel: Beltz und Gelberg 1987.

Kühne, Juliane
Liebe   S. 284
Aus: Juliane Kühne: Liebe. Veröffentlichungsrechte bei der Autorin.

Lloyd, Saci
Euer schönes Leben kotzt mich an!   S. 82
Aus: S. Lloyd. Euer schönes Leben kotzt mich an! Ein Umweltroman aus dem Jahr 2015. Übersetzt von Barbara Abedi. Würzburg: Arena 2009.

Löschke, Sina
Wer streift da durch die Eiswüste?   S. 44
Aus: geolino 1/2007. S. 14 ff.

Maar, Paul
Eine gemütliche Wohnung   S. 48
Aus: P. Maar. Eine gemütliche Wohnung. Weinheim/Basel: Beltz & Gelberg 1994.

Mai, Manfred
Große Pause   S. 14
Aus: M. Mai. Große Pause – Schulgeschichten. Würzburg: Arena, 2. Aufl. 1996.

Manz, Hans
Lustprinzip   S. 86
Fünf Freundinnen   S. 175
Der Stuhl   S. 179
Aus: Großer Ozean. Gedichte für alle. Hrsg. von Hans Joachim Gelberg. Weinheim/Basel: Beltz & Gelberg 2000.

Fenstergeschichte   S. 183
Aus: Die Welt der Wörter. Sprachbuch für Kinder und Neugierige. Weinheim, Basel: Beltz & Gelberg 1996.

Fürs Familienalbum   S. 186
Aus: Wolfgang Rudelius (Hrsg.). Lieber heute als morgen. Weinheim / Basel: Beltz & Gelberg 1988.

Paulsen, Gary
Allein in der Wildnis   S. 126, S. 131, S. 133
Aus: Gary Paulsen, Allein in der Wildnis. Hamburg: Carlsen Verlag 2003.

Ruck-Pauquét, Gina
Drachensteigen   S. 62
Aus: Heiner Schmidt (Hrsg.): Wir fliegen mit dem Sommerwind. Köln, Zürich: Benziger Verlag 1968.

Platt, Richard
Wettlauf zum Südpol   S. 32
Aus: R. Platt. Die großen Abenteurer. Wahre Geschichten spannend erzählt. Starnberg: Dorling Kindersley 2000. S. 74 f.

Ringelnatz, Joachim
Der Stein   S. 178, 184
Aus: Sämtliche Gedichte. Zürich: Diogenes Verlag 1997.

Schiller, Friedrich
Der Handschuh   S. 162
Aus: Friedrich Schiller: Der Handschuh. Poesie für Kinder. Berlin: Kindermann Verlag 2005.

Schmon, Herbert
Mossa: Ich lebe in der Wüste   S. 231
Aus: Spick Nr. 9/1992. Tagesanzeiger Media Zürich

Schubiger, Jürg
Die Einladung   S. 58
Aus: Jürg Schubiger. Als die Welt noch jung war und die anderen Geschichten. Weinheim: Beltz & Gelberg 2011.
Ausnahmsweise   S. 59
Aus: Franz Hohler / J. Schubiger. Hin- und Hergeschichten. München: Verlag Nagel & Kimche 1986.

Steinhöfel, Andreas
Paul Vier und die Schröders   S. 116
Aus: A. Steinhöfel. Paul Vier und die Schröders. Hamburg: Carlsen 1992.

Thenior, Ralf
Der Fall   S. 60
Aus: Literaturmagazin 3. Reinbek bei Hamburg: Rowohlt 1975.

Tuckermann, Anja
Dorita   S. 111
Aus: A. Tuckermann. Weggemobbt. Würzburg: Arena 2005. S. 5ff.

van de Vendel, Edward
Tüte   S. 182
Aus: Edward van de Vendel: Lieb sein, Superguppy! Köln: Bastei Lübbe 2011. S. 12.

Völkert-Marten, Jürgen
z.B. Wörter   S. 174
Aus: bundes deutsch. lyrik zur sache grammatik. Hrsg. v. Rudolf Otto Wiemer. Wuppertal: Peter Hammer 1974. S. 44.

Carlos Williams, William
Nur damit du Bescheid weißt   S. 176
Aus: Die Worte, die Worte, die Worte. Frankfurt a. M.: Suhrkamp 1962.

Wietig, Annemarie
Zornig   S. 181
Aus: Am Montag fängt die Woche an. 2. Jahrbuch der Kinderliteratur. Hrsg. v. Hans-Joachim Gelberg. Weinheim/Basel: Beltz & Gelberg 1973.

Texte ohne Verfasserangabe und Texte unbekannter Verfasser:

Abenteuer im Warenhaus   S. 188
Aus: Ruth Schneider / Guido Bachmann. Theaterwerkstatt für Jugendliche und Kinder. Basel: Lenos 1985. S. 161ff.

Angst vor der Schule   S. 208
Aus: http://www.geo.de/geolino/mensch/1441.html

Darüber, wer die Welt erschaffen hat …
Aus: George Adamson, www.zitate.de

Das Wort „Eskimo" …   S. 209
Aus: geolino Extra Nr. 56/2009.

Der beste Lügner   S. 192
Aus: Von Schelmen und närrischen Leuten. Schwänke und Schnurren aus vielen Ländern. Hrsg. von Max Stebich. Wien: Julius Breitschopf 1961.

Der Johannisbrotbaum   S. 68
Aus: Else Schubert-Christaller. In deinen Toren Jerusalem. Jüdische Legenden. Heilbronn: Eugen Salzer 1984. S. 9.

Die Arktis   S. 30
Aus: Werwiewas. Lexikon für Kinder. Wien: Verlag Jugend und Volk 1987. (Text leicht verändert)

Die Antarktis   S. 30
Aus: Werwiewas. Lexikon für Kinder. Wien: Verlag Jugend und Volk 1987. (Text leicht verändert)

Die ganze Story fing damit an …S. 207
Aus: Uta Claus, Rolf Kutschera: Total tote Hose. Frankfurt a. M.: Eichborn 1984.

Dr. Schroers Rucksackspülung   S. 155
Aus: Uli Stein: Leicht behämmert. Erfindungen, die uns gerade noch gefehlt haben. München: Heyne Verlag 1984.

Ein Junge hat eine Idee   S. 70
Aus: geolino extra 56, 2009.

Fast zwei Tage …   S. 215
Aus: http://www.netzeitung.de/vermischtes/1512800.html (stark verändert)

Für forscher, abenteurer und entdecker   S. 202
Aus: geolino 6/2009, S. 16 (stark verändert)

Gefangen!   S. 233
Aus: geolino 11/2009. S. 49.

Geld für gute Noten?   S. 228
Aus: Dein Spiegel 1/2009. S. 21. (leicht verändert)

Große Reise ins Ungewisse   S. 227
Aus: Jens Uehlecke. Einmal der Zeit voraus. geolino Extra 11. S. 88ff.

Großbottwar: Fischsterben in der Bottwar   S. 69
Aus: http://www.stuttgarter-zeitung.de/inhalt.grossbottwar-fischsterben-in-der-bottwar.eb4ae165-db30-4f50-b3bb-26b313e1a423.html

Klappentext von „Matti und Sami"   S. 205
Aus: Salah Naoura, Matti und Sami. Weinheim/Basel: Beltz&Gelberg 2013.

Meine Reise in die Arktis   S. 35
Aus: Dein Spiegel 1/2010. S. 16.

Maria del Carmen Limberger: Reise in die Arktis   S. 39
Aus: http://www.for-me-online.de/artikel/gesundheit-wohlfuehlen/wick-erkaeltungsecke/spannende-arktisreise-teil-2-erfahrungsbericht.aspx

Natürlicher Lebensraum oder Leben im Zoo?   S. 72
Aus: geolino 11/2012. S. 50/51

Noch vor der Schule aufs Feld   S. 230
Aus: geolino 6/2007. S. 11.

Nur keine Panik!   S. 233
Aus: geolino 5/2009. S. 63.

Plakat-Text der Initiative „Neue Wege für Jungs"   S. 25
Aus: http://www.neue-wege-fuer-jungs.de/Startseite/Posterkampagne-Coole-Jungs

Rüsseldusche   S. 211
Aus: Dein Spiegel 1/2009. S. 8.

Sabinchen   S. 172
Aus: www.volksliederarchiv.de (gekürzt)

Schrauben für den Führerschein   S. 210
Aus: geolino 1/2010. S. 11.

Schülerwettbewerb: Bio find ich kuhl   S. 204
Aus: http://www.geo.de/GEOlino/nachrichten/4341.html?q=bio-H%F6fe

Schulprojekt feiert Erfolg   S. 147
Aus: http://www.ute-stahl.de/aktuelles/schulprojekt-feiert-erfolg-weitere-aktion-geplant (leicht verändert)

Sie sind auf unserem Schulhof unterwegs   S. 201
Aus: http://www.regenbogenschulehapperschoss.de/40646/42126.html (stark verändert)

Stellt euch mal vor …   218
Aus: www.seesener-beobachter.de

Texte 1,2,4   S. 144/145
Aus: Dr. Uli Gleich, Institut für Kommunikationspsychologie, Medienpädagogik und Sprechwissenschaft (IKMS) und Verbraucherzentrale Bundesverband e.V: Online-Kurs „ABC der Jugendwerbung"

Wozu haben Elefanten einen Rüssel?   S. 226
Aus: http://www.barmenia-mediline.de/ratgeber/1013.asp

Bildquellen

Textsortenverzeichnis

Stichwortverzeichnis